惟睦 | WISMONT

惟睦·公共外交谈判译丛

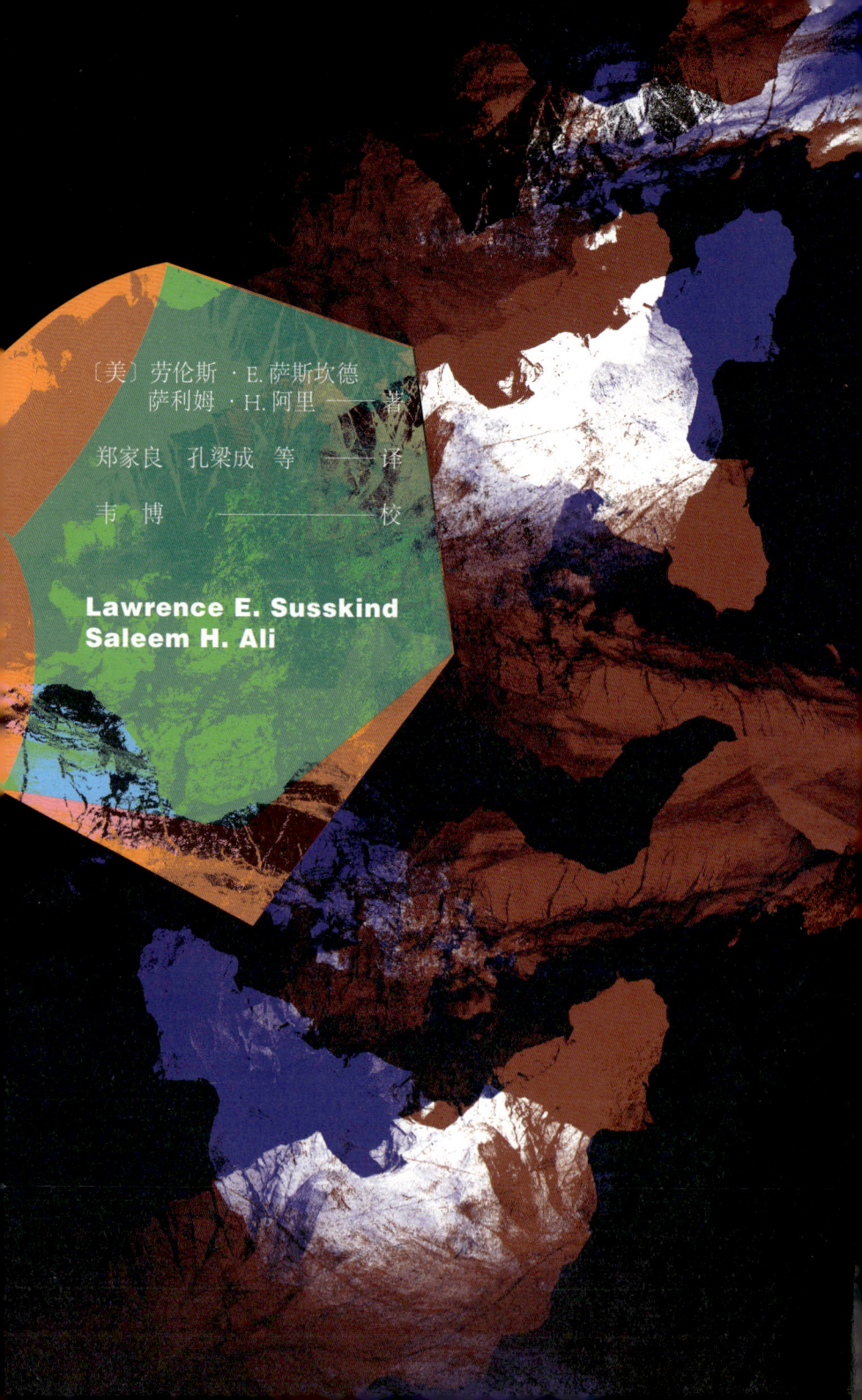

〔美〕劳伦斯·E. 萨斯坎德
　　萨利姆·H. 阿里 ——— 著

郑家良　孔梁成　等 ——— 译

韦　博 ——————— 校

Lawrence E. Susskind
Saleem H. Ali

环境外交

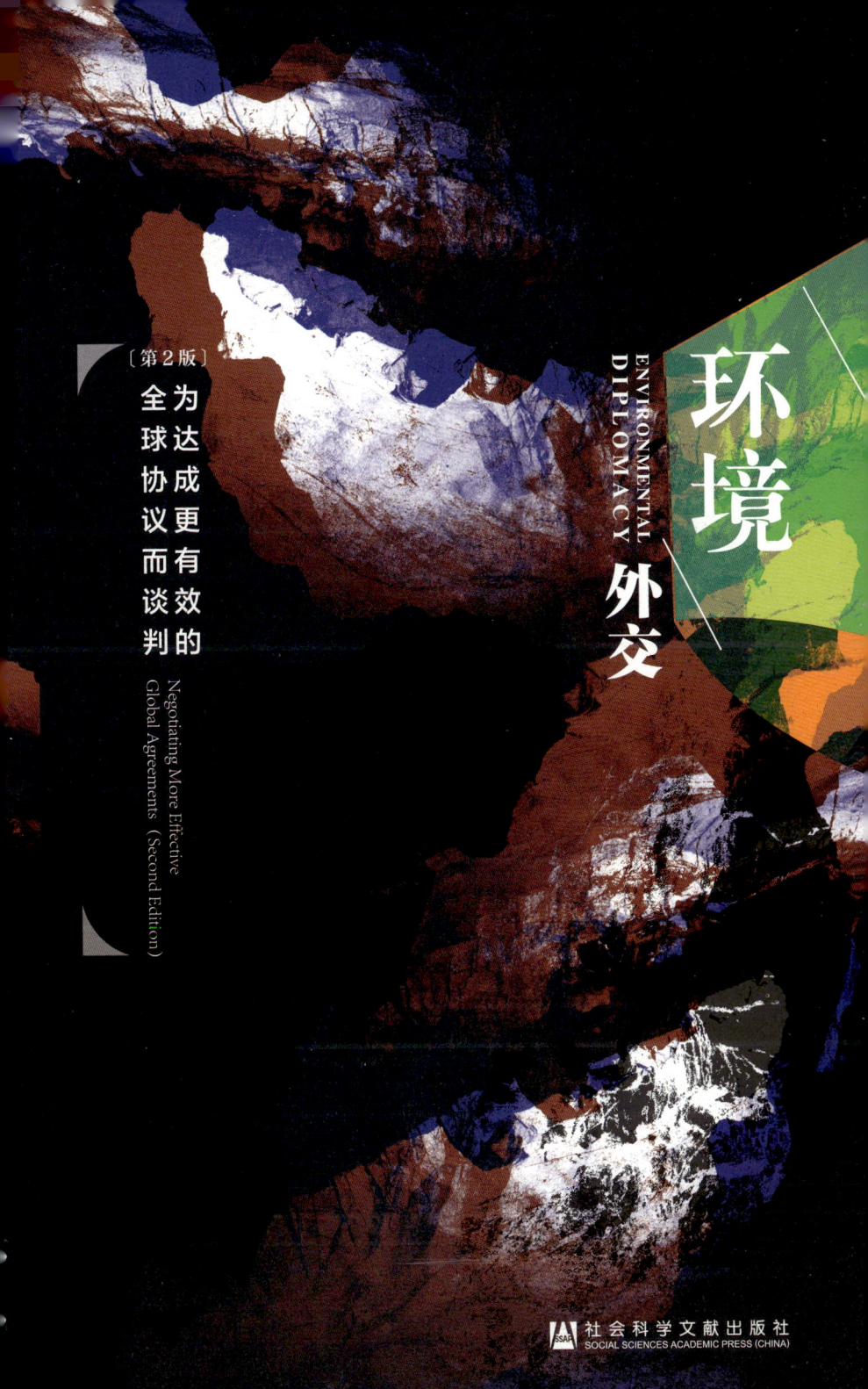

ENVIRONMENTAL DIPLOMACY

〔第2版〕
为达成更有效的全球协议而谈判

Negotiating More Effective Global Agreements (Second Edition)

社会科学文献出版社
SOCIAL SCIENCES ACADEMIC PRESS (CHINA)

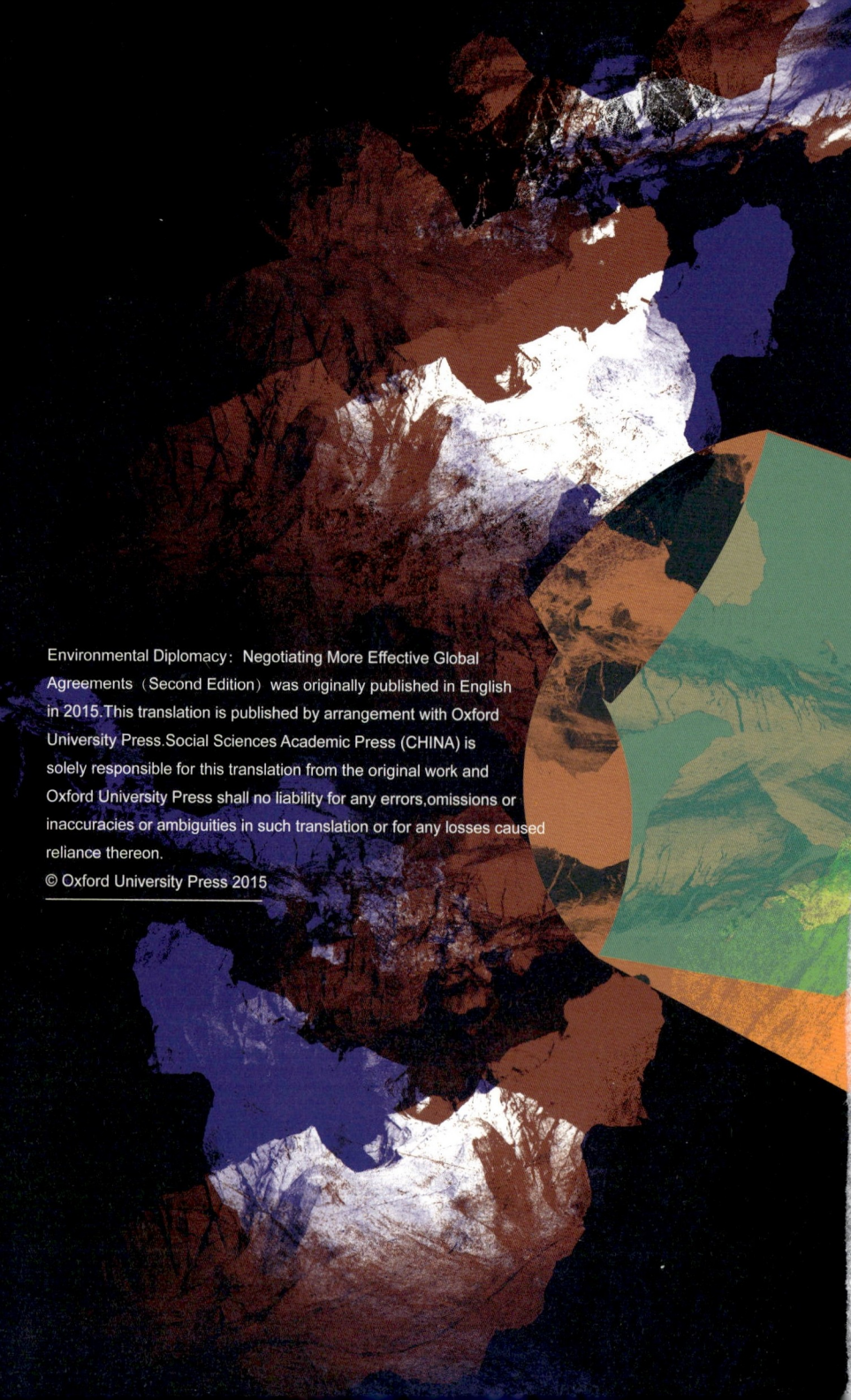

Environmental Diplomacy: Negotiating More Effective Global Agreements (Second Edition) was originally published in English in 2015.This translation is published by arrangement with Oxford University Press.Social Sciences Academic Press (CHINA) is solely responsible for this translation from the original work and Oxford University Press shall no liability for any errors,omissions or inaccuracies or ambiguities in such translation or for any losses caused reliance thereon.
© Oxford University Press 2015

生物多样性和生态系统服务政府间科学政策平台（IPBES）主席、马来西亚总理（2010~2018年）科学顾问扎克里·阿卜杜勒·哈米德（Zakri Abdul Hamid）撰写前言

谨以此书献给诺贝尔奖获得者、绿带运动创始人、肯尼亚环境部部长、大学教授旺加里·马塔伊(Wangaari Maathai)。面对来自国际舞台的诸多批评和冷嘲热讽，她展示了将基层行动和教育建设性地与环境外交相联系的方式。

地图上的空白之处，对于缺乏想象力的人而言，是无用之地；但对于其他人而言，却是最有价值的部分。

——奥尔多·利奥波德（Aldo Leopold），
联合国第一任保护顾问，1946 年

我们处理环境问题的最终目标，是表明国界不会掩盖全世界人民团结一致的事实。我们都是我们后代的受托人。我不是梦想家。我知道这与今天的现实相去甚远。但是，我仍然乐观地认为我们总有一天会实现这一目标，而且这一天很快就会到来。

——穆斯塔法·K. 托尔巴（Mostafa K. Tolba）
（任职时间最长的环境规划署执行主任，1975～1992 年；
《全球环境外交》一书的作者，1999 年）

目 录

前　言 ……………………… 扎克里·阿卜杜勒·哈米德／ i
序　言 ………… 劳伦斯·E. 萨斯坎德、萨利姆·H. 阿里／ v
缩略语 ……………………………………………………… xi

第一章　这本书是关于什么的？ ………………………… 001
第二章　现有环境条约制定机制的弱点 ………………… 012
第三章　代表和表决 ……………………………………… 057
第四章　更好地平衡科学与政治的需要 ………………… 085
第五章　议题联系的优点与缺点 ………………………… 118
第六章　面对主权的监督与执行 ………………………… 147
第七章　制度改革 ………………………………………… 182

附录 A　条约 ……………………………………………… 218
附录 B　自然保护、环境保护和可持续发展权利宣言 …… 253
附录 C　联合国可持续发展大会"里约+20"峰会的
　　　　最终成果文件 …………………………………… 257
附录 D　美国批准程序中关于条约的制定步骤 ………… 263

索　引 ……………………………………………………… 264

前 言

扎克里·阿卜杜勒·哈米德

随着各国认识到采取集体行动来应对人类活动造成的地球所面临挑战的重要性，全球事务中的环境因素正变得日益重要。尽管这一领域的研究在过去 20 年内取得了巨大进展，但能在这类问题上指导国际关系专业的学生、政策制定者和广大公众的清晰且规范的书籍却寥寥无几。因此，出版第二版《环境外交》，并再次强调发展中国家在促进建立一个有效的国际环境决策体系方面所发挥的作用，这是合乎时宜的。

作为新创建的生物多样性和生态系统服务政府间科学政策平台（IPBES）的主席，我特别希望看到本书所包含的经验能够让更多读者受益。IPBES 的创建本身就是环境外交中一个里程碑式的活动，它试图从联合国政府间气候变化专门委员会（IPCC）等过去的组织中汲取经验，并在科学与政策之间建立更明确的联系。尽管国际条约制定体系仍然存在许多外交惯性威胁，但作为谈判者，如果我们愿意从本书所提供的关于建立共识的可靠研究中汲取经验，那么我们的任务无疑会变得更容易。

本书以过去 30 年在麻省理工学院-哈佛公共争议项目中关于谈判理论和国际环境外交研究方面的大量经验为基础。萨斯坎德（Susskind）曾在该项目中任教 40 年，同时也是建立共识技巧的先驱。我很荣幸通过马来西亚科技大学的 MIT 项目与萨斯坎德教授进行了交流。在 15 年前，萨利姆·阿里（Saleem Ali）曾是萨斯坎德的博士生，随后他拓展了自己在环境和平建设方面的专业知识范围——这在本书中也得到了体现。作为一名巴基斯坦裔美国人，对于发达国家和发展中国家在试图解决国际环境条约的复杂性问题时所面临的困境，萨利姆·阿里感同身受。

在我们为以环境外交为手段所凝聚的全球共识中的下一个里程碑做准备之时，我们也必须更直接地将经济利益纳入考量的范围。本书与其他从单一视角来研究国际环境法的学科文献有所不同——其为环境条约提供了更为综合的规划视角，而且这种不同为人们所乐于接受。与 1992 年里约热内卢峰会相比，生态经济学等学科现在已变得更加主流。实际上，IPBES 本身通过在组织名称中列出生态系统服务的概念来例证这种认知范式的纳入。此外，"里约 + 20"峰会的最终成果文件——《我们期望的未来》——也支持一种符合"绿色经济"要求的国际环境外交策略，本书亦对这一点提供了有说服力的支持。

萨斯坎德和萨利姆·阿里的写作风格返璞归真——使本书语言通俗易懂，且不会受制于冗长的理论方面的题外话。即使如此，他们也没有牺牲学术的严谨性——选择了经同行评议的学术出版社来确保这本书在学术界也能维持口碑。我赞扬他们致力于成为这方面的公共知识分子的意愿，因为此时有关此类主题的书籍要么在学术上过于晦涩，要么过于精简，以致不具适销性。在文本的深度和广度之间保持平衡始终是困难的，然而，值得称赞的是，作者在本书的修订工作中实现了这一点。

当下，参与国际环境机构日常工作的相关人员有责任确保政府、民间社会和其他致力于环境外交的团体阅读和留意如此重要的著作。

马来西亚吉隆坡，2014 年 4 月

序　言

劳伦斯·E. 萨斯坎德、萨利姆·H. 阿里

在过去的50年中，国际环境协议的数量呈指数级增长。根据联合国环境规划署的最新估计，世界各国领导人已签署了500多项国际公认的协议，其中包括61项与大气有关的协议，155项与生物多样性有关的协议，179项与化学品、有害物质和废物有关的协议，46项土地公约，以及196项与水问题相关的公约。继贸易之后，环境现在是全球规则制定中最常见的领域。[①]

1994年，在重要的里约峰会（联合国环境与发展会议）之后，第一版《环境外交》出版。该书是首批汇总有关国际环境条约制定经验的书籍之一。此后20年间，国际环境条约制定领域发生了许多变化，而2012年"里约+20"峰会则为我们更新这项研究的结果提供了动力。萨斯坎德邀请了他曾经的博士研究生——萨利姆·阿里——作为第二版《环境外交》的合著者。萨利姆·阿里提供了一个来自发展中国家的视角，并同时对科学在环境条约制定中的作用进行更广泛的分析。

随着世界人口的增长，我们的工作变得越来越困难。许多国家甚至没有足够的资源来满足本国公民的最基本需求，更不

---

① John Vidal, "Many Treaties to Save the Earth, but Where's the Will to Implement Them?" *The Guardian*, sec. Environment. Accessed July 5, 2013. http：//www.guardian.co.uk/environment/blog/2012/jun/07/earth - treaties - environmental - agreements.

用说它们将来需要养活其他国家的数百万人口了。与此同时，一些较富裕的国家却把它们的资源禀赋视为理所当然——浪费能源、让土地荒废、污染水源和空气——所有这些事儿都是以经济增长的名义在"耍流氓"。

我们在第二版《环境外交》中试图解决一些关键问题：在过去的 20 年中，环境条约制定领域的成败是什么？民间社会和科学共识在环境条约制定过程中发挥了怎样的作用？为什么有些条约比其他条约更具执行力？哪些国际关系理论可以让我们进一步了解这方面的进展？通过重新强调对密切相关的案例进行分析来解决这些问题，这本书将成为 2012 年"里约 + 20"峰会评估的及时后记。

为了能够直接汲取谈判者的经验，我们还联系了参与环境条约制定的 25 位外交官或行政人员，并就以下 4 个问题征求他们的意见。

（1）您认为在您熟悉的任何国际环境条约制度中，对达成进一步协议（关于政策变更或新的实施方法）的最大障碍是什么？这些障碍将如何克服？您能否结合自己的经验，提出一个有助于建立共识的"举措"？

（2）在您参与的任何国际环境条约的管理中，科学是否发挥着重要作用？我们可以而且应该从联合国政府间气候变化专门委员会（IPCC）的流程或诸如生物多样性和生态系统服务政府间科学政策平台（IPBES）的创建之类的新举措中了解科学或科学建议的作用吗？如果您已不在气候变化或生物多样性领域工作，则可以更宏观地对您此前所从事的领域中科学对环境决策所起的作用进行评论。

（3）您是否建议在联合国条约和/或其他多边框架协议的制定过程中进行结构性改革？

(4) 我们如何提升执行国际环境协议的质量与效率？是否有一些您认为运作良好的特定执行机制的例子？

他们的回答为我们修订工作的顺利开展提供了信息，而且在征得他们同意的前提之下，我们也直接提供了他们的观点。

环保主义者和可持续发展的倡导者敦促发展中国家和发达国家改变其国内政策。在欧洲、美国和其他几个地方，环保工作已经取得了实质性进展：保护工作正在进行中，而且污染指数已经停止攀升。实际上，在其中一些国家，当下的大多数资源管理决策都更加重视最小化环境影响和实现可持续性。在发展中国家的很大一部分地区，人们勉强接受不需要对经济的增长和明智的资源管理行为进行权衡的观点。与此同时，致力于环保主张的非政府组织的迅速崛起也表明未来的前景正在改善，即使这一现象发生在世界上一些最贫穷的国家。

然而，就在美国国内即将取得环境进步的同时，至少在世界上的某些地方，环境议程也正在发生变化。当下，最紧迫的环境问题都具有全球性，包括臭氧层损耗、海洋污染、生物多样性降低以及潜在的破坏性气候变化。需要保护的资源都是跨越国界的常见资源——渔业、濒危物种、河流、海洋、森林等。不幸的是，已经学会了如何制定环境法规和控制发展的国家将无法独自解决这些全球性问题。而那些仍然与贫困、饥荒和战争等作斗争的国家并不认为自己有能力提供帮助。

我们将如何达到应对这种新型环境威胁所需的全球合作水平？我们没有太多可以让多方主体进行合作的平台——只有联合国（没有取得很大的成功）和少数多边组织。尽管在全世界范围内，有很多个人和非政府组织都渴望提供帮助，但协调全球应对环境威胁的努力是极难得到回报的，甚至有时还会面临极大阻力。

1992年6月,当成千上万的官方代表和非官方活动家在巴西参加联合国主办的"地球峰会"时,全世界的注意力都短暂地集中在这些全球环境问题上。经过两年的精心筹备,178个国家试图通过谈判以达成一系列国际环境协议。会议组织者设法让更多的国家领导人参加此次会议,但他们都没能完成联合国大会分配给他们的一小部分议程。2002年,"可持续发展世界首脑会议"(WSSD)的组织者有意识地从具有"十年里程碑"意义的标题中删除了"环境"一词。在接下来10年的环境外交中,千年发展目标成为我们的指针。在2012年"里约+20"峰会上,我们在"绿色经济"的框架内,将我们对可持续发展的愿景重新包装为一份长达49页的宣言——《我们期望的未来》。所有这些变化都对我们的环境外交体系提出了挑战——该体系需要进行重新设计。

我们必须找到其他方法以确保达到应对新型全球环境威胁所需的集体行动水平。为此,必须提升环境外交的艺术性与科学性。外交官、政治家、环境行动组织、科学家、商业领袖、新闻工作者和其他许多人将需要寻找新的合作方式。我们必须把国际关系、环境科学、谈判、法律、经济学和其他领域的知识与技能结合起来,以拥有建立协调机构的能力。有时将大问题分解成更易于管理的小问题的做法无济于事。虽然自第一版《环境外交》出版以来已有20年,但我们仍坚持认为需要从方法论的视角对其进行修订——只有通过全面的综合的方法,才能有效管理环境资源和协调可持续发展。

这个图书项目源自作者背后的团队合作。我们要感谢多年来帮助我们塑造环境外交观念的来自世界各地的学者,特别是大卫·博丹斯基(David Bodansky)、斯科特·巴雷特(Scott

Barrett)、杰夫·达贝尔科（Geoff Dabelko）、亚历克斯·德根（Alex Dehgan）、丹尼尔·埃斯蒂（Daniel Esty）、阿迪尔·纳贾姆（Adil Najam）、玛丽亚·伊万诺娃（Maria Ivanova）、桑吉夫·卡格拉姆（Sanjeev Khagram）、比尔·穆莫（Bill Moomaw）、卡尔·劳斯蒂利亚（Kal Raustiala）、罗斯玛丽·桑福德（Rosemary Sandford）、詹姆斯·塞贝尼乌斯（James Sebenius）和威廉·扎特曼（William Zartman）。我们的出差行程和写作计划被安排得满满当当——对于全景式科研而言，此类工作无法避免，而我们的家人仍保持理解和耐心，对此我们表示由衷的感谢。此外，特别感谢研究助理——桑原武雄（Takeo Kuwabara）——在更新本书的参考文献和附录方面所提供的帮助。

我们将本书献给的不仅仅是一位环境外交官，更是一位勇于进取且信念坚定的学者和实践者。她在人类可尝试的多个层面上不懈努力，使人们明白跨国界环境合作的重要性。旺加里·马塔伊（Wangaari Maathai，1940－2011）以非常规方式体现了环境外交的精神。尽管我们不一定同意马塔伊博士所组织活动的所有宗旨，但她是最直接提出将发展中国家的环境问题上升到国际战略层面并因此获得诺贝尔奖的人。她不仅曾供职于高校和政府，还曾在基层工作过。但是，无论在什么岗位，她的行为都彰显了同等程度的奉献精神——表明地球保护和治理不能被留给居住在特定区域或从事特定工作的人群。环境外交需要一种方法——政府与社会各界的共同参与，而我们必须坚持这种具有包容性的方法。

美国马萨诸塞州剑桥市和
澳大利亚昆士兰布里斯班

缩略语

ATS	南极条约体系
BRICS	金砖国家集团（包括巴西、俄罗斯、印度、中国、南非）
CCAMLR	南极海洋生物资源养护公约
CFC	氯氟烃
CITES	濒危野生动植物种国际贸易公约
CMS	保护迁徙野生动物物种公约
CRAMRA	南极矿产资源活动管理公约
EC	欧洲共同体
BC Commission	欧洲共同体委员会
ECE	联合国欧洲经济委员会
ECOSOC	联合国经济及社会理事会
EMEP	欧洲空气污染物远距离传播监测和评估合作项目
EPA	美国环境保护署
G20	二十国集团
GAI	绿色特赦国际组织
GATT	关税和贸易总协定
GEF	全球环境基金会
GEMS	全球环境监测系统
HCFC	含氢氯氟烃

IAEA	国际原子能机构
ICEL	国际环境法理事会
ICSU	国际科学联合会理事会
IENN	国际环境谈判网
IMO	国际海事组织
IPCC	政府间气候变化专门委员会
IUCN	国际自然保护联盟（现称世界自然保护联盟）
IWC	国际捕鲸委员会
IWRB	国际水禽和湿地研究局
LDC	伦敦倾废公约（又称"防止倾倒废物和其他物质污染海洋的公约"）
MARPOL	国际防止船舶造成污染公约
NAFTA	北美自由贸易协定
NGI	非政府利益集团
NGO	非政府组织
NIEO	国际经济新秩序
ODA	官方发展援助
OECD	经济合作与发展组织
RAMSAR	关于特别是作为水禽栖息地的国际重要湿地公约
TFAP	热带林业行动计划
UN	联合国
UNCCD	联合国防治荒漠化公约
UNCED	联合国环境与发展会议
UNCLOS	联合国海洋法公约

UNDP	联合国开发计划署
UNEP	联合国环境规划署
UNESCO	联合国教育、科学及文化组织
UNITAR	联合国训练研究所
WWF	世界野生动物联合会
WTO	世界贸易组织

第一章 这本书是关于什么的？

假设你被要求作为贵国代表团的成员参加一个旨在就一项全球环境条约进行谈判的国际会议。从臭氧消耗到海洋污染，从保护热带森林到全球变暖，此类谈判的数量越来越多。而且，从表面上看，此类谈判涉及数十亿利益相关者，包括工商业、环保活动团体和科学组织的代表，所有这些人都坚持要求此类谈判应当征求他们的意见，即使他们实际上并未被包括在内。因此，被邀请参加这样的代表团并不是一个奇怪的假设。那么，你将面临什么问题以及如何解决这些问题？

要参与这样的国际会议，你将不得不阅读大量的科学技术报告。你会发现这些材料大部分都具有推测性。这也就是说，它讨论了可能发生的情况——承认其中存在不确定因素。尽管我们付出了艰巨的努力，1000多名科学家经过多年的合作，于2005年发表了千年生态系统评估报告，但我们关于全球环境生态系统以及它们可能如何应对各种人类干预的集体智慧仍然相当不足。尽管面临数据可用性和"可消化性"的挑战，但与生物圈受到严重破坏有关的风险是如此可怕，以至于你所属的代表团（以及来自其他国家的代表团）别无他法，只能选择借助国际会议来达成采取某种行动的合意。

你会很快发现自己面临来自众多利益集团的压力，而且每个利益集团都渴望影响你关于如何定义风险以及应该如何应对风险的想法。一些利益集团在谈判委员会中没有代表，因此他们别无选择，只能依靠你和其他代表来表达他们的观点。此外，贵国代表团将面临来自其他国家代表团的强烈外部需求，包括不同的诉求和优先事项。在某些环境问题上，即使是长期的盟友，也有可能会持相反的观点。

谈判所涉及的国家越多，达成全球协议的难度就越大。然而，达成全球协议是必须完成的任务。越来越多的国家以及每个国家中广泛的群体对全球环境威胁的关注日益增长。诸如气候变化、生物多样性保护、海洋保护等跨界环境问题，关于如何最好地管理原始资源——以南极洲为例——的决定，或者促进可持续发展的艰巨任务，远远超出了任何一个国家甚至一个国家集团的能力范围。

最终，你所属的谈判委员会将会被寄予厚望——一方面要捍卫自己国家的利益，另一方面要以统一的声音发言。然而，你所属的谈判委员会的成员越多样，达成内部共识的难度就越大。例如，令美国总统感到不安的是，美国谈判委员会委员在1992年巴西"地球峰会"上公开反对他对《生物多样性公约》所声明的立场（他拒绝签署）。如果你所属的代表团发出不同的声音，那么多边谈判所期望的高效几乎是不可能实现的。

谈判委员会通常会收到其所属国的最高级别的国家政府的明确指示，包括——就在美国，白宫、国务院以及诸如环境保护署之类的各种联邦机构。实际上，让这些机构的技术专家与谈判委员会合作甚至于成为谈判委员会的成员的现象并不罕见。

不幸的是，各个联邦机构的优先事项和议程时常不同。例如，国务院不希望谈判委员会在环境问题上所采取的立场可能会破坏与盟国的长期友好关系，或者阻碍有关集体安全或经济援助的双边谈判。环境保护署希望确保谈判委员会所采取的所有立场均与美国现行的环境法律法规保持一致,以便不会削弱相关法律法规在国内的执法力。国会的主要代表希望被倾听,甚至于可能会要求加入到谈判委员会之中(在某种程度上,这确保在野党的观点不会被忽略)。这些代表中的许多人主要对部分地区的发展感兴趣。例如,他们会反对一项可能损害该国部分地区利益的条约,即使该条约对该国其他地区乃至世界其他国家有所帮助。

除了受到相互矛盾的不同政府代表的施压外,谈判委员会还将面临来自其他两个方面的要求,而这两个方面都没有形成一个统一的声音:基层环境组织和诸如运输、能源和农业之类的私营部门。一些企业领导担心新的法律法规可能会增加运营成本,抑制扩张或损害企业的投资价值,因此将通过大规模的游说来对谈判委员会施压。

非政府基层组织虽然很少发出声音,但仍然是一支强大的政治力量。环保组织的成员具有多样性,从反对在敏感地区进一步发展的彻头彻尾的环保主义者,到相信只有价格策略和金融激励措施——而非法规,才能有效地保障环保力度的"自由市场经济主义者"。其他非政府利益集团,无论其是否成为谈判委员会的代表,都将努力推动委员会朝着其他方向发展:消费者权益保护者将努力确保环境法律法规不会增加穷人和弱势群体的负担,房地产开发商担心其在当地的投资选择可能受国际条约中新的环境限制的制约,银行家对新的环境法律法规可能导致的经济增长保持警惕,各个科学团体的发言人希望确保所有政策决策都考虑到现有的"最佳"技术研究——特别是他们所做的技术研究。

即使谈判委员会可以调和所有这些相互竞争的内部利益

（这不是一件容易的事），但是它仍然必须处理来自超过195个国家代表团的要求——每个国家都有自己处于微妙平衡状态的政治议程，而且每个国家也都在应对来自内部的种种压力——正如贵国代表团所面临的一般。这些国家包括：民主国家和独裁国家；与令人难以置信的贫穷、饥荒和迅速增长的人口等作斗争的国家和人均国民生产总值高的国家；环境执法力度不足（如果有的话）的新兴工业化或再工业化国家，以及拥有完善环境管理体系的高度发达国家。

本书探讨了如何最好地构建全球环境谈判机制，以便可以有效应对国家谈判委员会所面临的内部和外部压力。显然，这种谈判机制必须考虑到每个国家追求其国家利益的愿望（和权利），与此同时，如果我们要保护生物圈，还要认识到促进有效合作的绝对必要性。这就是全球环境谈判如此艰难的原因。我们必须找到更好的机制。

例如，1992年在里约热内卢举行的曾被大肆宣传的历史性地球峰会。这场有4000多名官方谈判代表和30000多名非官方谈判代表参加的大型会议的筹备工作历时多年。最后，这场会议在仅为期两周的面对面交流中被推向高潮。在此期间，谈判代表试图敲定几项极其复杂的协议的细节。1989年秋天，当联合国大会呼吁召开环境与发展会议（这是正式名称）时，相关主体希望条约能解决有关气候变化、跨界空气污染、森林砍伐、水土流失、沙漠扩张和干旱、生物多样性保护、海洋保护和淡水资源保护等问题，而且为所有这些问题的解决提供资金的战略协议都可以在里约签署。

最后，参会者设法拟定了三项条约：《联合国气候变化框架公约》《联合国防治荒漠化公约》《生物多样性公约》。这些文件仍然必须得到150多个签署国中至少60个国家的立法部门的批准。出席里约热内卢会议的各国领导人还草签了一项关于环境的一般性声明——《里约宣言》；支持《21世纪议程》中一长串的"行动项目"；起草原则声明，以指导今后关于森林保护和沙漠扩张条约的制定。然而，它们却无法为执行这一揽子计划所需的1250亿美元/年的捐款中的一小部分做出承诺。

1992年，参与里约热内卢会议的代表们成功达成一些协议——这一事实证明了全世界对地球所面临环境威胁的担忧日益增加。世界各国的领导人都承受着巨大压力——本国需要在某一方面取得进展。然而，《联合国气候变化框架公约》和《生物多样性公约》在大多数情况下只是非常笼统的关于环境问题的声明，或是所谓的"框架公约"。温室气体被认为是全球变暖的罪魁祸首。《联合国气候变化框架公约》既没有减少温室气体排放的时间表，也没有减少温室气体排放的目标。美国不接受《生物多样性公约》，因为该公约未能充分保护知识产权，而且会阻碍技术创新。第二版《环境外交》将于2014年出版，而美国仍未加入该公约。但是，即使是在顽固的美国国会中，其他一些条约在达成共识方面也取得了进展。2013年，美国成为《关于汞的水俣公约》的第一个缔约国。由于汞对生态和人类健康的负面影响，《关于汞的水俣公约》制定了逐步淘汰汞的计划。

在任何问题上都达成国际协议的任务极其困难。环境问题可能是最复杂、最难解决的，因为其分别将科学不确定性与政治，以及公民、工业活动与经济结合起来。不幸的是，我们当前用于制定全球协议的程序并非旨在应对环境问题中的独特需求。此外，他们未能考虑到我们所了解到的多议题、多方谈判的动态。这些程序依据的是联合国及其姊妹组织的框架，尽管这些组织并非旨在解决全球资源管理问题。事实上，这些组织在促进处理全球资源管理问题所需的全球合作方面是相对无效的。

很少有人意识到，全球协议的谈判程序与谈判者带到谈判桌上的技术能力和科学理解同等重要。实际上，良好的技术解决方案通常是无法实现的，因为谈判者无法避免使他们产生分歧的原因——文化差异、意识形态差异和政治差异。需要新的建立共识的流程，必须改变我们所依赖的体制安排。我们还需要重建发达国家和发展中国家之间富有成效的工作关系。近年来，原本的工作关系已经明显恶化。目前发达国家和发展中国家之间的分歧使它们几乎不可能在环境问题上取得进展。

在仔细研究了15项主要环境条约制定工作的基础之上，包括把里约地球峰会推向高潮的工作，我们明确了4个程序缺陷——这些缺陷是全球环境谈判失败的主要原因：

——代表和表决程序并不能保证所有的国家和利益都能得到公平对待；

——难以平衡科学和政治考量，以至于无法确保达成最明智的协议；

——基本上不对环境问题和其他政策问题之间的联系进行充分的探讨或精心设计；

——有效的监察和执法安排尚未被落实。

在其他类型的多边谈判中，特别是在涉及国际安全和贸易的多边谈判中，这些缺陷在某种程度上是显而易见的。然而，它们在全球环境条约谈判中更为明显，由此必须以不同的方式来处理缺陷。尽管我们可以从其他类型的条约谈判中学习到一些东西，但相较于全球环境谈判，差异并非微不足道。科学考量的重要性、大量非政府组织参与其中的必要性，以及生态变化的范围和力度所具有的巨大不确定性，都需要一种独特的环境外交方法。因此，我们几乎只专注于这些缺陷在环境条约制定领域中的表现方式。

在找到克服这些缺陷的方法之前，无论谈判者准备得有多充分，全球环境谈判都不太可能取得显著的效果。尽管额外的全球条约可能会被签署，但它们不太可能实现其预期目标。而且，在某些情况下，经过多年的谈判，谈判者们可能也难以最终达成共识。

本书不仅提供了我们所希望的有助于了解当前我们如何进行全球环境条约谈判的框架，而且还提供了有关我们如何能做得更好的实用建议指南。我们专注于全球协议，而不是区域协议。许多国家之间的区域谈判，特别是在生态、经济和文化环境上存在显著不同的国家之间的区域谈判，为我们如何更有效地进行全球环境条约谈判提供了重要线索。然而，双边条约谈判或涉及面临大部分相似情况的小规模集群国家之间的谈判却显得无足轻重，尽管大多数国家都关注自然资源的管理或对各种环境威胁的应对。

在过去的20年中，"环境外交"一词在政治科学和国际关系话语体系中明确了内涵，涵盖了学术的3个关键领域，其简要定义如下。

（1）环境安全：这种表达源于后冷战时代，在该时期人们认为资源短缺是暴力冲突的潜在根源，由此外交干预机制应运而生。

（2）全球环境治理：制度分析在这一研究领域中占主导地

位，制度分析试图理解具有国际基础的组织内部行为的关键驱动因素，特别是联合国系统。

（3）环境和平建设：环境问题在冲突局势下积极保证和平或在冲突后和解阶段推进创伤愈合进程中所展现的衍生潜力，已成为这一新兴话题领域的研究重点。

在第二版《环境外交》中，我们试图在国际条约制定过程中与上述学术领域之间建立更直接的联系。

在第二章中，我们将介绍制定公约和议定书的典型步骤。公约和议定书是各国近年来所签署的两种全球环境协议。我们审视了未能授权采取具体行动的冠冕堂皇的声明的不足之处。我们指出了过于狭隘以致无济于事的法律法规的弱点。我们解释了为什么大多数环境条约的起草工作都成为削弱国家主权的要求、我们国际法律体系的固有弱点，以及对科学不确定性处理不当的牺牲品。此外，我们研究了发达国家和发展中国家之间日益增长的敌对情绪——这有可能导致大多数全球条约制定工作偏离预期目标。

在第三章中，我们将更仔细地研究第一个程序性问题——代表和表决——并考虑为什么国家愿意或者不愿意参加全球环境谈判，以及每个国家可以利用的谈判能力的来源。过去20年以来，签署已被批准的所有全球环境条约的国家数量相对较少，许多国家也只签署了其中的几个。对此，我们的观点是：少数强国在大多数条约谈判中发挥了不必要的主导作用，从而迫使其他国家和非政府利益集团转而接受次要角色或置身事外。

第四章重点讨论"崇尚科学"的危险：国家寻求实现其短期国家利益从而导致的国家技术信息的滥用。我们还将探讨制定"自我纠正"条约的前景，这些条约可以在环境影响和全球变化出现时将新的科学知识纳入其中。

第五章探讨了"联系"的内涵。我们认为，除非参与全球环境条约制定的谈判者扩大谈判范围以涵盖人口增长和对可持续发展模式的需求等议题，否则不受限制的发展趋势所带来的负面影响将抵消未来条约可能实现的关于环境方面的任何改善成果。此外，除非我们能找到鼓励富裕国家帮助陷入困境的国家达到更严格环境标准的方法，否则弥补发达国家和发展中国家之间日益增长的鸿沟则是毫无希望可言的。

第六章论述了确保遵守全球环境条约的困难，特别是在面对不损害国家主权的持续要求的情况下。我们认为没有必要为了实现条约遵从性而就主权进行交易。我们相信，我们几乎可以达成自我履约协议，这些协议既可以确保条约遵从性，又可以保证主权的完整。关键在于鼓励个别国家和国家集团根据所了解到的环境保护的真正收益和成本，不断地对其政策和计划进行调整。

最后，在第七章中，我们尝试汇总一系列旨在克服环境条约制定机制的弱点的建议。这些改革不需要彻底改变现有的多边安排，也不取决于迄今为止仍不愿参加全球环境谈判的国家的领导层变动。

我们特别热衷于一种新的和有序的谈判系统，它将使我们摆脱对公约—议定书方法的路径依赖，而朝着多过程的方向发展。该过程和世界各地的期望同步，按照预先设定的进度表——从一级条约（规定了原则、定义、时间表，或有目标和职责），到二级条约（要求承诺以最低的绩效水平来换取明确的利益集合），然后再到三级条约（以最大的努力提供最大的利益，而且基于监控绩效和遵从性的共同努力）。

在过去的几年中，通过与众多学者、外交官、活动家和谈判从业人员的不断交流，本书中的分析和建议都得到了发展。1989年末，达纳·格里利和平与正义基金会提供资金成立了一个由外交官和学者组成的25人的跨国组织，他们起草了所谓的《萨尔茨堡倡议》（Salzburg Initiative），其中的一系列改革得到了来自50多个国家的环境、工业、媒体和政治方面领导者的认可。作为该组织的一员，我们大量借鉴了《萨尔茨堡倡议》中所包含的想法。在第一版《环境外交》出版之前，奥地利的一家非营利性教育中心——萨尔茨堡研讨中心——在1990年和1991年举办了有关国际环境谈判的研讨会。来自50个国家的100多位领导人就全球环境条约制定的传统方法所可能进行改革的优点进行了讨论和辩论。萨尔茨堡研讨中心为当时的跨文化学习提供了一个非凡的平台。我们注意到，从那以后，各种议题都取得了进展，但是政治惯性仍然阻止了系统性改革。

我们在哈佛法学院谈判项目的同事帮助我们形成了关于解决各种分歧的最佳方式的想法。我们试图将他们的想法应用于满足环境外交的独特要求之上。我们的学生准备了有关过去环境条约制定工作的详细案例研究。这些研究帮助我们将理论与实践联系起来，而这是单靠我们自己所无法实现的。佛蒙特大学杰弗德基金会授予萨利姆·阿里签名奖以建立环境外交与安全研究所——为本书修订工作提供了帮助。我们还要感谢我们目前的学术机构——麻省理工学院和昆士兰大学，因为它们为第二版《环境外交》的完成提供了一个非常有利的学术环境。

我们认为，任何国家都不应被迫接受一项对人民的伤害要多过帮助的全球协议，也不应勉强接受无痛的但无法扭转过去环境恶化模式的协议。最终，我们必须放慢环境变化的速度以与生物圈所能够承受的速度相匹配。这是环境外交的特殊挑战。我们相信，我们可以通过改善流程和健全旨在建立全球共识的机构来做到这一点。在此过程中，即使我们关注每一个新出现的环境威胁中的科学和政治因素，我们也绝不能忽略谈判的基本规则：在渴望多元化的社会中，只有当存在竞争利益的各方之间有机会产生互惠互利的选择时，合作才有可能实现。

第二章　现有环境条约制定机制的弱点

制定、批准和执行全球环境协议所涉及的复杂的相互作用和程序很少被视为一个机制。但是，实际上这些协议是由可预见的参与者管理的。这些参与者参与了相对结构化的谈判过程，并受到正式的、非正式的规则和惯例的约束。这样的"机制"被默认存在，而且其弱点可能并不明显。在改善条约制定流程之前，我们必须了解该机制的运作方式。

环境条约制定机制中的参与者包括政府领导人、非官方或非政府利益团体（包括环境行动组织、商业协会和科学协会）和多边组织，特别是联合国环境规划署、世界银行和联合国开发计划署等诸如此类的联合国机构。这些参与者收集信息、交流思想、提出建议，并召开非正式会议和正式会议以展开谈判，准备法律文件，并投票决定是否接受新职责——包括向自己征税以支付监控其全球环境管理工作的成本。他们会定期开会，以检查他们的工作做得如何，并决定是否采取进一步的行动。

在大多数情况下，这些互动以联合国几十年来发展起来的正式规则和非正式惯例为指导。在较小程度上，它们也受到国际法律体系的影响——主要是所谓的"软法律"——它反映了公认的规范。最后，也是最重要的，条约的制定过程受到全球国内政治相互作用的制约：归根结底，只有在政治上为国家领导人所接受的协议才会获得批准。

这个由参与者、制度和实践组成的复杂网络始终处于运动状态，并且在个人和组织为促进自身利益而作出努力的推动下逐渐活跃起来，而无论这种利益是私益还是公益。不足为奇的是，随着这一切的发生，在任何时候都很难衡量机制是否运行良好。实际上，在如何衡量环境条约制定工作是否成功方面，我们仍然存在严重分歧。对于直接参与条约谈判的人来说，经过多年的辩论，签署正式协议似乎是巨大的胜利。然而，对我们其他人而言，无论法律协议的达成耗费了多少时间或精力，衡量其成功与否取决于是否切实改善了环境。

许多相互重叠的力在生物圈中起着作用，这使得人们很难对改善情况（以及改善的原因）进行跟踪调研。事实上，由于自然系统的复杂性，科学家很难区分出哪些行动导致了哪些结果。我们才刚刚开始充分了解全球生态相互作用，以确切地知道如何认真对待当前迫在眉睫的某些威胁。因此，将特定的变化归因于特定条约的要求几乎是不可能的。

如果我们不能将改进归因于特定协议的执行，那么我们应如何衡量全球条约制定工作是否成功？在很大程度上，成功是因人而异的。那些对环境问题的成因、补救措施是否有效以及协议的执行责任应如何分配等问题有强硬观点的人，会以反映其偏见的方式来看待条约制定工作的结果。

对于衡量国际环境谈判是否成功的不同方法而言，最重要的区别体现在三场辩论之中。在每一场辩论中，参加者都站在各自的立场上进行辩论。第一场辩论是在实用主义者和理想主义者之间展开的。在这场辩论中，双方都对环境的质量和可持续性表示关注，但是他们在寻找公平和有效解决环境问题方案的合理进展方面却存在相互矛盾的期望。第二场辩论是在乐观主义者和悲观主义者之间展开的。他们在如何实现全球合作的问题上展开了一场永无休止的斗争。在可能达成的全球协议的前景和范围方面，乐观主义者和悲观主义者的观点截然相反。第三场辩论是在改革派和保守派之间展开的。这两个团体对重组联合国和自19世纪40年代中期以来发展起来的多边组织体系的意见不一。一个人在这些辩论中的立场往往会决定其看法——联合国发起的环境条约制定的公约—议定书方法是成功还是失败，以及成功或失败的程度。

一　知道如何衡量成功

对于某些环保主义者来说，尤其是在经济欠发达的国家中，仅让官方代表聚在一起谈论环境问题，就表明已经取得了巨大进展。在这些国家中，很少或根本没有关注本地环境问题，更不用说关注全球环境威胁了。对于在这种情况下的某些环保主义者，我们称之为实用主义者，几乎所有努力——无论多么谦虚——都是朝着正确方向所迈出的重要一步。他们认为，协议总是可以得到加强，但重要的是开始。

另外一方是理想主义者。他们担心条约只是"听起来"不错，但对环境质量几乎没有实质性的改善。他们认为，这些承诺可能比根本没有达成协议更为糟糕。他们断言，空洞的诺言能让政客们摆脱困境——确切地说，环境可能正在迅速恶化，而他们则因解决问题而获得赞誉。确实，不充分或不完全的协议可能会使实现可衡量的改进所需的努力付诸东流。因此，理想主义者维持了用于评估进展的严格标准：可衡量的、备有证明文件的改进。

所有解决环境问题的全球努力最终都取决于机构、组织和个人是否愿意遵循某些规则，并且在许多情况下，前述主体愿意为了遵守规则而改变其行为。因此，根据签署国承诺向其行业、公民和政府所施加的义务来评估环境条约的情况并不少见。实用主义者认为，即使是少数几个国家纯粹的象征性声明也很有价值，因为它们给不情愿的领导人施加了压力——做出最温和的承诺。但是，理想主义者并不满足于任何用不成熟的、不具可执行力的承诺来规范破坏环境行为的做法。

实用主义者认为，如果环境问题的进展最终取决于各国是否愿意迫使公民和企业遵守更严格的标准，那么即使是温和的协议也可以为理想主义者的环保工作提供支持。毕竟，在通常情况下，基层组织塑造了公众认知，并向政府领导人施加了压力——改变其政策。另外，如果理想主义者是正确的，那么为旨在强调行动必要性（但不需要采取任何行动）的象征性声明所进行的宣传，可能会导致一个国家的潜在支持者相信问题已经解决——其实问题仍然存在，从而实际上阻碍了环保工作。

签署的国际协议（对实用主义者很有吸引力）往往收效甚微，甚至对于环境没有任何真正的改善，这存在以下几个原因。首先，确保国际合作通常需要很长时间，以至于在最初提出时有意义的环境保护战略在实施之时就变成了"太少、太迟"的环境保护战略。在短短几年内，这个问题可能已经达到了全新的（而且非常不同）的程度。例如，一旦物种灭绝，保护特定栖息地的努力可能就变得无关紧要。

如果批准协议的国家数量太少，那么履行诺言的国家的持续努力可能不足以解决这一问题。例如，即使大多数国家停止倾倒有毒废物，只要少数国家拒绝停止其危险的处置行为，就不可能清理海洋。

实施环境条约的费用通常比签署国预期的要高。尽管这些国家被列入签署国之列，但当国内优先事项的改变使部分国家无法实现其初衷时，该部分国家实际上可能会食言。而且，即使在制定了详尽的条约语言之后，对于预期的目的和保证实现的内容而言，分歧仍然存在。面对这种分歧，心怀不满的国家有时会决定退出。有时候，这类分歧不过是一个国家在发现条约所涉及的真实成本过高，或遭遇意想不到的国内反对时决定改变心意的借口。

有时候，为了让具有显著不同的需求或优先事项的国家签署条约，最小公分母或折中的办法会被采用。不足为奇的是，此类半途而废的协议通常不足以实现预期的结果。很多时候，此类条约的目标是值得称赞的，但各国愿意作出的有计划性的承诺不可能实现其所支持的目标。

因此，即使签署了协议，结果也可能令人沮丧。支持涉及的国家可能太少（或合适的国家数量不足）。在其他情况下，尽管一开始可能有足够多的国家表示支持，但它们有时无法兑现其诺言。此外，即使大多数签署国已准备好并愿意遵守，而不是屈从于所选择的解决方案，但事实证明，实施问题比任何人想得都要糟。出于这些原因，理想主义者拒绝将已签署条约的数目或签署这些条约的国家的数目视为进展指标。

截至 2014 年初，俄勒冈大学的国际环境协议数据库已记录了约 1190 项多边环境协议（MEAs）和 1500 多项双边环境协议。然而，其中许多协议是如此具体和具有技术性，以至于它们往往被认为是具有程序性的，是关于质量保证的全球化手段，而并不涉及全球环境管理事项。尽管我们的选择有些随意，但是表 2.1 中列出的 16 项条约（并在附录 A 中进一步阐述）都源自全球环境合作中最著名的例子。到目前为止，它们本应但未能扭转环境恶化的趋势（包括几十年前签署的协议）。公平地讲，即使一些国家没有修复此前对环境造成的破坏，但是它们已经放慢了污染速度或开始了保护重要自然资源的进程。

表 2.1　全球环境合作的重要例子

南极条约
南极动植物保护商定措施
南极海洋生物资源养护公约（CCAMLR）
南极矿产资源活动管理公约（CRAMRA）
环境保护议定书
禁止在大气层、外层空间和水下进行核武器试验的条约
关于特别是作为水禽栖息地的国际重要湿地公约（RAMSAR）
防止倾倒废物和其他物质污染海洋的公约（伦敦倾废公约）
濒危野生动植物种国际贸易公约（CITES）
国际捕鲸管制公约
国际防止船舶造成污染公约（MARPOL）
保护迁徙野生动物物种公约
远距离越境空气污染公约
关于将硫或其跨界通量排放减少至少30%的议定书
关于控制氮氧化物或其跨界通量排放的议定书
关于控制挥发性有机化合物或其跨界通量排放的议定书
联合国海洋法公约（UNCLOS）
保护臭氧层维也纳公约
关于消耗臭氧层物质的蒙特利尔议定书
控制危险废物越境转移及其处置巴塞尔公约（可简称巴塞尔公约）
生物多样性公约
联合国气候变化框架公约
关于汞的水俣公约

细想理想主义者和实用主义者之间就附录A所列条约所进行的对话。理想主义者认为，大多数鲸鱼种类都处于灭绝的边缘（尽管一两个种类已经恢复自然繁衍）。此外，一些捕鲸国家在事先同意逐步停止商业捕鲸作业之后，最近又重启商业捕鲸。湿地消失的速度正在加快，而且大多数受损的湿地尚未得

到修复或替换。理想主义者可能会指出，南极洲仍未得到充分保护——那些声称在南极洲拥有部分所有权的国家即使在经过30年的辩论和研究后，也未能就永久性矿产开采禁令达成一致。此外，代表"人类遗产"的许多（如果不是大多数的话）重要生态资源也没有得到保护，以至于其难以免受发展的不利影响。往海洋中倾倒有毒和有害废物的行为仍在继续，但是已经存在于世界海洋底部的淤泥还没有被回收或处理。

从理想主义者的立场出发，每年都有许多濒临灭绝的物种和栖息地不断消失，而且几乎没有成功的尝试来拯救那些被破坏的物种和栖息地。每年产生的有害和有毒废物的数量在持续上升，而且从发达国家运到发展中国家的有害和有毒废物的数量也在不断增加，这给毫无戒心的居民带来了严重的危险。

经过10年的谈判，《联合国海洋法公约》于1994年被批准了。与此同时，第一版《环境外交》出版了。然而，近年来发生了一些历史上最严重的石油泄漏事件，几乎没有或根本没有迹象表明有任何国际合作来应对这些事故所造成的有害影响。即使在已经完成合作的地方——例如，现已得到联合国所有成员国普遍批准的《关于消耗臭氧层物质的蒙特利尔议定书》（以下可简称《蒙特利尔议定书》）（历史上第一个在2012年获得南苏丹批准的公约），该公约的实际影响仍然不确定。98%的氯氟烃（CFC）已经停止生产，但是其所造成的损害是否可以完全弥补尚不清楚。在2006年和2011年，臭氧空洞的面积创造了纪录——达到了历史上的最大值，然后在2012年缩小到了第二小的面积值。[1]

---

[1] 来自NASA的一个在线资源，该资源用于监测《蒙特利尔议定书》对臭氧空洞的影响的进展，以及臭氧空洞所导致的紫外线辐射到达人口稠密地区的危险，请参阅http://ozonewatch.gsfc.nasa.gov/。

自然发生的气象条件是这些波动的主要原因，现在预测持续减小中的漏洞的尺寸的阈值将在何时出现还为时过早。与地球有关的恢复的过程和条件很复杂，而且即使有最好的共识，条约中的时间表通常也无法跟上自然过程的内在约束。

此外，理想主义者指出，1992年在地球峰会上签署的《气候变化框架公约》和《生物多样性公约》并不能保证二氧化碳的排放水平将会永远降低。同样地，在地球峰会上签署的《防治荒漠化公约》吸引了许多签署国，但加拿大保守党政府出于节省成本的目的，决定于2013年退出该公约，这凸显了当下环境条约制定机制的脆弱性。地球峰会未能就《森林公约》达成一致。目前，仅有的"联合国森林论坛"也没有明确的行动计划。在缺乏森林保护条约的前提之下，重要的雨林将继续消失。在这种情况下，非政府组织（NGO）也不认为条约是保护森林的最好出路，因为它可能淡化或削弱国家在国家和地区层面关于打击毁林行为的承诺的有效性。在里约会议上签署的条约均未包含必须达到的特定标准或追究签署国责任的最后期限。

实用主义者有一个完全不同的故事要讲。他们认为，附录A中所列出的全球环境协议代表了巨大的进步。曾经不重视自然资源管理问题的国家已做出明确的承诺。结果，这些国家深入开展环境运动。各个种类的鲸鱼数量都在增加，有的种类的鲸鱼数量甚至达到了重启商业捕鲸的地步。现在的国际规范表明，认识到湿地在维持生态平衡中所起的关键作用是重要的。2100多个具有国际重要性的湿地（包括近2.08亿公顷）已经处于被保护的状态。而且，实用主义者们认为，我们比以往任何时候都更接近于实现一项（50年）禁令——禁止在南极洲开发矿产资源。

在世界上非常偏远的地区,近200个"自然世界遗产"遗址受到了保护。一些往海洋中倾倒有害和有毒物质的行为已经减少。一些国家,例如美国,正在逐步停止有破坏性的倾倒行为。一些此前濒临灭绝的物种不再面临灭绝。有书面协议鼓励报告和清理石油泄漏事件的行为。候鸟迁徙飞行路线的划定更加清晰,有些路线甚至受到以前忽视它们的国家的保护。

实用主义者指出,正式的《联合国海洋法公约》已被纳入国际法,并促成了国际海底管理局的成立。该机构为国际水域采掘业的管理提供了独特的体系。尽管最初不愿加入该公约,但就连美国似乎也越来越接近要批准该公约的状态。2007年10月31日,美国参议院外交关系委员会以17票赞成、4票反对的结果建议批准该公约,然后布什总统公开支持美国加入该公约,尽管一些共和党参议员的反对阻止了该公约的批准。作为环境外交如何成为跨党派议题的一个例子,实用主义者注意到布什支持批准《联合国海洋法公约》的声明,该声明表明这一举动"符合美国的国家安全利益,包括美国在世界范围内武装部队的海上机动性。它将确保美国对广阔的海洋区域(包括海洋区域所包含的宝贵自然资源)拥有主权。加入该公约将促进美国在海洋环境健康方面的利益。当对我们的利益至关重要的权利成为辩论和解释的对象时,它将使美国在谈判桌上占有一席之地"①。反映这种变化的例子表明,进展可能比某些人想象得要慢,但是仍然是可以衡量的。

---

① The White House, "President's Statement on Advancing US Interests in the World's Oceans," Office of the Press Secretary: May 15, 2007.

二　全球合作的三大障碍

无论是实用主义者还是理想主义者，以下三个理由都能让他们对实现管理诸如海洋（太空）、南极洲、大气层或多样性等之类的共享（或共同）资源所需的合作水平的前景感到悲观。第一，发达国家与发展中国家之间日益加剧的分歧。第二，对国家主权的顽固坚持本身就是一个重要目标。第三，激励措施的明显缺失，不足以促使一些国家认真地就全球环境威胁的性质和可持续发展的挑战进行谈判。乐观主义者认为，这三个障碍都可以被克服，从而使国际合作成为可能。鉴于国际环境法中强制遵约机制的总体惰性，悲观主义者持怀疑态度——这三个障碍都难以被克服，而且国际合作亦难以达成。

三　南北分歧

全球不平等是许多国际法律的特点，但在国际环境法中，全球不平等所带来的分歧尤其普遍。发达国家（北）和发展中国家（南）之间的差距常常呈现为发展中国家的环境退化——要么是发展中国家为了发展而付出代价，要么是外国投资在发展中国家大肆挥霍之后的残余。人们通常将这种南北分歧描绘成一场金钱和技术之争，但是这种分歧的意义不仅仅在于经济和科学上的优势。一些观察家将发展中国家描述为额外援助的乞求者，而发达国家则被描述为不愿分享其技术秘密的富裕但自私的恩人。

自从1972年斯德哥尔摩人类环境会议以来，发展中国家设法制定了一套会议批准的原则。这些原则对经济发展和环境保护的现行方法提出了挑战，南北分歧不断加剧。分歧通常围绕是否将执行环境保护协议的资金添加到已经提供给发展中国家（"额外性"）的发展援助中，以及发达国家将为前述资金附加何种前提（"条件"）。在地球峰会上，很多注意力都集中在技术转让或技术共享的问题上。美国生物技术公司担心《生物多样性公约》会要求他们交出可能发明的产品——使用了在南方收集的材料（即使在支付了最初的版税之后）。南方则主张继续收取版税和进行技术共享。

鉴于这种分歧，国际法律规范发展出"共同但有区别的责任"原则（CBDR），即《里约宣言》原则7，并指出："鉴于导致全球环境退化的各种不同因素，各国负有共同但有区别的责任。发达国家承认，鉴于它们的社会给全球环境带来的压力，以及它们所掌握的技术和财力资源，它们在追求可持续发展的国际努力中负有责任。"然而，随着发展中国家达到了工业化的门槛，对这一原则的解释一直具有挑战性。中国和更广泛的金砖国家集团（巴西、俄罗斯、印度、中国和南非）对发展中世界以及在其影响范围内的投资和环境绩效方面产生了越来越大的经济影响。[1]

文化霸权的不公正（即西方文化和现代化力量对具有经济依赖性国家的压倒性影响）是关于发展援助和技术转让的辩论的基础。发展中国家希望发达国家承认这种间接支配的不公平性。这些辩论掩盖了分歧的真正根源——也就是发达国家和发展中国家眼中的"进展"所存在的根本区别。

---

[1] 有关 CBDR 的更详细的评论，请参见 D. French, "Development State and International Environment Law: The Importance of Defferentiated Responsibilities," 49 (1): 36–60 *International and Comparative Law Quarterly* (2000); 另请参见 the International Law Association, 2002. New Delhi Declaration on Principles of International Law Relating to Sustainable Development。

1990年，帝斯德拉（Thijs de la Court）在《超越布伦特兰：20世纪90年代的绿色发展》中提出了二分法。在书中，他描述了第三世界对《联合国世界环境与发展委员会报告》（又称《布伦特兰报告》，该报告以担任该委员会主席的挪威首相的名字来命名）的回应。正如他所解释的，分歧实际上是关于经济发展的内涵和方向。尽管可能难以置信，特别是对于美国人而言，但是大多数发展中国家——如果有选择的话——宁愿不效仿当代西方的发展模式，现实也的确如此。借用两位著名的印度批评家对《布伦特兰报告》的评论，还有其他定义"进展"的方法：我们不必将发展等同于经济增长，将经济增长等同于市场经济的扩张，将现代性等同于消费主义，而将非市场经济等同于落后。[①]

《布伦特兰报告》（它普及了可持续发展的思想，并提出了将经济发展与环境保护联系起来的必要性）假设，在当前的经济发展模式的框架内，可以找到对全球环境威胁的有效回应，如果关键行动者能接受可持续性的重要性就好了。实际上，这是发达国家普遍认同的观点，而发展中国家则认为当前存在的一系列问题（例如人口增长、粮食短缺、森林流失、生产能源的困难、工业化的影响，以及大规模的城市化负担）是主导经济发展模式的副产品。发展中国家希望发达国家承担因追求在根本上与可持续性背道而驰的经济增长和发展方式从而造成这些问题的责任。

尽管许多发展中国家的领导人目前正在倡导以市场为导向

[①] 帝斯德拉引用了范达娜·希瓦（Vandana Shiva）和贾扬塔·班迪奥帕德亚耶（Jayanta Bandyopadhyay）1989年发表于《生态学者》第3期第19卷上的文章（第111~113页）。

的发展和经济增长方法,但他们无疑不会试图构成其文化认同的独特的社会、经济和生态条件。从长远来看,这样的做法(除其他外)会弄巧成拙。因此,如果每个国家都力求达到美国目前所享有的人均能源使用和资源消耗水平,世界储备将会很快被耗尽。因此,我们应该追求其他的发展模式,或者是更公平的共享世界资源的方式。

对世界银行(和其他多边贷款机构)的态度反映了关于什么是理想发展的相互矛盾的观点。尽管世界银行在 1987 年宣布其意图——与以往相比,会更多地关注其投资的生态后果(例如,在提供未来资金之前,承诺准备好环境影响评估),但是它并没有立即削减其对许多大型开发项目的资金支持,由此导致一些发展中国家认为这些项目是完全不能接受的。实际上,许多第三世界环境行动组织严厉质疑世界银行关于将更多关注力放在环境质量上的相关声明,它们强烈反对世界银行资助的项目,并认为这些项目暴露出了弊端——发达国家除了"理想发展"的定义之外,对其他任何东西都视而不见。[1] 自里约峰会以来,世界银行致力于评估其社会和环境绩效。尽管世界银行设立的环境部门已经有超过 30 年的历史,但其中的大部分工作都集中于环境保护项目,而不涉及对世界银行的绩效进行整体管理。活动家所提及的"'致命的五个'项目",激发了世界银行的诸多内省。

(1)巴西的帕洛诺罗斯特项目旨在开发亚马孙的原始热带森林。

(2)在中国,长江三峡大坝导致约 130 万人被迫重新

---

[1] 一期又一期的《第三世界复兴》(*Third World Resurgence*)充斥着对世界银行投资行为的攻击。这些攻击既有文化底蕴,又往往有充分的证据资料。

安置。

（3）在博茨瓦纳，大型养牛项目造成了生态脆弱土地的过度放牧。

（4）印度的纳尔默达河谷的水坝和灌溉项目遭到基层组织的强烈反对，以防止当地人民被迫重新安置。

（5）在印度尼西亚，移民计划使数百万人从市区移居到群岛中其他岛屿上的未受破坏的地区。

对发展中国家的许多人来说，这些项目象征着发达国家不愿继续履行发展中国家以可持续发展模式的选择为对价所换取的（发达国家所做的）承诺。反过来，这也令人怀疑发达国家对环境的质量和可持续性的最近的关注声明只不过是进一步开发发展中国家的借口。① 由于来自民间社会的压力过大，世界银行参与了包括多方利益相关者的审查过程，例如世界水坝委员会（WCD）。该委员会于2000年完成了报告，并开展了自己的采掘业评估（EIR，于2004年完成）。然而，从中吸取的教训绝不是"永久的"。为了回应民间社会的关注，自2000年以来，世界银行已设立合规顾问和监察专员办公室，以应对团体对世界银行所资助项目的投诉。但是，EIR 或 WCD 的特定建议只是被勉强采纳。例如，世界银行确实撤回了对三峡和纳尔默达等大型水坝项目的支持，并在连续多年里暂停了对大型水坝项目的投融资，但是，它决定在2013年取消这一禁令。批评人士可能认为这是世界银行屈从于发展压力的一个决策弱点，或者是权衡化石燃料和核电的影响与大型水坝和相关大型基础设

---

① 帝斯德拉引用了国际自然保护联盟（现称世界自然保护联盟）（IUCN）的沃特·维宁（Wouter Veening）在荷兰杂志《自然与环境》（1987年4月）中对"'致命的五个'项目"的描述。

施的影响之后的一个务实的决定。其他区域的开发银行在决策方面也存在类似的趋势。

技术共享和发展援助的问题并非无关紧要，但与这个更大的问题相比却是次要的。这个更大的问题不是发达国家将向发展中国家提供多少钱，而在于南北关系是否可以从依赖和对抗中的一种，转变为富有成果的相互依赖中的一种。联合国和经济合作与发展组织表示，在 1986 年，非洲国家获得了 180 亿美元的发展援助。同年，这些国家遭受了 340 亿美元的损失：150 亿美元的贷款偿还义务以及 190 亿美元的出口价格下跌所导致的损失。当时，非洲国家的债务总额接近 2000 亿美元，相当于其整体 GDP 的一半，也相当于其年出口收入的 3~4 倍。[①]

正如《布伦特兰报告》所解释的那样："无法支付的债务迫使依靠商品销售的非洲国家过度利用其脆弱的土壤，从而将良田变成沙漠。富裕国家和发展中国家之间的贸易壁垒使非洲人难以通过出售商品以获得合理的回报，这给生态系统带来更大的压力。"如果非洲国家的依赖程度只会增加，而对脆弱生态系统的影响只会恶化的话，那么提供多少援助或哪种技术又有什么意义呢？近年来，在贸易与援助之争中，已经产生了很大的分歧，这特别体现在支持援助的杰弗里·萨克斯（Jeffrey Sachs）教授（联合国秘书长特别顾问）和比尔·盖茨（Bill Gates）与不支持援助的赞比亚裔英国作家丹比萨·莫约（Dambisa Moyo）和威廉·伊斯特利（William Easterly）教授之间的交流上。萨克斯积极支持根据 CBDR 增加发展中国家所能得到的援助，而莫约和伊斯特利则断言，对援助的依赖会导致

[①] 联合国非洲经济委员会和经济合作与发展组织于 1987 年共同报告了非洲的经济依赖情况。帝斯德拉引用了这一报告。

当地商业潜力的萎缩。在这场两极分化的辩论中，保罗·科利尔（Paul Collier）认为，非洲国家政府内部资金流动管理的改善，为协调援助与贸易提供了一些中间立场。麻省理工学院的阿卜杜勒·拉蒂夫·贾米尔贫困行动实验室（JPAL）及其创始人埃丝特·杜弗洛（Esther Duflo）和阿比吉特·班纳吉（Abhijit Banerjee）的工作都试图对扶贫计划进行严格的研究评估，以指导政策的"立改废释"。最近，达伦·阿西莫格鲁（Daron Acemoglu）和詹姆斯·罗宾逊（James Robinson）提出，全球不平等和南北分歧应归咎于"开采制度"。① 然而，令人惊讶的是，在这些学者的分析中，没有一个人以任何有条理的方式直接考虑国际环境合作在可持续发展治理中的作用。自2002年约翰内斯堡峰会以来，尽管一直在推动努力让扶贫和环境保护之间的关系更加紧密，但从实际操作的角度来看，这些国际外交活动领域大体上仍是分开的。

南北分歧无法通过支付额外的资金或以优惠的条件提供新技术的方式得到解决。发展中国家希望发达国家对其所面临的困难承担更大的责任。发展中国家还在等待发达国家承认，如果要使世界资源分配更加公平，就必须改变发达国家的生活方式。从发达国家的角度来看，这两个需求都不合理。因此，僵局仍在持续，特别是由大多数发展中国家组成的国际集团，也被称为七十七国集团（即使该集团中有超过125个国家），近年来找到了自己的声音，并进行更有效的动员。

四 主权

1989年3月，法国、荷兰和挪威的总理在海牙提出了一项

---

① 在这场辩论中，参考了不同竞争者的书籍。

雄心勃勃的计划——建立一个全球环境立法机构。该机构有权实施新的环境法律法规，并对未能执行环境法律法规的国家采取具有约束力的法律制裁，而且这一机构权力的作用对象是任何国家。尽管24位国家领导人都通过了这项宣言，并呼吁对联合国进行新权力的授权——即使未经一致同意也可以采取行动，但是提案失败了。[①] 或许更多的是受到挫败感的驱使，有人提出了诸如要求建立具有凌驾于国家主权之上的超国家机构之类的提案。但是，他们都没有成功，这是因为各国都在为维护自己的权利和特权而拼命斗争。

通过临时谈判而制定的大多数全球环境协议仅仅包括薄弱的监督和执行条款。这也是国家努力的一个结果——不仅要保持对地缘政治边界内所有决定的控制，还要保持对影响公共区域和资源的行动的自主权。例如，《国际捕鲸管制公约》设立了国际捕鲸委员会，以负责对该条约的执行情况进行监督，但没有赋予国际捕鲸委员会执行权。因此，应当要指出并公布违反条约的行为，但是不能对违反条约的国家施加制裁。事实上，如果一个国家对被指控存在违反条约的行为感到不满，它可以以"决定退出"该协议或组织一个小团体来制定竞争标准。

没有授予监督和执行权力的原因在于它们似乎与国家主权这种权力相抵触。但是，如果没有有效的监督和执行，条约的实施就会很困难。大多数国家都遵守大多数现有的国际协议，但也有许多公然无视规则和期限的实例。而主权则常常被用作借口。发现自己不遵守条约规定的国家声称，比条约的遵守更为重要的事项出现了，即主权的维护——其主权正在被其他国

[①] Hilary F. French, "After the Earth Summit: The Future of Environmental Governance," *Worldwatch Paper* 107 (Washington, D.C.: Worldwatch Institute, March 1992).

家削弱。

一种国际关系流派认为，主权国家将始终为自己的利益行事，因此国际机构是无关紧要的。这也就是说，此类机构将永远无法说服各国采取与自身利益相悖的行动。[①] 另一种思想流派认为，我们不需要多边机构，因为在竞争环境中利己主义的国家将始终努力实现互利互惠的交流，而无须任何国际机构的推动。正如亚瑟·斯坦（Arthur Stein）在《为什么国家合作》（1990，p. 25）中所写的那样，"就像一个运作良好的市场，在这个市场中，利己主义的行为会导致最优、最有效的结果，由此一个由利己主义的国家组成的无政府主义的国际体系并不需要监管"。但是，许多国家为制定和实施合作安排做了相当常规的工作——建立并赋予新机构权力，以使国家之间的合作更加容易。尽管它们不想放弃主权，但它们还是这样做了。

尽管国际关系理论家们认为，寻求自身利益的主权国家往往能够意识到，其建立和维持合作关系的能力取决于其维持适当的机构进行监督和援助的能力。就像人民组建政府一样（并在此过程中放弃了部分的权利以换取安全），当世界各国聚到一起寻求解决全球问题的方案时，它们必须放弃部分主权。不过，重要的是，它们这样做是自愿的。而且，它们可以在一个政策领域中这样做，并同时决定在另一个政策领域中不这样做。

《联合国海洋法公约》提出了"人类共同遗产"的思想，这将缩小个别国家的绝对主权范围（当它们的行动威胁到全球环境质量之时）。这是对现行法律假设的挑战——主权国家可以在其他国家的管辖范围以外做它们想做的任何事情。当然，

[①] 当然，持这种观点的人很难解释为什么各国政府不时地会去创建联合国等有能力迫使各国改变行为的多边机构。

许多国家早已接受了对其主权的其他实际限制，以便享有国际交流和贸易的优势。港口、航空公司、电信和其他全球系统的运营均由国际权威机构管辖。随着各国发现它们在经济上日益相互依赖，其主权也随之减少。由于新的卫星技术允许在不直接进入领土的情况下进行全球监控，传统的主权观念被进一步软化。然而，尽管国家对自然资源管理的主权（在一个国家的边界内和在公共区域内）观念在不断发展，以应对技术和经济变化，但它们仍然对环境条约的有效制定构成了重大障碍。

五　讨价还价的激励措施

最后，悲观主义者担心（这是正确的）的是许多国家将拒绝参加全球环境谈判，不是因为它们担心失去主权，而是因为它们看不到自己必须获得什么。这些国家是潜在的"搭便车者"（在不分担任何责任或成本的情况下，从他人的行动中受益的主体）。它们认为其他国家会尽力而为，由此它们则可以从一个环境更安全的世界中受益，而无须承担任何费用。如果你可以免费享受利益，那么为什么还要加入其中呢？

尽管这种污染控制工作所产生的全部利益可能要到下一个世纪才能实现，但是，现在必须支付许多控制污染所需的费用。这给许多政治家带来了问题。他们的任期只持续到下一次选举。例如，与增税的努力一样，很少有民选官员愿意成为发起加税的人。但是，当事实证明这笔钱用得其所时，他们都希望分享荣誉和利益。许多环境条约谈判仅关注成本的分配（包括对发展的限制）。他们很少或根本没有关注将要产生的实际利益，以及该如何分享这些利益。

几乎可以肯定的是，环境问题的影响和与之斗争的成本将不会平均分配。即使从长远来看，一些国家的损失将会大于收益。与其他国际谈判——在这些国际谈判中，受有损失的国家享有其他种类的利益——不同的是，受有损失的国家有充分的理由袖手旁观，甚至会破坏国际环境条约的制定工作。尽管将条约制定工作联系在一起可以改变这种情况，但很少有人这样做。环境谈判在很大程度上是与其他国际问题（例如债务、贸易或安全）的谈判相区分并独自进行的。悲观主义者认为，联系的复杂性将超出国际机构的处理能力。

总体而言，这三个障碍分别是南北分歧、维护国家主权的愿望以及缺乏参加谈判的动力，这表明悲观主义者有充分的理由怀疑环境条约制定的前景是光明的。而乐观主义者则认为这些缺陷可以通过调整国际法律制度来进行纠正。

六　法律结构的结构性困境

布伦特兰委员会建议通过一项类似于《世界人权宣言》的关于环境保护与可持续发展的世界宣言（见附录 B）。这旨在克服国际法律体系中最严重的缺陷之一：缺乏保护环境的具体的国家义务。根据许多评论家——尤其是英国法律学者菲利普·桑兹（Phillipe Sands）——的观点，实际上存在两个关键问题。第一，非政府组织和其他"非国家行为者"在国际法律体系中没有地位（它们不被承认为法人）。只有主权国家才被承认，而且它们都是平等的。一个国家不太可能代表全球环境去起诉其他国家，并且非政府行为者不被允许去承担这种起诉角色（例如，与国家进行谈判并在国际法庭出庭）。第二，环境权尚未在国际范围内确立。这就是《布伦特兰报告》所试图做到的事情。

在没有关于环境保护和可持续发展的世界宣言的情况下，《维也纳条约法公约》仅在制定全球环境协议的基础上提供了流程指导。该公约阐明了一些基本规则，尽管它留下了很多未被解答的问题。①

大多数多边环境条约的谈判都是由国际组织发起的。近年来，联合国环境规划署（UNEP）成为主要发起者，它召集的会议于1985年产生了《保护臭氧层维也纳公约》，于1989年产生了《控制危险废物越境转移及其处置巴塞尔公约》。地球峰会虽然在官方上是由一个独立的联合国环境与发展会议主持的，但也是联合国环境规划署努力的成果，至少是部分成果。少数国家集团或国际组织，例如国际自然保护联盟（IUCN），也推动了其他条约的制定工作。《维也纳条约法公约》没有具体规定条约制定活动的发起主体。

有些会议只涉及少数几个国家，属于次区域会议。其他会议可能涉及联合国180多名成员中的大多数。一旦召开了会议并召集了每个国家的谈判委员会，它们要就如何进行谈判制定规则；具体来说，包括会议将持续多长时间，谁将被允许参加，谁将提供科学证据，建议将如何被提出，以及与会者将如何制定协议文本。这些规则可能由召开会议的国际组织提出，或者可能早已由先前的协议所规定。《维也纳条约法公约》没有具体说明哪些国家应参加条约的制定，也没有说明条约制定应如何进行。不过，它确实说，条约文本的通过需要"出席并参加

---

① 顺便说一下，美国不是《维也纳条约法公约》的缔约方，尽管《维也纳条约法公约》被所有美国法院认为具有约束力。埃里克·雷夫施耐德（Eric Reifschneider）曾是哈佛法学院的学生，他帮助我们研究了《维也纳条约法公约》的细节。参见 Eric Reifschneider, "Creation of International Environmental Agreements," 104 (7) *Harvard Law Review* (1991).

表决的至少 2/3 的国家的赞成票，除非它们以同样的多数决定适用不同的规则"。

程序规则可能会对达成协议的机会产生重大影响。例如，"单一文本"方法的使用。在这种方法中，仅存在一份潜在协议的草案，所有缔约方都在该草案上写下其修改的建议，而不是提供整个文本的替代版本。谈判专家认为，这是几项条约谈判成功的重要因素。同样地，非政府组织（通常向正式代表团提供技术信息）的参与有助于《保护臭氧层维也纳公约》的成功谈判。《维也纳条约法公约》既未建议也未排除"单一文本"方法。它没有提出可供参考的谈判时间表，也未能解决非政府组织的角色问题，因为如前所述，这类组织在国际法中没有地位。

一旦各方通过了协议文本，下一步就是确保各方签署协议。对于缔约方数量相对较少的次区域会议，每个国家通常会在会议结束时签字。对于缔约方数量相对较多的区域和全球性会议，协议通常会在很长一段时间内于一个或多个地点"保持开放以供签署"。例如，《保护臭氧层维也纳公约》在维也纳"保持开放以供签署"的时间为 6 个月，然后其在纽约"保持开放以供签署"的时间也为 6 个月。有时协议会无限期"保持开放以供签署"。《关于特别是作为水禽栖息地的国际重要湿地公约》就是这种情况。

签署并非微不足道的步骤，因为对已通过的协议文本不满的主体可能会拒绝签署协议。特别是当协议文本以多数票通过而不是协商一致通过时。一方一旦签署协议，就必须根据《维也纳条约法公约》的相关规定以避免进行某项违背协议目标的活动。对于违反此要求的国家，《维也纳条约法公约》没有规定制裁措施。值得注意的是，截至 2014 年，只有 113 个国家批准了《维也纳条约法公约》——显著的例外包括美国（已签署但尚未批准）和印度（非缔约方），这两个国家都指出习惯国际法足以满足条约制定的目的。

《维也纳条约法公约》规定，当有足够多的缔约方同意受其约束时，该协议生效。对于大多数多边协议，当一小部分国家表示其政府已批准该协议时，缔约方可以选择使该协议生效。对于缔约方数量相对较少的区域协议，协议通常在所有缔约方批准后才生效。缔约方数量相对较少的区域和全球协议通常会规定使协议生效所需的最低批准国数量。例如，《联合国气候变化框架公约》要求在 153 个签署国中的 50 个批准后生效。《生物多样性公约》则要求 152 个签署国中的 30 个批准后生效。《拉姆萨尔公约》是一个例外。它在 7 个国家成为缔约国时生效，但后来允许其他国家成为签署国。一旦达到最低批准国数量，该协议仅对批准方生效。根据《维也纳条约法公约》，没有规定参加条约制定的国家数量的最小值。

多边协定生效后仍然可以进行修改。除非条约另有规定，否则一般规则得以适用——必须将所有修改建议通知所有签署国。签署国有权参与修改谈判，并签署任何后续协议。

尽管大多数多边协议都遵循这种模式，但也有例外。某些修改可能会对原始协议的所有缔约方具有约束力。在这种情况下，通常需要以绝对多数票通过修正案提案。例如，《保护臭氧层维也纳公约》允许任何缔约方提出新的修正案提案。它要求各缔约方尽"一切努力"以协商一致的方式达成协议，但如果未能通过，则修正案提案可能会在会议上以缔约方 3/4 多数票"作为最后手段"通过。

表2.2 典型全球环境公约的要素

定义
　　关键术语的定义
目标
原理
　　需求和权利
承诺
　　为实施目的对国家进行分类；
　　时间表、目标、任务协调、融资义务
研究和系统观察
　　数据收集、具有约束性、加强履行能力的国际努力、发展中国家的特殊努力
教育、培训和公众意识
　　在签署国内部、国际合作
缔约方会议
　　设立、活动、决策、召集、会员
秘书处
　　名称和功能
　　科学技术咨询附属机构的设立、职能、职责
财务机制
　　财务责任分配、业务监督和会计能力，包括技术转让在内的资金转移机制，与其他双边、区域和多边渠道的关系
与执行相关的信息沟通
　　与其他缔约方和秘书处沟通的义务、所需沟通的时间安排
有关执行问题的解决
　　多边协商过程
争端的解决
　　缔约方的义务、争端解决方法的层次结构、机构安排、使用程序
公约修正案
　　程序、决定规则
公约附件的通过和修正
　　程序、决定规则
协议
　　通过、生效、可接受的当事人及其参与的程序
投票权
　　投票权的转让
保存人
　　指定

续表

签署
  签署地点和时间表
临时安排
  分配秘书职能、监督和财务运作的责任
  批准、接受、批准或加入时间、约束性、权限范围
生效
  时间、所需数量
保留
  是否允许
退出
  时间和条件
文本认证
  所需语言
附件

  典型的条约或公约协议具有一组可预测的标题或章节（请参见表 2.2）。大多数条约或公约协议以定义协议中的关键术语作为开头，并明确指出其地理范围。接下来，有协议呼吁各缔约方采取"一切适当措施"以解决问题，相互合作以促进科学研究、共享信息和有效应对突发事件，以及执行协议的其他条款。有时候，协议明确要求各缔约方就协议中的每一个条款制定具体的协议或议定书。在这种情况下，公约概述了达成协议所需的条款。

  附加条款通常要求召开定期会议或后续会议。在这些会议上，代表们审查新的科学信息并确定了额外的研究目标；他们评估为解决该问题而采取的个人措施和联合措施的有效性；对附加协议和修正案进行提议、讨论和投票。此种会议通常每几年召开一次。"特别"会议可应预定数量的缔约方（有时是 1/3 的签署国，有时是 1/2 的签署国）的要求而召开。

  其他条款设立了一个秘书处（尽管《维也纳条约法公约》

没有具体规定谁应扮演这一角色）。秘书处的主要职责是召集和监督会议。秘书处的附加职责包括将一方提交的信息传递给另一方，确保自身与其他国际组织之间关系的协调，履行议定书分配给它的任何职能以及撰写自身活动的报告。秘书处通常是一个国际组织，例如联合国环境规划署。

拟议的议定书或对条约的修正案必须定期在会议之前提交至秘书处。然后秘书处在下次会议召开的几个月之前将它们发送给其他各缔约方。在这些会议上，各缔约方试图通过协商一致的方式达成协议。但是，如果各缔约方未能达成协议，则拟议的议定书或对条约的修正案可以经与会各缔约方表决通过。表2.1和附录A所列出的大多数公约的修正案都聚焦于正式文件的附件或附录所列出的内容。其中包括适用于各种特殊情况的技术定义和行动。例如，1973年《濒危野生动植物种国际贸易公约》的附件指出不同类别的物种受到了不同程度的保护。《伦敦倾废公约》的附件对可以或不可以被丢弃在海洋中的各种物质进行分类。

最后，大多数条约都包含规定其生效方式的条款。其他条款确定了该协议"保持开放以供签署"的时间和期限。另有条款将指定一个保存人——其职责是接收批准和拒绝的通知，并在足够多的缔约方批准后通知有关政府。保存人通常是主持公约签署会议的国家的政府。后续条款可以具体规定协议生效所需的最低批准国数量，以及协议的有效期（通常是无限期的）。

改革者着眼于这种法律结构，并看到了明显的缺陷：规则非常粗略，没有人真正负责，很多谈判过程都是临时的和不受监管的，没有中央机构来管理谈判过程或强迫遵约，国际法院所提供的争端解决机制是不明确的。我们称为"保守派"的人，在看到这个条约制定机构之后，点头表示赞同：没有专横的官僚机构告诉各国它们必须做什么，事实上，程序只是被粗略地勾勒出来，这意味着任何必要调整的做出都相对容易，而且大多数国家似乎在大多数时候都遵守规定。

这两种观点之间的差异可以追溯到改革派和保守派对制定和执行国际法的机制所具有的不同信心水平。根据著名法律学者帕特里夏·伯尼（Patricia Birnie）的说法，国际法的法律渊源是条约、习惯或一般法律原则。[1]条约是明确的，习惯则不然。在国际法中，习惯是指提供具体证据证明一个国家愿意遵守某些规则的做法。一般法律原则被包含在国家和国际法庭的裁决中。此外，学术著作塑造了一般法律原则的内涵。联合国大会的决议以及联合国其他机构和会议的决议也塑造了世界对一般法律原则的看法。

即使没有制定或执行国际法的中央立法机构，但通过外交方式所进行的利益协调已经形成了法律秩序。改革派希望有一个更明确的超国家体系——有权立法并强制不合作的国家遵约。保守派不仅不抱这样的希望，而且反对一切我们所知的消除主权的努力。

因为国家是主权国家，所以国际法的发展需要它们的同意或至少是默认。伯尼建议，如果各国在新习惯形成的关键时刻不提出抗议，就可以假定默许，但这并不涉及遵约或强制执行的问题。国际法院提供了一种有时可以发挥作用的争端解决机

---

[1] Patricia Birnie, "The Role of International Law in Solving Certain Environmental Conflicts," in *International Environmental Diplomacy: The Management and Resolution of Transfrontier Environmental Problems*, ed. John Carroll (New York: Cambridge University Press, 1988).

制。但是，它无权胁迫拒绝接受其管辖或判决的国家。总而言之，国际法律结构为规范全球环境条约的制定提供了极为有限的指导方针。

七 公约—议定书方法的基本缺陷

最近的国际环境谈判采取了两步走的方法。第一步，举行了一系列会议，以审查科学证据并起草框架公约。第二步，签署者的后续会议将重点放在详细协议的准备上。借助公约—议定书方法，许多协议（见附录A）产生了。《联合国气候变化框架公约》和《生物多样性公约》是第一步所产生协议中的最新例子。《蒙特利尔议定书》则是第二步所产生协议中的最著名例子。

1985年，21个国家签署了《保护臭氧层维也纳公约》，这是在首次召开会议以审查有关臭氧损耗的科学证据的8年之后。两年后，《蒙特利尔议定书》由27个国家签署，并于1989年生效。第一个四年审查会议于1990年在伦敦举行，会议对该议定书进行了修改，签署方决定修改它们先前设定的目标和时间表，并再次讨论如何向发展中国家提供足够的援助以使它们能够履行该议定书的条款。

公约—议定书方法允许各国从一开始就"签署"协议，即使在"签署"协议的当下，各缔约方尚未就必须采取的具体行动达成协议。1975年的《巴塞罗那公约》（一项产生《地中海行动计划》的区域协议）建立了无须下达具体污染控制或削减标准的、能够监测各种污染源的程序。大多数国家可能同意进一步记录污染程度的做法是可取的，但有些国家难以接受对具体目标的承诺——因为国内反对这一可能出现的短期经济后果。

不过,这项公约和其他公约的签署仍然创造了动力,并鼓励人们继续致力于科学研究。①

1992年的《联合国气候变化框架公约》没有设定任何目标或时间表(即使许多国家,尤其是欧洲国家,都希望能够有)。相反地,随后的会议将考虑正在进行的科学审查的结果,并探讨采取具体实施措施的可能性。与此同时,一些国家已经单方面采用了仅影响自身的时间表和目标。尽管这些协议没有法律约束力(也就是说,此后,这些国家的立法机构可以自由地废除它们),但它们为后续谈判提供了基准,并且可能使采取行动的国家在后续议定书的谈判中占据上风——它们可以声明它们已经采用的标准应该成为规范。

关注环境保护的国家内部的团体已经能够指出框架公约的签署是仍然需要采取进一步行动的证据。在某些情况下,科学证据的积累(通过公约的签署使之成为可能)将足以消除对补救措施的政治阻力;在其他情况下,部分国家签署一项公约所激发出来的世界舆论力量足以迫使不情愿的国家签署协议。有时候,随着时间的流逝,国内反对力量减弱了——这使得国家领导人更容易为后续议定书中概述的行动寻求支持。

然而,公约—议定书方法的主要缺点是,它鼓励了一个过程,而该过程通常是冗长乏味的。直到国际自然保护联盟首次提请注意需要依靠国际社会的努力来规范濒危动植物物种及相关产品的出口、运输和进口的10年之后,1973年的《濒危野

---

① 《地中海行动计划》未列在附录 A 中。尽管它是联合国环境规划署所管理的区域海洋项目中的一部分,但它是一项区域协议而非全球协议。参见 Peter Haas, *Saving the Mediterranean: The Politics of International Environmental Cooperation* (New York: Columbia University Press, 1990)。

生动植物种国际贸易公约》才被签署。在那10年中，许多动植物物种被破坏。同样地，《联合国海洋法公约》的谈判耗时10年。在此期间，人类失去了保护和开发海洋资源的机会。

通常情况下，公约—议定书方法的动态性强化了寻求最低共同标准的协议的趋势。例如，《控制危险废物越境转移及其处置巴塞尔公约》采用了模糊的语言，避免了定义关键术语这一政治上的艰巨任务。这使得不情愿的国家有可能签署该公约，但损害了成功实施的机会。实际上，非洲发展中国家在1991年举行会议，并签署了一项名为《巴马科公约》的区域协定。该协定远远超出了《巴塞尔公约》的规定，因为其禁止非洲国家进口危险废物。《巴塞尔公约》呼吁以"无害环境的方式"处置危险废物，但没有说明这意味着什么。环境无害化标准完全由每个国家自主决定。《巴马科公约》是一些非洲国家为设定更严格的环境标准所做努力的成果。

在1989年《濒危野生动植物种国际贸易公约》签署国会议上，该组织同意对非洲象进行重新分类，并将其转列入需要进行更严格保护的清单。这项提议遭到某些从事象牙贸易的国家的抵制，并且前述国家仅在增加了一项"允许个别国家申请将非洲象从濒临灭绝的状态'降级'为受威胁的状态"的条款之后，才同意接受该项提议。但是，该公约并未确定"降级"的适当性标准。归根结底，这很可能影响条约的有效性。

大多数国际环境条约将相同的要求施加于所有签署国。实际上，这就是为什么最小分母解决方案通常是唯一可行的选择。《巴塞尔公约》对危险废物在签署国之间的运输进行了规定，但允许签署国与非签署国之间就前述问题达成双边协议。这明显与该协议的早期版本相矛盾——早期版本规定签署国不能将危险废物运输到非签署国。允许双边协议存在的规定当然可以解释为对整个条约的淡化；但是，将其纳入协议在政治上是必要的。显然，所有条约的谈判都需要国家之间相互让步。然而，就环境协议而言，仅满足有关国家的政治要求是不够的。无论环境协议具有何种政治意蕴，都必须尊重其所涉及的自然系统的动态原理。

另一个关键问题是，借由公约—议定书方法所产生的协议有时反映出对现有科学技术信息的完全忽视。例如，此类协议有时包含一些不具有技术可行性或逻辑可行性的要求。再如，在地中海污染控制策略的谈判中，政治考量使将保加利亚和罗马尼亚这两个黑海国家包括在内的技术智慧黯然失色。根据《拯救地中海》（1991）一书的作者彼得·哈斯（Peter Haas）的说法，尽管所有的缔约方都知道从常识的角度来看它们做错了事，但还是达成了一项区域协议来应对政治压力。

不幸的是，当需要制定具体的第二步协议时，原始公约的条款可能会阻碍达成具有技术适当性的协议。一些观察家指出，对于氟氯化碳的监管，美国先是予以限制，继而予以支持，原因在于美国主要的氟氯化碳生产商杜邦化学公司已经完成了对氟氯化碳替代品的研发。在公约谈判期间，各国通常会引用科学证据来证明其所偏爱的一般政策具有合理性。此时无须面对这些政策的影响，所以可能经常采用限制后续协议设计的适得其反的政策。这是两步走方法在起草过程中的真正危险。

最后，通过公约—议定书方法所进行的谈判通常由最强大的国家来主导。《蒙特利尔议定书》的最终协议主要是在美国和欧洲经济共同体（这两个是最大的氟氯化碳的消费国和生产国）之间进行谈判所达成的。在其中，发展中国家被边缘化。

非洲国家称《巴塞尔公约》被第三世界签署国"背叛",因为较弱的国家无法制定包括将危险废物处置责任从接受国转移到产生国或出口国的规定。

条约制定中的公约—议定书方法的"临时"性质在缺乏正式谈判制度的情况下,每个国家都有权利帮助制定议程,而且在环境条约被审议之前,秘书处有义务达到获得联合国会员国支持的最低门槛,最强大的国家实际上可以制定规则,控制技术信息的传播,并主导谈判进程。

目前采用的临时公约—议定书方法也不能解决重要的谈判问题。例如,公约—议定书方法实际上鼓励了许多国家的"艰苦谈判"倾向,因为它几乎不能阻止各国对其利益的歪曲。它的目的不是鼓励各国将"创造互惠互利的选项"的任务与达成协议的任务分开。此外,对于在正式会议之前建立非正式协议和联盟这件事情,它没有给予足够的重视。这些都是众所周知的谈判问题,而正是这些问题,导致所有多边谈判面临困难。①

作为讨价还价策略中的一部分,各国经常曲解或夸大其需求。这种策略可能在一次性的、关涉单一问题的谈判中有用;但是,在长期工作关系对执行工作至关重要的情况下,如果所涉缔约方仅做出被证明是正确的陈述,则执行情况会更好,因为这带来了更大程度的信任,使得执行更加容易。此外,当谈判者从事贸易特许权业务(而不是寻求使共同收益最大化的交易)时,他们必须与本国的领导人保持沟通。在这种情况下,

---

① See Roger Fisher, William Ury, and Bruce Patton, *Getting to Yes* (Boston: Houghton Mifflin, Second edition, 1991); Lawrence Susskind and Jeffrey Cruikshank, *Breaking the Impasse: Consensual Approaches to Resolving Public Disputes* (New York: Basic Books, 1987).

几乎没有任何创造力可言,大量的时间被浪费在表演"特许之舞"上。总而言之,当谈判涉及许多问题,而且许多缔约方将不得不在持续的基础上相互打交道时,更有意义的是分享各缔约方对各自利益的坦率陈述,并避免站在特定的立场来进行谈判。在制定环境条约的"两步法"这一方法中,没有任何东西能推动各缔约方朝着这个方向前进。

当谈判没有明确区分为处理具体问题所创造的多个选项和可以直接进行选择的已有选项时,谈判人员通常无法探索全部可能性。像罗杰·费舍尔(Roger Fisher)、威廉·尤里(William Ury)和布鲁斯·帕顿(Bruce Patton)在《达成一致》(第二版,1991)中所表明的那样,探索选项的意愿或被调解员通常所称为的"提议"常常被误解为承诺——因为当事方未能将"发明"与"承诺"区分开。这对创造性地解决问题形成阻碍。很多时候,谈判成为对意志的考验。当他们这样做时,各缔约方就少数选项进行斗争,这将关闭创造性的头脑风暴(这可能会产生符合所有人利益的其他替代选项)。

公约—议定书方法的两步结构没有区分"发明"和"承诺"的任务,尽管该方法可以做到。在公约制定阶段,目标通常是保持在一个非常笼统的水平,以便所有国家至少会同意需要采取一些(未指定的)行动来解决问题。在协议制定阶段,目标通常是找到一个每个人都能接受的公式。此类公式通常包含许多例外——这强调了任何国家都不能被迫签署协议的事实。公约和议定书的制定通常被视为零和游戏。也就是说,每个人的行为都表现得好像只要对一个国家有利,就肯定会对另一个国家不利的样子。当各国聚集在一起就条约语言进行谈判时,它们通常早已锁定立场。一旦协议达成,它们通常是最强大的缔约方相互妥协的结果，而不是创造性地解决分歧的结果。

在前述引用的许多示例中，每次谈判的议程都是通过秘书处或牵头组织与几个主导国家之间的非正式沟通来确定的。例如，在国际捕鲸委员会的会议上，多年来，议程一直被捕鲸国家严格控制。当然，在每个国家都明确自己利益的谈判中，应精心设计议程的内容以确保将受影响国家最关注的议题包括在内。如果重要的议题被忽略，那么一些国家将没有动力参加谈判，这些国家可能觉得必须破坏谈判或暂缓后续协议的执行。因此，需要一种更加具有灵活性和包容性的方法来为所需的条约制定谈判议程。不幸的是，每次就具体协议进行谈判时，谈判的范围便会缩小；然而，一般公式由已签署的框架公约确定，由此将环境条约谈判推向了完全错误的方向。

目前，国际环境谈判中所采用的公约—议定书方法也没有考虑到环境问题的特殊性质。许多谈判往往只着重于如何分配因环境监管而引起的损失或成本，而没有涉及因更明智地进行资源管理所产生的收益，或这些收益可能被分享的方式。实际上，大多数环境条约旨在通过限制参与国的活动来减少污染或规范公共资源的使用。这些新规则造成的经济损失为许多国家不参加谈判提供了充分的理由。共享环境保护所带来的经济和生态效益的方法很少被提供作为参与谈判的有说服力的理由，尽管利益——而非损失——确实应该是重点。

另外，环境问题几乎总是涉及一定程度的科学不确定性，从而使决策复杂化。我们对自然世界的理解还不完整。预测工具仅根据通常无法验证的假设来提供粗略的近似值。在复杂的环境问题上，技术专家之间的分歧普遍存在。如果一个国家认为某项特定的政策提案将使其处于不利地位，则它可以轻松地找到富有同情心的专家,以质疑其他国家所提出的科学证据的充分性。如果一个国家希望推迟实施成本高昂的污染消除措施,它可以辩称,在做出长期承诺之前,有必要进行进一步研究。与此同时,环境恶化的动态变化趋势很难被逆转。例如,即使全球范围内的臭氧消耗量立即减少100%,大气中的氯浓度降至1985年的水平仍需要大约60年的时间。同样值得指出的是,正如某些环境保护倡导团体所说的那样,1985年的水平是允许臭氧层中出现空洞的水平。[1]

许多环境问题还取决于以下问题:如何更好地管理公共资源,或者从反面来看,即如何惩罚"搭便车者"——环境改善的受益者——拒绝支付受益的对价或帮助受益的实现。如果受管制的发展或污染控制所产生的利益是分散的,并且不论各国的行为如何,所有国家都能受益,则一些国家将很少有或根本没有接受任何限制的动力。例如,最初印度等国家拒绝签署《蒙特利尔议定书》,但是其他国家(特别是较大国家)减少氟氯化碳的生产和使用将减慢臭氧消耗的速度,印度和世界上其他国家将因此而受益。然而悲剧是,如果大多数国家都采取这一立场,就永远不可能遏制臭氧消耗。当前公约—议定书方法不仅没有解决"搭便车"问题,而且也没有激发集体行动。

迄今为止,环境谈判基本上是与其他国际问题(例如债务、贸易或安全)的谈判分开进行的。仅由联合国环境规划署发起的谈判,不能说明与环境有关的行动与其他重要的经济和安全考虑之间的联系。最近,一些发展中国家提出了建立这些联系的愿望,特别是在环境保护和国际贸易之间。当然,环境

---

[1] Caroline Thomas, *The Environment in International Relations* (London: Royal Institute of International Affairs, 1992).

科学家希望不同环境问题解决工作之间的联系能够更加明确。生态学家所谓的"跨媒体方法"是必要的,这将确保一个问题的解决方案不只是将风险或影响转移到另一个领域(在那里,影响甚至可能更糟)。

最后,目前采用的公约—议定书方法是无法满足有效监督和执行的需求的。通过临时国际谈判制定的大多数环境协定仅有薄弱的监督和执行规定。附录 A 中列出的几乎所有协议都依赖于自我报告和自我执行。监测和执行是困难的,因为如前所述,它们与国家主权的特权相冲突。但是,如果没有有效的监督和执行,任何协议的实施都是困难的。虽然大多数国际条约的大部分条款都得到了相对较高的遵守率,但并不需要太多的不遵守行为就会破坏条约的效力。而且,的确存在许多环境条约不被遵守的情况。[①] 所有这些弱点在巴特首脑会议的谈判中都有明显体现。

八 以地球首脑会议为例

1972 年斯德哥尔摩人类环境会议标志着一个重要的转折点。在 1972 年之前,联合国的各个机构都是分散地处理环境问题的。斯德哥尔摩会议之后,联合国开始通过创建联合国环境规划署来协调其环境活动。环境规划署不是执行机构,它没有资金或无权执行自己的计划。相反,它依赖于其他国家和国际机构来实施它所帮助设计的程序。环境规划署与布伦特兰委员会以及其他各种国际组织一道,鼓励联合国大会(于 1989 年)

[①] 参见 Peter H. Sand, ed., *The Effectiveness of International Environmental Agreements* (Cambridge: Grotius Publications, 1992),其中介绍了许多不合规(特别是报告要求)的实例。

召开联合国环境与发展会议（UNCED）。会议的章程宣布："会议应在加强国家和国际努力以促进所有国家的可持续和无害环境发展的背景下，制定战略和措施，制止和扭转环境退化的影响。"

截至1991年，地球首脑会议的主要成果预计将是：签署4项关于气候变化、生物多样性、生物技术和森林的公约（低于最初规定的7项）；定义平衡环境保护和经济发展的基本准则的与地球有关的权利的宪章（也称为"地球宪章"）；使地球踏上21世纪可持续发展之路的行动计划（《21世纪议程》）；重新定义联合国各机构的作用和责任；制定关于执行《21世纪议程》所需的财务机制的协议；制定关于技术转让的一般协议。

联合国环境与发展会议秘书处设立了3个工作组，由加拿大人莫里斯·斯特朗（Maurice Strong）领导（他也是斯德哥尔摩会议的负责人）。第一个工作组由瑞典人伯·凯伦（Bo Kjellen）大使主持。它侧重于保护大气层（气候变化、臭氧层消耗和跨界空气污染），保护和管理土地资源（森林砍伐、荒漠化、干旱和土地退化），保护生物多样性以及生物技术的无害环境管理。第二个工作组由尼日利亚的布卡尔·谢布（Bukar Shaib）博士领导。它也有一个雄心勃勃的议程：保护大洋、近海和沿海地区，并有计划地利用其生物资源；保持淡水资源的供应和质量；对危险废物实行无害环境管理，并防止有毒废物和其他危险产品的非法国际贩运；对有毒化学品进行无害环境管理；改善穷人的生活和工作环境，保护人类健康，并提升其生活质量。第三个工作组由捷克斯洛伐克的贝德里希·摩尔丹（Bedrich Moldan）主持。这个小组（直到前两个小组成立了将近一年后才成立）负责《地球宪章》和《21世纪议程》的法律、财务和体制框架构建等工作。此外，第三个工作小组负责处理诸如国际项目融资之类的跨领域问题；消除技术转让的障碍；设计新的法律机构和文书；联合国机构的结构可能进行的改革；定价政策、可交易许可证、国民经济核算体系和财政激励措施等经济手段的实施；起到鼓励执法效果的处罚；信息管理、培训和公共教育等支持措施的制定。

联合国环境与发展会议共举行了四次筹备委员会会议（预备委员会 Precoms）。筹备委员会成员来自承诺参加地球首脑会议的 150 多个国家代表团，许多代表来自驻日内瓦（由于联合国环境与发展会议秘书处设在日内瓦）和纽约（大会所在地）的特派团。代表团还包括国家技术专家。非政府组织作为国家代表团的一部分和官方观察员一同参加了会议。

1990 年 8 月在肯尼亚内罗毕举行的第一次筹备委员会会议要求，联合国环境与发展会议秘书处编写 80 份（后来减少到 30 份）背景报告。关于非政府组织在联合国环境与发展会议的审议中，应发挥何种作用，存在许多争论。1991 年 3 月在日内瓦举行的第二次筹备委员会会议又要求提供 50 份报告。大量的请求表明，筹委会与会者没有准备好应对摆在他们面前的棘手问题。[1] 第二次筹备委员会会议的主要成就是设立了第三个工作小组。

第三次筹备委员会会议于 1991 年 8 月在日内瓦举行，并取得了很大的成功。大家一致认为应该有一个"21 世纪议程"。出席会议的大多数国家都支持"地球宪章"的想法，还批准了

---

[1] U. S. Citizens Network on the United Nations Conference on Environment and Development, *An Introductory Guide to the Earth Summit*, prepared by Mark Valentine (San Fransisco, 1991), pp. 12–13.

关于保护世界森林的一般原则的初步声明。

第四次筹备委员会会议是在 1992 年 3 月纽约地球峰会之前举行的。尽管会议在财政资源问题方面陷入了困境,但与会人员通过了《21 世纪议程》草案,并将其发送给里约会议。在第四次会议的最后一天,七十七国集团中断了一项筹资计划的谈判,将细节留给里约热内卢的谈判代表。

七十七国集团正在根据中国和巴基斯坦编写的财政草案开展工作。它呼吁"提供足够的、新的和额外的资金,在不重新分配现有多边或双边资金流的情况下支付全部增量费用",以资助发展中国家开展关于《21 世纪议程》的执行活动。七十七国集团还希望为执行《21 世纪议程》设立一个特别基金,该基金将:①作为已经针对发达国家的官方发展援助的补充;②要求发达国家强制出资;③在确定项目资格标准、选择项目和释放资金时,给予各方平等发言权;④根据发展中国家的优先事项和需要为活动提供资金。[①] 毫不奇怪,工业化国家将所有这些要求归为一类,并在每一点上提供了替代方案。筹委会主席、新加坡的汤米·柯(Tommy Koh)带领一个小组试图解决一些问题,但是经过两周的闭门会议,没有任何进展。随后,柯试图提出一个折中方案,但当欧洲共同体坚持认为只有全球环境基金(GEF)(由世界银行、联合国环境规划署和联合国开发计划署临时成立)才应该分配资金以执行《21 世纪议程》时,该方案也失败了。

---

① 我们非常依赖 the Earth Summit Updates published monthly through 1992 by the Environmental and Energy Study Institute, 122 C Street, NW, Washington, D. C.;以及 E and D File 1992, Briefings for NGOs on UNCED, published by the UN Nongovernmental Liaison Service, Geneva, Switzerland。

《世界森林原则》是由筹备委员会起草的，而《联合国气候变化框架公约》和《生物多样性公约》则是由环境规划署几年前设立的政府间谈判委员会独立编写的。来自100多个国家的代表组成的小组委员会努力寻找在地球峰会上可以接受的条约语言。

当真正的地球峰会最终于1992年6月在里约热内卢举行时，出席会议的国家元首比以往出席任何一次联合国会议的都要多，尽管并非整整两个星期都这样。美国总统布什直到会议前一个月才决定是否参加，他不相信参加会议有助于维护美国的利益，会给美国带来相应的好处，但又担心不参加会议会对他在总统选举中的地位造成影响。美国众议院和参议院提出了许多决议，不仅呼吁总统出席会议，而且毫不含糊地阐明美国对计划讨论的所有条约持最强的支持态度。

最终，布什参加了会议，但只参加了3天。当其总统拒绝签署《生物多样性公约》时，美国受到国际媒体的严厉批评。当布什在最后一刻试图推动他自己版本的《森林保护条约》时，美国也受到批评。布什没有提供大量的新的和额外的发展援助，而且总体上没有发挥明显的领导作用。

会议未能与"地球宪章"保持一致，并确立与环境保护或可持续发展相关的新的法律权利或责任。里约声明的最终版本呼吁所有国家尽一切可能促进可持续发展，但在这方面没有新突破。

尽管美国拒绝签署《生物多样性公约》，但其他153个国家签署了该公约。该公约呼吁所有国家制定保存和保护生物多样性的政策、计划和方针。每个签署国都应尽其所能以确保其遗传资源和技术（"为了生物多样性的可持续利用"）的可获得性,这对其他签署国而言是有益的。发展中国家得到承诺,将提供其所需的全部援助,以满足条约条款(尽管没有具体说明数额,分配机制也须在以后制定)。

美国同意签署《联合国气候变化框架公约》,但前提是对该公约作缓和修改。在地球问题首脑会议召开前几个月,欧洲共同体坚决表示,它不会支持一项不包括强制性温室气体减排目标和时间表的气候变化公约(许多欧洲国家已经自行采取了大幅度减少二氧化碳的措施)。目前尚不清楚美国如何使欧洲人改变立场,尤其是因为许多七十七国集团成员非常愿意通过推进一项美国无法签署的条约来孤立美国。

《联合国气候变化框架公约》呼吁所有国家通过减少或防止温室气体的排放,促进可持续发展,在适应气候变化方面开展合作以及交流相关科学信息,尽一切努力减少气候变化的影响。呼吁北方国家"通过限制其人为温室气体排放,保护其已有的温室气体的'汇'并严格控制温室气体的'源',采取国家政策和相应的措施来缓解气候变化",发达国家再次承诺向发展中国家提供新的和额外的财政资源,以满足约定的遵守条约所产生的全部费用。据推测,随着更多的科学证据支持全球变暖确实正在发生,以及《联合国气候变化框架公约》要求的报告在手,随后的议定书将有可能规定时间表和目标。

里约热内卢会议集中讨论了北方为实施《21世纪议程》和两个公约将提供多少援助(关于森林条约或关于沙漠扩张的条约没有达成协议)。莫里斯·斯特朗在地球峰会开始之前宣布,实施《21世纪议程》每年可能需要1250亿美元,目前尚不清楚里约会议实际承诺了多少新资金,但即使是最乐观的总额也远远低于斯特朗的估计。发展中国家将国民生产总值的0.7%

作为发达国家海外发展援助的目标。少数发达国家接受了这一目标，尽管实际上很少完成。包括美国在内的大多数国家仍不认可该目标（里约协定的财务细节，以及有关援助的额外性和条件性的相关问题，将在后面的章节中讨论）。

尽管七十七国集团对此并不完全满意，但国家承诺的资金将在很大程度上通过全球环境基金流动。全球环境基金的组织者（世界银行、联合国开发计划署和联合国环境规划署）同意改变其行政结构，以确保在作出分配决定时，南方发挥更大的作用，这是对南方做出的一些让步。这也是针对美国（通过其对世界银行的过度控制）在全球环境基金对发展中国家的分配中有太多发言权的指责的回应。控制权的问题仍然没有得到解决。

随着地球首脑会议筹备工作的进行，《21世纪议程》变得越来越长。当各方都完成对它的补充时，该文件的长度已近800页，包括40多个章节以及附录。它实际上不是行动纲领，因为它不包含任何类型的优先事项。

地球首脑会议的结果及其之前发生的事件为现有环境条约制定体系的弱点提供了确凿的证据。毕竟在必须解决的环境威胁的范围或内容方面，没有达成任何国际协议。先是联合国环境规划署，然后是联合国环境与发展会议秘书处，确定了程序规则；其他组织也紧随其后。对于可能最有效的解决方案类型，甚至对于分配执行责任的最有效方法，几乎没有或根本没有达成哲学共识。

理想主义者会说，地球峰会失败了，因为没有做出任何坚定的承诺来扭转环境恶化的趋势或修复环境；里约会议没有对我们现在面临的许多严重环境威胁作出回应。但是，实用主义者会说已经取得了实质性进展：签署了两项框架公约，并就许多其他问题通过了决议，这表明国际社会在必须采取集体行动之前对新问题的关注达到了新的高度。发达国家承诺提供额外的资金，并且公众的大量注意力都集中在可持续发展的理念上。

尽管南北分歧并未阻止所有行动，但它们确实限制了辩论，并使美国不可能签署《生物多样性公约》。在扩大多边机构所负有的全球环境管理责任的范围方面，各国几乎没有采取任何行动。各国同意成立联合国可持续发展委员会，但其权力将极为有限。国际社会也没有制定像已颁布的《地球宪章》或更早的《布伦特兰可持续发展宣言》那样新的法律。我们还需再等几年，才能看到有关气候变化和生物多样性的后续议定书是否会生效，以及是否会有全面的森林和沙漠条约。

我们当然可以将在里约达成的协议视为最低限度的共识。有关国家将寻求科学理解的工作政治化，参与了一些有史以来最糟糕的对抗性科学。他们通过狭隘而不是广泛地关注需要注意的全部环境和发展问题，将寻找创造性选择的机会降到最低。他们低估了利益分享的重要性，他们更多地关注短期经济成本，而不是后代的长期环境收益。在确保履约或处理"搭便车"的国家方面，没有创新的建议。最终结果由最强大的国家主导，而非政府利益集团则只能在平行的非政府组织全球论坛上制定非官方条约。

我们确信，即使面对全球经济衰退的趋势、持续的南北敌对状态以及维护国家主权的坚定决心，在联合国环境与发展会议和"里约+20"峰会上取得的如何保守成果的制度仍能得到强化。在接下来的四章中，我们将指出制度强化的有效路径——如何做出在政治上可被接受的改进。

参考文献

Jayanta Bandyopadhyay and Vandana Shiva. 1989. "Development, Poverty and the Growth ofthe GreenMovement in India." *The Ecologist* 19 (May/June): 111 - 117.

Patricia Birnie. 1988. "The' Role of International Law in Solving Certain EnvironmentalConficts." *International Environmental Diplomacy: The Management and Resolution of Transfrontier Environmental Problems*. ed. John Carroll. New York: Cambridge UniversityPress.

Roger Fisher and Scott Brown. 1988. *Getting Together*. Boston: Houghton Mifin.

Roger Fisher, William Ury, with Bruce Poten. 1991. *Getting to Yes*, Second edition. Boston: Houghton Miflin.

Hilary E. French. 1992. *Worldwatch Paper 107: After the Earth Summit: The Puture of Environmental Governance*. Washington, D. C.: Worldwatch Institute.

Duncan French. 2000. Developing States and International Environmental Law: "IheImportance of Differentiated Responsibilities." *International and Comparative Law Quarterly* 49 (January): 35 - 60.

Peter Haas. 1990. *Saving the Mediterranean: The Politics of International Environmental Cooperation*. New York: Columbia University Press.

International Law Association. 2002. "New Delhi Declaration on Principles of InternationalLawRelating to Sustainable Development." *International Environmental Agreements: Politics, Law and Economics* 2 (April): 211 - 216.

Laura Reifschneider. 1991. "Developments in the Law: International Environmental Law." *Harvard Law Review* 104 (May): 1484 - 1640.

Peter H. Sand, ed. 1992. *The ffectiveness of International Environmental Agreements*. Cambridge: Grotius Publications.

Arthur A. Stein. 1990. *Why. Nations Cooperate: Circumstance and Choice in International Relations*. Ithaca: Cornell University Press.

Lawrence Susskind and Jeffrey Cruikshank. 1987. *Breaking the Impasse:*

Consensual Approaches to Resolving Public Disputes. New York: Basic Books.

The White House. "President's Statement on Advancing US Interests in the World's Oceans." Office of the Press Secretary: May 15, 2007.

Caroline Thomas. 1992. *The Environment in International Relations.* London: Royal Institute of International Affairs.

Mark Valentine. 1991. U.S. *Citizens Network on the* United Nations Conferenceon *Environment and Development. An Introductory Guide to the Barth Summit.* U. S. Citizens Network: 12 – 13.

第三章　代表和表决

各国政府参与全球环境条约制定的动机是什么？联合国为何拒绝让非政府组织在条约制定过程中发挥更全面的作用？这些问题需要分别解决，但我们认为它们在本质上是相关的。二者都解决代表的问题，即谁在谈判桌上，而这个问题往往是所有与环境相关的讨论中最具冲突性的。

自成立以来，联合国一直是一个由各国政府组成的组织，最初只有51个成员，现在已超过190个成员。根据《联合国宪章》，联合国的主要目标是维护国际和平与安全，但该组织还有其他目标，包括发展国际友好关系；进行国际合作，以解决国际经济、社会、文化和人道主义性质的问题；协调各国行动以实现共同目标。

根据《联合国宪章》，联合国及其成员应遵循各国主权平等、各国以和平方式解决国际争端的原则，各成员国对于联合国为实现《联合国宪章》所阐明的目标而采取的行动，应尽力予以协助，联合国不得干涉（除执行情况外）属于任何国家国内管辖之事务。《联合国宪章》假定联合国是一个由国家组成的组织，尽管非政府组织在其运作中发挥着咨询或非正式的作用，但这些非政府组织在联合国决策中并未被赋予正式的角色。

各国政府参与制定环境条约，这有时会带来重大利益，而且这种利益往往超越了它们在《联合国宪章》下所承担的任何义务。然而，与此同时，《联合国宪章》禁止非政府组织发挥决策作用。但这并没有减少它们参加的愿望，也没有否定它们所能做的关键贡献。非政府组织所发挥的一个关键作用就是推动各国政府更多地参与环境条约的制定。有时，联合国机构也可能要求特定组织帮助执行或监督特定条约。例如，《拉姆萨尔公约》秘书处设在国际自然保护联盟总部，该联盟为执行的公约提供了密切的合作。归根结底，非政府组织是国内政治与全球条约制定之间的关键环节。

一　国家参与的原因

各国积极参与全球环境条约的制定有以下好处。首先，制定能对国内优先事项作出回应的国际政策。那些"不知情"的国家不太可能发现它们的需求能被出台的条约很好地满足。其次，有机会开创先例或达成一项对以后有帮助的协议。这可以通过回应盟友寻求支持的请求，抑或主动提出加入一个获胜联盟以换取获胜联盟在未来对其的帮助来实现。规模和团结程度对获胜联盟起着重要作用，所以，这些国家经常会受到盟友的拉拢。这些盟友需要它们的选票，并愿意承诺在未来提供援助或支持。再次，国家领导人可以通过在世界舞台上展现领导力的方式来提高其在国内的声望。即便提议制定国际条约的努力未能赢得国际社会的支持，也能在国内为一国领导人带来政治利益。最后，最近制定的全球环境条约为发展中国家提供了经济补偿。由于这些资金可用于资助重要的国内项目，这可能有助于使一些原本不参与环境条约谈判的国家参与进来。

参与条约制定的防御性原因包括避免成本和保护国家利益的可行性。一个国家可以选择"袖手旁观"或完全无视制定条约的努力，但其他国家签署的条约在未来某一时刻可能会构成适用于所有国家的新国际法，而无论这些国家是否为签约国。因此，从一个国家领导人的立场来看，最好的选择就是参与，并因此而"在国内"获得赞誉，同时努力抵御压力，以符合最终可能被纳入国际法的要求。

最近制定的全球环境条约承诺向发展中国家提供援助，含蓄地要求发达国家通过征税的方式来支付援助的成本。出于对提供更多的官方发展援助（ODA）的压力的越来越大的担忧，一些国家认识到，应在环境条约谈判过程中设定更高的官方发展援助目标，迫使发达国家增加目前所提供援助的资金。因此，在制定发展援助的新标准时，"袖手旁观"的金融风险可能很高（在这方面值得注意的是，地球高峰会议上提到的执行《21世纪议程》所需的 1250 亿美元援助，是各国在 1990 年为双边和多边发展提供的 540 亿美元援助的两倍之多）。自那时以来，国际条约所需的资金大大增加。为适应气候变化而提供资金的意愿是前所未有的强烈，例如，2010 年在坎昆举行的《气候变化框架公约》第十六次缔约方会议设立了绿色气候基金，该基金的资金目标是到 2020 年达到 1000 亿美元。

对一个国家而言，即便无意签署正在讨论中的条约，参与条约谈判也可能是有意义的。因为各国没有法律义务必须签署条约，即使它们积极参与了条约的起草，所以它们可能会试图影响协议的内容，然后拒绝签署。如附录 A 所示，地球高峰会议之前的大多数条约，都由相对较少的国家签署。例如，1985年，最初签署的《保护臭氧层维也纳公约》只有 54 个缔约国。1971 年，只有 49 个国家签署了《关于特别是作为水禽栖息地的国际重要湿地公约》。只有 51 个国家批准了 1978 年签署的

《国际防止船舶造成污染公约》。超过 1/3 的非洲国家批准了附录 A 所列 16 项条约中不到一半的条约。

虽然过去签署环境条约的国家数量出奇地少，但是现在签署环境协议的国家越来越多，我们推测这一现象始于里约热内卢的地球高峰会议。当捐助者将援助与此类协议联系起来，这些国家将继续为发展中国家提供援助。无论是在国际还是在国内层面，各国都面临着越来越大的签署新环境条约的压力，但在 2010 年全球金融危机之后，也出现了推动紧缩和削减特定项目资金的趋势。加拿大在 2013 年退出《联合国防治荒漠化公约》就是这种趋势中的一个令人担忧的迹象。加拿大的这一决定主要源于保守党削减政府开支的努力，尽管加拿大参与该条约的费用估计不到 50 万美元每年——对于一个政府预算超过 2500 亿美元的国家来说，这是一个微不足道的数额。[1]

然而，激进主义可能会继续向保守党施压，要求其不要放弃参与国际环境规范的制定。这种压力是非政府组织、国际环境组织、多边贷款机构，甚至是那些发现环境法规在全球范围内进行的"协调"能够带来益处的国家商业组织开展激烈的公共运动的产物。这也可能与来自非政府组织日益增加的国内压力以及让国际机构和国际非政府组织更直接地参与条约制定进程的要求有关。

对一个国家来说，不签署全球环境条约就能获得好处是相对容易的，但前提是要有足够多的国家签署该条约，使其成为官方条约。美国在 1992 年《生物多样性公约》的谈判中发挥了作用，即使其没有签字；也就是说，尽管美国拒绝签署，但

---

[1] "加拿大退出了《联合国防治荒漠化公约》。" Accessed April 2, 2014. *Science*, Online News Archive, March 2013: www.sciencemag.org。

美国谈判代表却影响了该公约的实质内容和范围。因此，签署国将采纳美国希望列入条约的许多条款，即使美国不是签署国（直到克林顿总统改变方针）。美国的公司和公民不会受到法律的约束，即不被要求去遵守他们的政府认为不可接受的条约条款。

美国也拒绝批准《联合国海洋法公约》。它从来没有批准过《巴塞尔公约》，而且，如上所述，布什总统在地球高峰会议上拒绝签署《生物多样性公约》。显然，美国领导层认为，这些公约并不能很好地满足美国的利益。尽管美国参与了谈判，并且在某些情况下（如《联合国海洋法公约》的谈判）对协议内容的形成发挥了重要作用，但美国仍未批准协议。美国阻碍了一项重要的全球行动，但并不应受到指责，因为美国不愿签署协议并不意味着行动完全停止。美国所赞同的《联合国海洋法公约》的各项要素，现在已成为美国所接受（并加以利用）的普通法体系中的一部分；至于它不喜欢的方面，它可以无视而不受惩罚。①

参与起草条约的好处是巨大的，而且成本或风险都很低。无论一国最终是否选择签署或批准，都可以实现国内、国际或个人的短期政治利益。只要各国政府对条约制定过程拥有完全

---

① 关于美国为什么拒绝签署《生物多样性公约》，美国国内存在很大的分歧。参加地球高峰会议的美国代表团团长、美国环保署署长威廉·赖利（William Reilly）显然一直在努力想出一种能够让美国签署的带有妥协色彩的措辞，而这种努力一直持续到最后一刻。然而，白宫工作人员削弱了他的影响力。布什政府的公开声明指出，《生物多样性公约》是不可接受的，因为它要求美国公司持续支付版税，并与那些生物资源是新产品来源的国家分享新的专利和技术秘密。一些观察家指出，签署《生物多样性公约》与美国政府所持的国内立场相左。因为在关于保护美国西北部原始森林的辩论中，美国政府认为就业应比生态考量更重要。在总统选举的背景下，白宫似乎采取了一种旨在满足以商业为导向的选民的立场。

的控制权，参与条约起草的好处就会很大，而且不签署条约的成本也会很低。然而，如果非政府组织要在条约起草的整个过程中发挥更大的作用，那么官方的国家代表在忽视条约无力或不作为所带来的长期环境成本的同时，则更难以获得短期的政治利益。如果非政府组织在条约的通过中发挥正式作用，则将降低各国参与条约制定过程但不签署条约的可能性，因为参与其中的非政府组织在国内辩论中可能更具影响力和可信度，并可能给国家领导人在签署条约方面施加更大的压力。这可能是联合国不愿意重新界定"非官方组织"在组织活动中作用的原因。

二 只有国家能投票

虽然一些非政府组织应邀参加缔约方的条约会议，并发挥重要的观察作用，但由于它们在特定的项目实施资金上受惠于政府，于是在更广泛的决策过程中，它们的角色仅是服务提供者而不是决策者。一些不愿妥协的非政府组织已经开启了一种传统，即在举行主要条约谈判大会的同时举办影子峰会。最引人注目的就是2009年在哥本哈根举行的克利马论坛（Klimaforum）和具有历史意义的《气候变化框架公约》第十五次缔约方会议（COP15）。《气候变化框架公约》第十五次缔约方会议旨在延续《京都议定书》的减排机制，以应对气候变化。

非政府组织的这种参与模式是从1990年5月在挪威卑尔根举行的欧洲经济委员会区域筹备会议发展而来的。卑尔根会议的组织者采取了前所未有的措施来确保非政府组织的参与。非政府组织由来自5个指定部分（青年、工会、工业界、科学界和志愿组织）的173名代表组成。会议分为两个部分：工作会议和随后的部长级会议，而谈判在部长级会议期间进入了最后阶段。在工作会议期间，非政府组织代表和各国代表充分合作。非政府组织代表在会议期间担任副主席并编写工作文件。在工作会议结束之时，会议通过了一项由非政府组织和各国政府代表在充分合作下编写的"联合行动议程"。尽管非政府组织在部长级会议期间只有观察员的地位，但他们被允许在会议上发言，并被列入34个成员国中10个国家的官方代表之中。在卑尔根会议结束时，委员会建议应当允许非政府组织充分参与联合国其他区域委员会的工作和地球高峰筹备会议。

在筹备委员会第二次会议上，联合国环境与发展会议秘书长莫里斯·斯特朗热情拥护卑尔根模式。斯特朗指出，关于对会议及其筹备过程所进行的审议，非政府组织可以"丰富审议的内容，并提高审议的效率"，也可以"作为传播会议成果的重要渠道，在国家和国际层面动员公众支持环境政策以增强环境政策的影响力"。在斯特朗的报告中，他提出了一项建议，即非政府组织应根据卑尔根经验积极参与国家和地区层面的工作，并在联合国环境与发展会议所有工作会议中积极做出贡献（Lindborg，1992：14）。

斯特朗的建议遭到毛里塔尼亚和突尼斯代表的反对，并最终被否决。与此相反，会议商定，非政府组织在筹备委员会的工作中不再发挥谈判作用。此外，它们只能"通过秘书处在筹备过程中作书面陈述"，它们的发言将"不被作为官方文件印发"。未获得联合国经济及社会理事会（UN Economic and Social Council）正式咨商地位的非政府组织只能请求在会议上作简短发言。如果这类请求的数量过多，筹备委员会将要求非政府组织组成选区，并在每个选区指定一名发言人（Lindborg，1992：14）。

最近的大多数条约会议都给予非政府组织某种形式的观察员地位。观察员拥有各种特权，包括将资料和文件提交到记录中，允许在各种会议上发言，或作为无表决权的参与者出席会议。然而，重要的是，最终谈判通常在非公开全体会议上进行，如果非政府组织出席，则在非公开非正式会议上进行。例如，在关于臭氧保护议题的谈判期间，非政府组织是引导公众舆论的一个主要因素，但它们被禁止参加某些执行委员会会议。同样地，尽管《巴塞尔公约》允许非政府组织参加全体会议，但不允许它们参加工作组。非政府组织在《濒危野生动植物种国际贸易公约》的谈判中扮演了一个十分重要的角色：任何有资格的非政府组织都可以以无投票权的方式参与谈判，除非至少1/3的缔约方反对。在筹备委员会会议和全体会议期间，它们有许多发言机会。

如本部分标题所示，在联合国条约制定系统中，只有国家拥有官方投票权，但基于特殊需要，非政府组织被赋予了实质性的作用，包括共同负责管理工作会议，以及在作出最终决定的正式全体会议上发言（尽管没有表决权）。然而，能够赋予非政府组织的权利是不可预测的。

三　非多数决定原则

《维也纳条约法公约》对参加任何全球环境条约制定工作的国家的最小数目设有限制。也就是说，少数国家如果愿意，可以决定组织一次会议，拟定一项公约，通过议定书，并实施监控和执行程序。事实上，许多双边和区域环境协议只涉及（并约束）少数签署国。令人困惑的是：这类条约、国家主权和国际法范围这三者之间的关系。

根据《联合国宪章》，各国享有主权。这意味着它们必须同意接受每项条约的约束。一般来说，表示同意的方式不仅是指国家领导人签署条约和立法机构批准条约，还包括颁布涉及要求批准国的公民和官员遵守条约条款的民法。

然而，不同意接受条约约束的国家仍然是国际"体系"的一部分。即使该国没有批准一项即将生效的条约或拒绝进行类似的国内立法，该国及其公民和公司也可能会发现自己被迫遵守"习惯法"（第二章提及，第六章将进一步讨论）。

因此，未签署条约国家的公民仍可能面临义务。当其他国家将条约作为明确双边关系标准的来源时，这些条约就会发挥作用。当国内或国际法院被要求审理涉及国际互动的案件时，它们也会发挥作用。简言之，它不需要联合国大多数成员国作为全球条约的签署国来制定国际标准或规范。尽管主权国家可能不同意某一特定条约，但各国都是政府间体系的一部分，该体系要求它们达到共同的行为标准。不按预期行事可能不会导致惩罚（有关条约执行的更全面的讨论可参见第六章），但可能导致其他成本高昂、具有政治破坏性的结果，其中最有害的是国内的政治窘态。

联合国的运作方式不能保证大多数国家都能随心所欲，特别是在这些国家拒绝参加条约制定的情况下。它也不能保证选择不参与的少数国家的利益能够得到保护。它也没有要求至少有多少国家支持条约，条约才生效。这些规范是临时决定的。无论是在起草条约期间还是在批准期间，它都不要求有区域代表权。全世界都可能反对那些生效了的条约，例如，当大多数非洲国家拒绝签署《巴塞尔公约》时，情况就是如此。它甚至没有关于修改条约的任何正式规定，即批准条约生效的国家必须达到固定投票额比例才能修改该条约。这也是临时决定的，这一决定是由各国在签署公约时作出的。

有时，个别国家可能会根据条约条款与另一个不遵守条约的国家交涉，并均同意前往海牙国际法院（ICJ）进行仲裁。最近，澳大利亚将日本告上法庭，指控后者为了表面上的"科学目的"而在南太平洋捕鲸的做法违反了《国际捕鲸管制公约》的规定。2014年3月，国际法院裁定澳大利亚胜诉，并表示，鉴于研究成果缺乏明确性，可认为日本在南太平洋的捕鲸计划主要是出于商业目的。然而，这项决定只适用于日本在南太平洋的计划，而日本的捕鲸活动很可能会在北太平洋的其他海域继续进行。

四　"非官方组织"扮演着关键角色

在这样一个开放式的系统中，没有中央权威机构要求联合国成员国承担责任或确保它们参与全球环境条约的制定，因此"非官方组织"，特别是各国的非政府组织，要让政府负起责任。"非官方组织"在这一过程中扮演了几个关键角色。在确定风险或诊断问题时，它们可以扮演科学顾问或信息收集者的角色。它们可以扮演倡导者的角色，在每个国家乃至全世界范围内引导公众舆论，敦促国家元首把一个议题提到更高的位置。

非官方组织可以使谈判更加民主，即确保国际会议仍然解决对某些国家领导人来说可能不重要，但是却是部分人群所关心的问题。它们可以扮演变革推动者的角色，促成尚未在国际官僚队伍中赢得支持的、新且不同的政策方针。此外，非官方组织可以作为监督者，对从官方来源获取的信息进行关键的独立核查，或者在国家未能满足其报告的要求时进行数据的收集。最后，非官方组织还可以扮演中间人或促进者的角色，在条约没有相关规定或正式条约明显失败而没有时间采取集体行动时，建议和帮助采取措施来实施权宜之计。

另一种对非官方组织在全球环境条约制定中所起作用进行分类的方法是对"内部"和"外部"的参与模式进行区分。与"内部"参与模式相对应的是"内部职能"，其包括对一国施加压力以促使其参与条约制定工作，以及通过建立国内联盟和引导公众舆论来努力影响一国在条约谈判中的立场。例如，即使国内领导人倾向于坚持要求更多的东西，非官方组织也可以向一个国家施加公共压力，迫使其签署一项条约。它们还可以扮演监督机构的角色，迫使一个国家遵守其签署的条约的规定，特别是在政府、公司和其他主体不遵守条约的情况下，它们利用国内法院对前述主体进行质疑。即使国家领导人无视国际法院的管辖权，非政府组织有时也可以利用国家法院以可执行的方式来约束政府领导人、企业和公民个人。

与"外部"参与模式相对应的是"外部职能"，其一般由跨越政治边界的非政府组织来履行，特别是国际商业组织、科学协会、志愿组织、宗教团体和基层团体协会。这些职能包括敦促联合国将环境议题列入其议程，并收集证据以帮助确定或界定问题或威胁，这些职能影响联合国正式批准的会议的工作。非官方组织特别是独立的研究人员和学者，可以帮助为特定反应或"解决方案"提供理论依据；它们可以帮助那些可能彼此之间没有重大双边往来，甚至有其他理由不合作的国家建立"胜利"联盟。最后，非官方组织可以自愿协助那些不具备必要专门知识来履行其义务的国家，进而帮助执行条约的条款。

鉴于这种角色和职能的多重性，非官方组织希望得到更多的认可——实际上，这是一种保证——它们的参与将不会受到联合国及其机构的阻碍。这不足为奇。非政府组织希望联合国正式承认它们的参与权。目前，在每项条约的制定工作开始之时，非官方组织为了获得参加谈判的权利则必须投入大量的组织资源。通常，就像里约热内卢地球高峰会议一样，它们被迫接受平行会议或受限制的观察员地位。随着时间的推移，这些替代办法可能会导致正式国家代表团成员的观点发生改变，但他们的观点在通常情况下不会发生改变。因各国代表团的主要成员将信息和想法带回正式会议，故斯德哥尔摩的平行会议这一形式十分有效，但这一形式在地球高峰会议上却不那么有效。所谓的"里约全球论坛"产生了30多个平行"条约"，但未能像非官方组织所希望的那样对国家正式决策者的工作产生影响。

几十年来，非官方组织一直在这一过程中发挥着作用，在某些情况下（如《濒危野生动植物种国际贸易公约》），承担着执行条约的主要责任。由于在卑尔根会议所扮演的重要角色取得了成功，非官方组织正极力要求保证其直接参与所有条约的制定，而无须在每次新的条约制定开始时履行申请参与程序。里约筹备委员会会议强调了这些关切的重要性，筹备委员会的大部分时间都花在重新讨论非官方组织的作用上。每次条约制定工作开始时，非官方组织的参与都会面临巨大的阻力。它们希望将一种接近于同联合国政府成员的全面伙伴关系制度化。

伙伴关系应该采取的确切形式尚不清楚，但可以指导其设计的几个原则是清楚的。首先，非官方组织的各个部分应被认为是独立的和独特的。1990年8月在内罗毕举行的第二次筹备会议上，总部设在非洲的伞形非政府组织——国际环境联络中心——发表了一项声明，指出："非政府组织是非营利性、非政府性政治组织，包括环境与发展团体、青年团体、土著人团体、消费者团体和宗教团体。工业组织、工会、议员、学者和地方当局都不是非政府组织。"然而，非政府组织是非官方的。国际促进委员会（The International Facilitating Committee）——由总部设在日内瓦的"我们的共同未来中心"（Center for Our Common Future）创建，并负责管理在里约举行的平行非政府组织会议——采取了更具包容性的方式。它使用了包罗万象的"独立部门"一词，并确定了11个独立的次级部门：工商界、土著人民、青年、学生、科学组织、妇女、工会、宗教/不同信仰团体、新闻界、基层农场主和农民，以及人权/和平组织。①

在非政府利益集团（或我们所说的NGIs）共同体的内部，关于商业的纳入与否存在很多争论。国际促进委员会敦促让企业界在会议中占有一席之地，而国际环境联络中心则不这样做。这在一定程度上反映了一种看法，即当商业代表以非政府组织的身份参与进来时，他们会将讨论转向经济利己主义，并阻碍将自然资源拓展至"人类遗产"这一更广泛概念的进程。非营利部门最近指控一些企业正在将非营利性非政府组织作为推进商业议程的"前线"（如由石油行业赞助的国家湿地联盟），从而凸显了这种看法。②

独立部门必须包括多个分部门。每个分部门都必须能够召开核心会议，并选择自己的代表参与每一项条约的制定工作。企业界以及所有其他分部门都应包括在内，以确保排他性不被用来作为反对非政府利益集团在谈判过程中占有一席之地的合

---

① Richard Benedick, "International Environmental Diplomacy" (Paper presented at the John F. Kennedy School of Government at Harvard University during the fall of 1991).
② C. Berlet and W. Burke, "Corporate Fronts: Inside Anti-Environmentalism," *Greenpeace Magazine* 8 – 12 (January-February-March, 1992).

法要求的论据。

指导联合国与非政府利益集团之间新型伙伴关系设计的第二个原则是，非政府利益必须在条约制定过程的所有阶段都被"放在谈判桌上"。尽管在联合国的安排中，非官方组织不被赋予投票权，但无论如何，条约制定的目标是达成共识，而不是多数决定少数。因此，谁有投票权和谁没有投票权不必然是一个重大问题。

在任何寻求共识的背景下，除了表达意见的权利之外，还应考虑到其他人关切的责任。因此，不准备承担努力达成知情共识的责任的团体，应不被邀请参加下一步的条约制定谈判。游击战术不应成为将各团体排除在对话之外的理由，但在某些时候，当绝大多数非政府利益集团发现它无法与官方代表进行内部谈判或建设性交流时，破坏性团体必须被迫离开。非政府利益集团必须进行自我监督，否则它们将失去与正式代表"同席"的地位。

所有条约制定过程中的谈判目标都应该是寻求共识，但这并不一定意味着如果不能达成一致意见，一切努力就失败了。相反地，责任应由每项条约谈判的召集人或秘书处承担，因为他们必须决定何时尽最大努力达成共识。在这一点上，每个利益相关者都必须做出决定（以签署协议的形式）。在联合国框架下，只有国家参与投票，但每个国家的投票都受到国内政治因素的影响，而这些政治因素又受到国内和国际非政府利益集团立场的影响。

尽管非政府组织在条约制定过程中发挥了重要作用，但它们仍然具有不同于政府的利益价值。一些非政府利益集团担任国家代表团的成员；另一些则作为独立的行动者出席，即使国家代表团和大型非政府利益集团都有一些类似的利益。因为只有国家有投票权，所以不必担心非政府组织的利益会因为它们以不同的方式被代表而获得不正当的优势。

指导政府与非政府利益团体之间新伙伴关系设计的最终原则应该是强调非正式性。联合国主办的会议上的对话变得枯燥乏味，导致三心二意的行动，倡议重视警惕远超过寻求创新。即使极有可能无限期地保留外交语言和官方礼节规则，但仍应鼓励在工作会议和正式会议的其他阶段进行更多非正式的意见交换。如果想要卓有成效地解决问题，则所有各方都需要能够畅所欲言——自如地谈论如何创新而无惧错误。

这些原则并不是过度约束，它们为非政府利益集团和政府之间发展的伙伴关系的确切形式留下了空间。此外，一种形式的伙伴关系可能并不适用于所有的条约制定情况。随着非政府利益集团在各种新安排下明确承诺负责和认真参与，伙伴关系可能会演变出不同的形式。然而，在环境条约制定工作的演变过程中，有一点是明确的：维持关于非政府利益集团作用的现状是不可接受的。它们可以提供的东西太多了，而且它们有潜力填补政府独自行为的空白。其中之一便是代表后代的利益。

五　谁代表后代？

爱蒂丝·布朗·魏伊丝（Edith Brown Weiss）在其关键著作《公平地对待未来人类：国际法、共同遗产与世代间衡平》（1989）中指出："我们的许多行为给后代造成了严重的环境负担。"她特别关注"资源的耗竭、环境质量的恶化以及前几代人享有的环境资源和利益的歧视性获得"。

她的目标是理清当代人对后代的道德和法律义务。她首先假设"人类作为一个物种,与当代的其他成员以及过去和未来世代的成员,共同拥有地球的自然和文化环境",并主张"每一代人对未来世代人而言都是地球的受托人或监护人,也是前几代人管理的受益者"。

在试图制定指导人类互动走向代际公平的原则时,布朗强调了3个考虑因素:①我们应该鼓励代际平等,既不授予当代人开发资源以限制后代人开发资源的权利,也不要为了满足不确定的未来需求给当代人施加不合理的负担;②我们不应该要求每一代人去预测后代的喜好,而应赋予后代根据自己的价值观实现其目标的灵活性;③我们必须考虑到不同的文化传统,找到对所有人都有吸引力的原则。

基于这些考虑,她提出了3个原则。

(1) 每一代人都应该保护自然和文化资源的多样性,以便不致过度地限制子孙后代在解决他们的问题和满足自己的价值方面的选择,每一代人都有权享有与前几代人享有的自然和文化资源相当的多样性。她把这个原则称为"保存选择原则"(the conservation of options)。

(2) 每一代人都应该保持地球生态环境质量,使它传承给下一代时,不比这一代人接收时的状况更糟糕,同时每一代人都有权享有与前几代人相当的地球生态环境质量。她把这一原则称为"保存质量原则"(the conservation of equality)。

(3) 每一代人都应为其成员提供平等的权利,以获取过去几代人留下来的地球遗产,并应为后代保留这种机会。她把这个原则称为"保存取得原则"(the conservation of access)。

接下来,布朗面临着如何实现这些目标的艰巨任务。从法律的角度来看,她认为代际公平的原则应该是代际权利和义务的集合。她和其他法律学者认为，代际权利可能应该添加到现有的国际人权中。她指出，在传统的法律方法下，权利只附属于可识别的个人，但根据定义，"后代"中不存在可识别的个人，因为他们尚未出生。而且后代的权利不是个人权利，而是每一代人作为一个整体所拥有的权利。

那么，如何最好地保护这些权利呢？布朗认为后代的代理人可能会起到作用；代表后代的国家政府（在全世界范围内）可以发挥这一作用。她为这种看法提供了法律依据，但我认为这是不可信的。当她谈到非政府组织或特派监察员被任命为后代的保护者时，她是十分令人信服的。正如美国法院经常指定一名诉讼监护人代表子女以维护子女在离婚诉讼中的利益一样（或者在超级基金决策清理中，地方或非政府组织可以代表后代），布朗认为，可以选择个人或非政府集团为后代发声。

出于论证的目的，假定可以找到这样的个人或团体，他们会被认真对待吗？在布朗的模型中，后代的利益将可以成为国际法庭上的辩论对象。如果联合国通过了"地球义务和权利"的声明（如附录 B 所述），国际法庭很可能会认可后代的权利因当代人的行动而受到侵犯的主张。而且，这种主张可以由后代的非政府代表合理地加以论证。只要有一名法官来裁定这些主张，并且有一个明确的规定后代人权利和当代人义务的法律声明，她的想法就可能实现。

然而，在没有法官权衡证据和作出决定的情况下，如何能在条约谈判中代表后代的利益呢？在全球环境条约制定的谈判中，占据支配地位的决策标准不是"法律规则"，而是以科学建议为依据的政治合作和让步，那这些代理人又能有什么影响力呢？如果没有法官和一份包含必须遵守的权利和义务的明确声明，代表后代的诉讼监护人的概念就无立足之本。

在谈判过程中，谈判者给谈判所带来的部分的信誉和影响力是让其选民对未来的行动方针作出承诺的一种能力。即使能找到后代的代表，他们也无法代表选民作出可信的承诺。此外，他们无法可信地谈论他们的"客户"需求、优先事项或对可能的权衡取舍的态度。如果没有一个相当于法官的角色来执行诉讼监护人的建议，那么后代的发言人除了提出伦理或道德上的关切外，几乎无能为力。尽管这些可能很重要，但很难想象它们足以诱使国家领导人接受短期的"损失"，以换取为后代带来的长期环境收益。后代的代理人可以发挥道德论据的力量，非政府利益集团可以比某个特定的世界领导人更有效地做到这一点，但我们怀疑它们是否会对大多数条约谈判的主要内容产生重大影响。

如果我们不能依靠非政府利益集团在条约谈判中代表后代的方式来保护后代利益，那么如何才能使这些利益被考虑呢？布朗还提出了其他几个想法，包括通过代际保护评估，迫使当代人补偿因当前行动对下一代人所造成的不利影响；更加致力于科学和技术研究以评估风险；提高资源的开采和利用效率；开发替代品（在利用所有剩余不可再生资源之前）；培养一种新的行星精神，这种精神植根于对过去、现在和未来所有世代的社区归属感；成立由全球用户付费或者由通行费（比如碳税）资助的代际信托基金，该基金可以被看作是每一代人为了利用地球资源和履行对后代的义务而必须付出的代价。

这些想法或许有一定的前景，但我对那些依赖于向当前用户征税，以弥补他们给后代造成影响的策略并不持乐观态度，尤其是在全球经济衰退时期。不幸的是，后代现在不能参与投票。此外，与大多数以市场为导向的方法一样（例如，努力确保环境破坏的真实成本能够反映在当前的商品和服务价格中），这些方法将生态系统维护、生物多样性的重要性以及某些资源利用模式的社会重要性降至最低，因为前述内容不可能以当前美元来计价。

保护后代利益最合理的战略是坚持在全球层面以及各个国家层面的所有环境决策中实施可持续发展原则。在确保各国政府和多边机构积极实现可持续性目标方面，非政府利益集团可以发挥重要作用。如果多边贷款机构坚持认为只有"可持续的"项目才能获得资金，那么就为后代的利益在实际上得到满足提供了合理的机会。正如布朗所指出的，这是《布伦特兰报告》的主要建议。然而，要使布伦特兰委员会的想法付诸实践，必须将"当代人的基本需求"与奢侈需求区分开来。此外，我们对后代满足自身需求的能力的估计，应以我们未来能够用资本替代自然资源的可能性的现实估计为基础。我们应该合情合理地、保守地作出估计。

六　循环经济和环境外交

可再生资源的可持续利用（与监测环境多样性和质量相联系）仍然是遥不可及的目标，部分原因是它们（在技术上和政治上）难以被详细说明。赫尔曼·戴利（Herman Daly）在《稳态经济学》中对可持续性的内涵进行了最有帮助性的讨论。戴利（1992：241－256）写道："在理想条件下市场可以对资源进行最优配置，但事实上市场无法确定最佳规模，就如同市场无法对资源进行最优配置一样。这需要伦理和生态考量的应用。"

戴利还解释说，关于可持续性的许多困惑可以追溯到"增长"（growth）和"发展"（development）之间的混淆。戴利建议，"增长"应该被用来指经济在物质维度的数量规模，"发展"应该是"质的提高"。戴利主张"一种发展但不增长的稳态经济，就如同地球在不断发展着但未曾增长着一般。"因此，对增长的限制并不意味着对发展的限制。

增长的思想之所以诱人，是因为它似乎为贫困问题提供了一种潜在的解决方案，而无须"分享的道德准则"或进行人口控制——正如戴利所指出的那样。努力限制增长的反对者错误地认为，增长水平的下降"将使我们更穷，而不是更富有"。因此，把增长与发展混为一谈不仅是不正确的，而且还没有考虑到不可持续增长模式的代价。正如戴利和其他人所指出的那样，目前的国民经济核算体系将出售自然资产的进款视为收入，从而使各国产生一种错觉，认为它们的境况比实际情况要好。实际上，这些进款应计为折旧投资。

很长时间以来，自然资本的再生被认为不重要，因为它不是一个限制因素。然而，现在我们正进入一个时代，在这一时代中，我们剩余的自然资产将成为一个限制因素。另外，新古典主义经济学认为，制造业资本几乎可以完全替代自然资源，因此也可以替代产生这些自然资源流量的自然资本存量。戴利指出，与新古典主义经济学的假设相反，自然资本和制造业资本是互补而非相互替代，自然资本逐渐取代制成品而成为发展的限制因素。因此，确保可持续性而不依赖替代品供应的可操作办法是调整国民经济核算体系。正如戴利所建议的，这应该包括从我们估算的资源中减去自然资本的估算折旧价值。我们还应该减去为保护我们自己免受生产过程中的副作用而必须支出的估计值。

戴利的方法促使"生态经济学"这一学科的出现，它也慢慢开始对环境外交产生影响。尽管许多传统经济学家仍对其嗤之以鼻，甚至于激进主义者也对其展开了激烈的辩论，但给"生态系统服务"设定美元价值的想法已经开始渗透到环境条约的制定过程中。在传统货币计量无法反映自然价值的前提下，生态经济学家建议对自然系统所提供的服务进行价值评估，因此产生了"生态系统服务"这一术语。无论这种价值是否应该用数字表达，我们都必须认识到环境指标不仅仅是锦上添花，更是我们赖以生存的基础。

在这种情况下，国际环境外交进程开始将这些指标纳入其审议的分水岭时刻是，2007年七国集团（G7）国家聘请德意志银行经济学家帕万·苏赫德夫（Pavan Sukhdev）进行一项关于"生态系统和生物多样性的经济学"的研究。该研究形成的报告为2012年"里约+20"峰会推动的绿色经济范式铺平了道路。从循环利用和模拟自然循环的角度来考虑资源流动这一概念，可将其重新定义为"循环经济"，资源流动也在更传统的经济循环中找到了它的方向，特别是在埃伦·麦克阿瑟基金会的支持下。2014年达沃斯世界经济论坛发布了一份关于向循环经济转型的新报告，但是没有直接提到朝这个方向发展的具体国际协定。世界贸易组织与环境条约在某种程度上存在脱节现象，可能会妨碍这方面国际环境协定的制定。[①] 为改善贸易和

---

① 一本关于贸易和环境的相关辩论的有用的汇编，参见 Adil Najam, Mark Halle, and Ricardo Meléndez-Ortiz, International Centre for Trade and Sustainable Development, International Institute for Sustainable Development, and RING (Group). *Trade and Environment: A Resource Book.* [S. l.]: International Centre for Trade and Sustainable Development: International Institute for Sustainable Development: Regional and International Networking Group, 2007。

环境领域之间的沟通，已经通过各种方式作出了各种努力，但仍存在严重缺陷。

资源开采的评估可以通过对市场价值和保护价值进行比较的形式，也可以采取更直接和更具争议的形式，例如厄瓜多尔总统拉斐尔·科雷亚（Rafael Correa）在2010年发起了一项倡议，即设立一个基金以募集捐款，捐款总额应等同于亚苏尼国家公园石油储量总价值。如果能筹集到足够的资金，以达到石油在13年开采中的预期总价值的一半（约合36亿美元），则将无限期暂缓开发亚苏尼国家公园中的油田。信托基金被设立并由联合国开发计划署管理，欧洲捐助者认捐了大笔资金。即使是个人也有机会通过网站捐款。然而，经过3年，3亿美元的认捐额仅实际交付了1300万美元，导致政府在2013年放弃了这项倡议。目前，一场旨在恢复该倡议的全民公投正在进行中，但人们不禁要问，如果当初提出一种更具结构化的协议过程设计，是否会取得更大的成功？[1]

实现可持续发展最显著的方法是确保在可持续产量的基础上开发可再生资源。然而，确定可持续产量的标准并不完全简单。可持续产量可以根据利润最大化或生物可持续性来定义。解决不可再生资源的"可持续利用"问题变得越来越困难。其中一种方法就是计算使用率，并通过使用率找出最相似的可再生替代品的价格，从而确定不可再生资源的价格。换言之，不可再生资源应根据其长期替代成本定价。此操作可以使用会计

---

[1] 关于"亚苏尼倡议"详细的经济学原理，见 Joseph Vogel, *The Economics of the Yasuni Initiative*: *Climate Change as if Thermodynamics Mattered* (London: Anthem Press, 2010); 另请参阅 the Convention on Biological Diversity, Issue Briefing on the Yasuni-ITT Iniatitive. August 2013. Available at www.cbd.int.

技术来执行，而无须标识特定的长期可再生替代品。①

如果我们把可持续发展作为指导原则，那么所有的发展项目从观念上看都应该是可持续的。当这不可能时，比如不可再生资源的开采，戴利和其他人建议将不可持续的项目与互补的项目配对，以确保两者在配对后作为一个整体的可持续性。此外，如果发展活动必须是可持续的，那么通过将可持续项目或政策替代方案与不可持续的备选方案进行比较来计算其效益是不适当的，即采用贴现率来反映自身不可持续的资本替代用途的回报率。

发展项目的可持续性是有益的。一般来说，额外的利益通常需要额外的成本。可持续发展的政策意味着我们至少愿意在合理的范围内支付额外的成本。非政府利益集团比政府更有可能主张这种权衡的适当性。一方面，它们代表了必须承担这一费用的选民。另一方面，国家领导人的任期较短，而且只对当代选民负责，所以在主张这种权衡方面不会那么有效。鉴于联合国希望实施《21世纪议程》和绿色经济/循环经济倡议，以及其对可持续发展的长期承诺，它需要非政府利益集团承担更多的责任以作出必要的权衡。

七　秘书处的权力

条约谈判秘书处处理相互冲突的利益，包括当代人和后代人利益之间的紧张关系，这对联合国促进可持续发展的工作而言至关重要。在传统意义上，秘书处扮演着相对被动的角色。在极端情况下，它们不愿主动，只在接到请求时才提供建议

---

① 据戴利说，萨拉赫·塞拉菲（Salah Serafy）展示了如何从不可再生资源中划分净收益。

（并且从不公开），对团体的授权进行保守的解释，而且从不做任何惹恼各方的事情。尽管最近联合国秘书长已经打破了这种局面，坚定地明确了联合国行政长官在国际冲突中作为公正干预者的合法性、权威性和可接受性，但全球环境条约的秘书处尚未获得这种积极地位。

在进行国际环境谈判时，秘书处的传统模式尤为不足。它反映了这样一个时代：在国际谈判中，只有由民选领导人单独代表的清晰可识别的民族国家才是国际谈判的利益相关者。环境问题显然并非如此，利益相关者包括上述广泛的非政府组织。

为了有效应对与环境谈判有关的复杂性和不确定性，秘书处必须有明确的授权以使其更加积极和富有创造性，特别是在其履行作为促进者和调解者所具有的职能方面。在这方面，秘书处往往不能充分发挥作用。它们有在环境冲突管理和争端解决方面发挥重要且积极作用的潜力。

秘书处的核心结构和职能基本上可以保持不变，并同时增加"促进"职能。为了提高秘书处的中立性，可以让不同主体轮流承担秘书的职责，这种做法可能会有所助益。秘书处工作人员的多样性还有助于确保所有参与国和非政府利益集团都能在秘书处找到能够舒适地进行交谈的人。为支持所有秘书处，至少需要从联合国正式预算中拨出部分资金；否则，它们将被视为仅对那些付费的条约缔约方负责。条约制定分为谈判前、谈判中和执行3个阶段，在条约制定过程中需要强调秘书处职能在每一个阶段的多重作用。秘书处需要发挥积极作用，让所有利益相关者（特别是非政府利益集团）都参加谈判，促进合作研究或所谓的联合事实调查，并帮助各方制定指导其谈判的基本规则。

在正式的谈判过程中，秘书处不应害怕"提出"具体建议或拟订可能弥合分歧的一揽子方案。秘书处应该成为非政府利益集团的主要联络点，因为国家领导人不愿听取非政府利益集团的意见。有时候，非政府利益集团通过秘书处传递其想法，并让秘书处直接将提案草案提供给相关国家政府，这种做法的效果可能会更好。

在后谈判阶段，秘书处应负责收集所需的报告、组织后续会议以审查科学证据，也许还要负责调解有关遵约的争端。同样地，非政府利益集团向秘书处提出问题会更好，然后由工作人员进行初步调查；当然，如果不满意，非政府利益集团可以自行解决合规问题。这些建议并不代表各方决策权的减少，而且也不需要庞大的常设官僚机构。可以为每项条约制定工作指定秘书处小组。这些职责可以并且应该在组与组之间以及在职位与职位之间轮换。

表3.1说明了积极的秘书处在条约制定过程的每个阶段可以发挥作用的范围。如果非政府组织要在联合国系统中发挥更大的作用，秘书处将承担额外的管理职能。

表3.1 环境秘书处的职能

条约制定过程	秘书处职能
谈判前	预测和诊断冲突 在成员和利益相关者之间进行磋商 识别利益相关者 积极寻找代表和潜在的利益相关者 为成员、利益相关者和秘书处工作人员提供有关谈判和争端解决的培训 召开有助于问题解决的研讨会 促进联合事实调查工作 根据需要扮演干预者的角色

续表

条约制定过程	秘书处职能
谈判	
选项生成	根据需要扮演干预者的角色 促进与成员和利益相关者在问题联系、激励、补偿、遵守方面采用选项生成流程
一揽子方案	与成员和利益相关者协商,并准备可供选择的方案
起草条约	帮助单一谈判文本的制定 确保纳入冲突管理和争议解决条款
签署条约	接受咨询
批准	接受咨询和/或干预管理 协助处理在此期间出现的问题
履行	
监督	指定机构并让其根据在早期阶段制定的目标/事先确定的标准来监督与协议相关的活动
遵约	负责合规监督 向全体成员报告违规情况 执行商定的程序以处理违规行为
重新谈判	如果需要重新谈判,则回到最初的谈判前阶段

资料来源：Rosemary Sandford, "Secretariats and International Environmental Negotiations," in *International Environmental Treatymaking*, ed. Lawrence E. Susskind, Eric Jay Dolin, and J. William Breslin (Cambridge, MA.: Program on Negotiation at Harvard Law School), 1992。

八 没有建立共识的过程

全球环境条约的制定和有效实施所需的国际合作需要建立广泛的共识，而这反过来又需要所有利益相关者的有效特别代表、各利益相关者的富有经验的代表之间的面对面互动交流、旨在最大限度地扩大共同利益的互谅互让的真实态度、适当的中立方在谈判过程中的不同阶段所提供的便利、让各方畅所欲言的非正式性和广泛的预谈判——以确保有机会共同解决问题。

目前，联合国的基本结构对国家代表和主权维护的重视有限，违背了这些先决条件。

在不破坏联合国系统结构的情况下，应对这一问题的最佳办法是保证非政府利益集团的代表在遵守规则的前提下发挥更大的作用，并承担事先规定的责任。政府和非政府利益集团之间的新伙伴关系遵守前面列举的四项原则：应邀请非政府利益集团的所有部分参与，包括企业界；非政府利益集团应参与条约谈判的所有阶段；非政府利益集团不应被赋予投票权（除非它们是国家代表团的成员），但决策模式应是遵循协商一致原则，而不是多数决定原则；所有互动都应尽可能强调非正式的问题解决方式。

这种伙伴关系需要得到秘书处的积极协助（秘书处可能利用外部中立者的服务，包括熟练的调解员）。非政府利益组织必须遵守共同制定的关于参与条约谈判的基本规则。关键是依靠非官方组织来扮演它们最适合扮演的各种角色。除非赋予非政府利益组织或非官方组织比目前更明确的责任，否则，依赖于各国的联合国系统将无法实现其可持续发展的目标，也无法履行其对后代的义务。

参考文献

Edith Weiss Brown. 1989. *In Fairness to Future Generations: International Law, CommonPatrimony, and Intergenerational Equity.* Tokyo: The United Nations University and Transnational Publishers.

Herman Daly. 1991. *Steady State Economics.* Washington, D.C. Island Press. 241–256.

Nancy Lindborg. 1992. "Nongovernmental Organizations: Their Past, Present, and Future Role in International Environmental Negotiations." *International Environmental Treaty Making.* ed. Lawrence Susskind, Eric Jay Dolin, and William Breslin. Cambridge, MA: The Program on Negotiation at Harvard Law School.

Ortiz, International Centre for Trade and Sustainable Development, International Institute for Sustainable Development, and RING (Group) . 2007. *Trade and Environment: A Resource Book.* [S. l.]: International Centre for Trade and Sustainable Development. International Institute for Sustainable Development: Regional and International Networking Group.

Joseph Vogel. 2010. *The Economics of the Yasuni Initiative: Climate Change as if Thermodynamics Mattered.* London: Anthem Press.

第四章　更好地平衡科学与政治的需要

独立的科学调查在环境条约的制定中发挥作用，但它们不是独自发挥作用，而是与政治考量交织在一起共同发挥作用。加雷斯·波特（Gareth Porter）和珍妮特·布朗（Janet Brown）著有一本精品教材——《全球环境政治》，书中指出，全球环境谈判涉及四个政治过程："议题界定、事实调查、谈判和制度强化。"科学调查一直是这四个过程不可分割的一部分，尽管其在使用时间和使用方式上无疑还有待改进。

波特和布朗认为，议题界定的过程使国际社会注意到了问题，并"确定了环境威胁的范围和严重程度、其主要原因以及应对这一威胁所采取国际行动的类型"。在谈判的早期阶段，科学证据的作用应当是突出的，因为政府和非政府行为者均试图证明它们对所涉威胁的主张是正确的。一旦确认了问题，事实调查应"使各方团结起来，试图确定各方均一致同意的事实基础，并阐明在对问题的理解和可能的国际行动政策选择等方面所存在分歧的范围和性质"。波特和布朗认为，如果没有联合事实调查，科学信息往往受到那些有反对国际行动理由的国家的质疑。这会导致专家之间发生冲突，引发利益相关者之间的信任危机，并削弱公众对科学考量给予高度重视的意愿。

波特和布朗还指出，在大多数情况下，事实调查很快就难以与谈判区分开来。谈判取决于否决权联盟的影响力和凝聚力，而否决权联盟是可以阻止国际合作的国家集团。① 当经过谈判而达成协议时,通常情况是因为否决权联盟的主要成员叛变或承认了一个要点。尽管科学真相有时会加速或促进这种叛变或妥协,但它们的发生通常是因为一个国家或联盟降低了其政治要求。例如,支持者可能会同意退而求其次,制定一个要求较低的框架公约(不要求具体行动,不设定期限,或提供较少的资源),以使一个否决权联盟做出让步。在谈判接近尾声时,科学证据变得越来越不重要,而政治上的互相迁就则逐渐占据主导地位。

波特和布朗所描述的"制度强化"是在第一轮协议达成后出现的。它应该反映出对环境问题的进一步理解。因此,科学证据,特别是联合监测或合作研究的成果,应得到极大的重视。然而,大多数涉及采纳后续议定书或修正案的条约修改,既可能是对国内政治力量的应对,也可能是对不断深化的科学认识的回应。

对自1972年斯德哥尔摩会议以来通过谈判所达成的大多数国际条约进行考察的结果表明,科学证据在议题界定、事实调查、谈判和制度强化方面所起的作用小得惊人。② 波特和布朗

---

① 波特和布朗在书中很多地方都讨论了否决权联盟的形成过程,特别是在第23~24页。他们引用了Fen Osler Hampson, "Climate Change: Building International Coalitions of the Like-Minded," 45 *International Journal* 36 – 74 (Winter 1989 – 1990)。

② 虽然关涉全球环境条约的官方综合清单和分析报告没有每年都发布,但以下文献有助于佐证这一观点:Fridtjof Nansen Institute (Norway), *Green Globe Yearbook* (New York: Oxford University Press, 1992); Alexander Charles Kiss, ed., *Selected Multilateral Treaties in the Field of the Environment*, vols. 1 and 2 (Nairobi: United Nations Environment Programme, 1983); and Peter Sands, ed., *UNCED's The Effectiveness of International Environmental Agreements* (Cambridge Grotius Publications, 1992)。我们还发现,World Resources Institute, *World Resources 1992 – 93* (New York: Oxford University Press, 1992) 非常有用,特别是最后的表格。

认为，科学证据确实有助于在酸雨和臭氧消耗问题上"激发国际行动"（界定议题和推动谈判），但在制定有关捕鲸、危险废物贸易、热带森林砍伐、南极矿产勘探和非洲象牙贸易等条约的条款方面所发挥的作用则是次要的或不相关的。我们将扩大波特和布朗的第一份清单（在第一份清单中，科学非常重要）的范围以囊括最近的生物多样性谈判，而在第二份清单（在第二份清单中，科学没有发挥关键作用）中则增加与海洋倾倒、世界遗产、湿地和迁徙物种保护，以及海洋法的修订相关的内容。

有几个因素导致了科学发现的影响比许多人预期得要小这一现象。首先，环境条约谈判处理的是极其复杂、经常相互交叉的系统，而目前人们对这些系统的认知还十分有限。这也是最关键的。最好的分析工作，包括对过去生态变化模式的研究、对当前人类与环境相互作用的模式以及长期环境影响的预测，充其量只会产生粗略的估计。因为它们存在不确定性，所以在前述情况下，科学发现的影响要比在其他情况下的更小。其次，一些利己主义者倾向于利用科学的不确定性来达到自己的目的，他们以在制定明确的行动方针之前需要有更充分的了解为由，反对任何全球性的行动（因为这会有损他们的利益）。当科学家承认不确定性时，他们使得政治主体对决策有更大的控制力。最后，在科学界，有些专家喜欢辩论（尤其是那些把他们置于关注焦点的辩论）。不幸的是，媒体和公众由于无法认识到专家内部中分歧的重要性，认为在"全部真相"被揭露之前采取行动是不明智的或不安全的。然后，现有的真知灼见便会被置之不理。

全球性的环境威胁往往因曝光度高的紧急情况或灾难而突

然引起公众的注意。在某些方面，试图把这些事件放在特定的背景下（例如，用周期性的气候模式来解释饥荒）是在某些方面掩盖事实。不偏不倚的科学调查无法抗衡电视上对可怕灾难的情绪化报道所引发的公众喧嚣。"全球变暖"导致饥荒或炎热夏季的可能性几乎为零；然而，媒体却毫无顾忌地利用当前事件夸大气候变化的潜在影响。为了抵消这种歪曲所带来的消极影响，科学家或许应该在议题界定中发挥比目前更大的作用。

许多观察家认为，谈判的下一步，即事实调查，应该是科学家的专属领域。一般来说，大众群体认为，环境问题要么存在要么不存在，知识渊博的专家在筛选证据后，应该能够适当地发出警告或消除疑虑。但事实并非如此。例如，如果一种资源正在以惊人的速度消失，但替代品却轻而易举就可以获得，那么我们会对此感到奇怪吗？如果污染源是明确的，但现有技术可以减轻直接影响（例如可以在烟囱末端安装过滤器），那么是否需要关闭工厂来解决污染问题？如果在老鼠身上的实验表明，大剂量的某一污染物可以致癌，那么是否有足够的理由相信空气中极少量的这种物质会对人类健康构成威胁？尽管一个大型开发项目的潜在安全风险十分巨大，但发生这种事故的可能性微乎其微，那么是否应该取消该项目？许多主观的或非专业的判断对诸如此类的问题进行了回应。纯粹的或常规的科学在解决这些问题时不具有特别的优势。因为答案更多地取决于提问者的哲学取向，而不是严格的分析方法，理性且聪明但未经训练的个人几乎可以像专家一样处理这些问题。

当就条约的实际条款进行谈判时，科学家的意见几乎总是微不足道的。这是因为传统外交鼓励谈判应该更多地反映政治，而非其他事情。这种强调形式而非实质的做法已成为迄今为止所签署的许多全球环境条约无效的根源。每项条约的细节，例如何时必须达到哪些标准，显然是重要的，但是如果这些条款只是对政治博弈的反映，而不是基于对不同情况下可采取的措施所进行的冷静评估，那么结果可能会令人失望。一旦确定了问题，科学家们便对此发表自己的意见，但是谈判往往主要局限在潜在的经济损失、可能的国内政治优势和对主权的明显侵犯等方面。然而，条约在扭转生态破坏方面可能产生的效力并不是政治家们能够单独决定的事情。长期以来，科学家一直是谈判过程中缺失的一环。

可能是为了应对谈判期间科学考量明显不重要的情况，科学调查在谈判后评估是否存在强化或调整条约的需要时显得更为重要。通过阐明明确的监测程序，要求缔约方定期举行会议审查监测数据、开展持续的联合研究活动，以及具体说明一旦发现某些问题将触发预先计划的下一步行动，科学调查的重要性确实得到了提升。当然，这不能保证缔约方会议具有实质意义上的有效性，也不能保证报告中监测数据的可靠性，更不能保证科学界对这个问题的后续认知将得到重视。此外，由于国内的政治压力，无论认知深度如何，当选的领导人都可能会阻止科学界发挥作用。

在过去的几十年里，美国以科学证据不能证明其他国家提出的纠正措施是正确的为由，阻止了数项环境条约的制定工作。例如，由美国领导的联盟使有效防治酸雨的协议难以达成。[1]美国还辩称，由于对全球变暖问题知之甚少，以至于难以证明到 2000 年将温室气体排放量稳定在 1990 年水平所为此付出的

---

[1] 在波特和布朗的书中，有关于跨界空气污染案例研究的概要（第 71～74 页），该概要十分明确地体现了这一看法。

成本是合理的。当美国的目的得到满足时（在这方面我们不是唯一的），美国会利用科学证据来为它所支持的行动辩护。当我们倾向于采取不同的政治路线时，无论世界范围内科学共识的普遍性如何，我们都会质疑现有的数据是不充分的。关于前述自利哲学的一个典型例子发生在20世纪80年代，当时美国最初反对迅速淘汰氟氯化碳。但是到了10年前就《蒙特利尔议定书》进行谈判之时，美国的主要氟氯化碳生产商已经开发出了替代品，而且世界其他地区都可以购买。在显著的政策转变中，美国同意根据现有科学证据彻底淘汰氟氯化碳。

一　不确定性总是存在的

在全球环境条约谈判中，不确定性总是挥之不去。处理不确定性的一种方法是在基础环境研究上投入更多的资金，这可能会得出科学意义上的"确凿证据"。例如，英国持续地努力监测南极的气象变化，最终证实了：臭氧层上存在空洞，而且该空洞与氟氯化碳直接相关。这个"确凿证据"确实加速了《蒙特利尔议定书》的制定——但这只是一次性事件。没有人能保证不断扩大基础的环境研究将产生证据，从而及时减少其他全球问题的不确定性。另一种方法是组织关键性的实验，其能毫无疑问地确定存在某种且是唯一一种因素会造成环境威胁。不过，这样的实验很有可能不会出现。

然而，关于南极洲矿物勘探和危险废物越境运输的谈判则表明，在问题的范围或各种解决方法所可能产生的效力都存在很大不确定性的情况下，可以策划如何进行谈判。在没有任何关于可能存在的矿物资源的位置、范围或经济价值的确切信息的情况下，就南极矿产制度进行了谈判。人们在非常有限的科学信息和推断的基础上进行了大量的猜测,但都没有确凿的证据。有些推测是基于南极洲与其他矿产丰富的大陆之间的相关性,但对南极洲的真实地质研究却几乎没有找到其蕴含巨大矿藏资源的证据。然而,这种不确定性为谈判提供了动机。发现宝贵的资源只会使如何分配对南极资源的控制权这本已十分难以处理的政治问题更加棘手。

克里斯托弗·毕比(Christopher Beeby)推测,如果发现了一座"金山",根据新西兰的南极主张,可能会出现的问题是:

> 一旦发现黄金,新西兰政府将面临巨大的压力:必须制定规则来规范黄金的开采,并将该矿床与新西兰境内其他任何黄金矿床一样对待。这将激起非主张国的不满,拒绝新西兰关于规范其管理开发的主张,这反过来可能会出现下列情况,即类似于在《南极条约》出现之前所存在的南极洲不受管制的开发和动荡局面的情况——这一情况直接导致了《南极条约》的谈判。①

南极洲周边潜在矿物资源的不确定性乍一看似乎与全球变暖或其他大规模现象的不确定性不同,因为它涉及已得到充分了解的地质因素。然而,预测的基础却惊人地相似:从稀少的实地调查和有根据的推断中所得出的具有随机性和或然性的结论。谈判围绕着利益分享的问题展开。各方急切地想要参与其

---

① 大卫·劳斯(David Laws)引用了毕比在极地研究委员会上所作的报告,*Antarctic Treaty System: An Assessment* (Washington, D.C.: National Academy Press, 1986)。

中，这种积极性比仅分配成本时显得更高。从另一个角度看，科学的不确定性增加了一致意见相对于不一致意见的价值。至少在南极矿藏资源开发这一语境之下，科学知识的不确定性使棘手的政治难题变得容易了一些。

《南极矿产资源活动管理公约》是一项框架协议。通过该公约，各方承诺受其所包含的原则、责任、决策过程、关系和义务的约束。但是，它们没有就具体的限制、配额或条件达成共识，因为该公约中没有任何与此相关的规定。这种含糊性可能导致它们在最终适用该公约并对其进行解释时产生争议。

《巴塞尔公约》的一项原则是应以无害环境的方式处置废物，该公约第2条将其定义为要求"采取一切切实可行的步骤，确保危险废物或其他废物的管理能够以保护人类健康和环境免受此类废物可能造成的不利影响的方式进行"。这一措辞试图平衡危险废物管理的科学力量与达成公约协议所必需的政治力量，却遭到了一些与环境保护相关的非政府组织的攻击——称其过于模糊。关于"无害环境"是由出口国还是进口国的标准来定义这一问题，目前尚未有确切的答案。由于该公约缔约方被允许参与到废物贸易的双边协议中，所以进口国有可能对这一术语作较为宽松的定义，由此可签署一项长期进口合同。事实上，没有什么能阻止发展中国家与废物出口国达成双边协议。发展中国家可以采取合心意的方式处理废物，甚至可以将其倒入海洋中。

科学的主要争论集中在"废物是应该在生产国境内处置，还是应该在'最佳'地点处置"这一问题上。一方认为，目前许多工业化国家在危险废物管理设施的选址方面已经变得非常困难。工业化国家在巴塞尔会议上提出的一般论点是，应找到危险废物处置的最佳地点,如果该地点在国外,则应将废物出口。发展中国家对此表示反对并指出,联合国环境规划署于1984年所作的一项研究表明,大多地处热带及其附近地区的国家不适合处置危险废物,因为它们经历的热带强降雨可能导致垃圾填埋场的垃圾溢出并释放其中的物质。[1] 在会议的最后,关于哪里可能被视为最佳地点存在不确定性——这不仅导致了一个松散的框架公约出现,而且还产生了一个法律漏洞——允许出口国和进口国之间进行"私下交易"。

无论是否支持这两项条约,都必须承认:这两个例子表明,即使问题的范围或最理想的解决办法存在很高的科学不确定性,谈判也仍然可以而且将会继续进行。它们还表明,不确定性越高,各方就越有可能倾向于模糊的框架公约。全球环境条约的缔约方要么投资更多的科学研究以减少不确定性,要么给予科学应有的地位,即接受独立科学顾问的意见,并同时承认平衡科学和政治的必要性。

二 承认科学应有的价值

有人仍然更希望通过区分科学分析与政治考量来解决环境问题。他们的目标是分割而不是平衡科学和政治。当时,时任美国环境保护署负责人的威廉·鲁克尔肖斯(William Ruckelshaus)曾一度提议在机构内设立一个独立部门来负责所有风险评估工作。他不希望将对与某些物质和政策相关的风险所进行的科学研究,与他所认为的关于此类风险的可接受性或管理此类风险的最佳方式等政治判断混为一谈。但他最终放弃了这一观点,

---

[1] 希尔兹和拉德卡引用了 R. F. 杜维维耶在 1988 年撰写的关于联合国环境规划署这项研究的报告——《毒船:有毒废物之路》。

公开否定了这种做法的可行性和合意性。[①] 相反，鲁克尔肖斯现在认为，科学应该得到应有的重视，但不能让科学家免受那些负有政治责任的人的审查，也不能假装议题界定、事实调查、谈判或条约调整是应该只留给科学家的"价值中立的"任务。

那么，在诸如国际条约谈判之流的高度政治化的背景下，赋予科学应有的地位意味着什么？起草《伦敦倾废公约》的经验表明这个问题可以变得多么敏感。首先是科学顾问的选择问题。该公约规定了低水平放射性废物可以向海洋排放，但要求继续审查原先对倾倒低水平放射性废物的禁令。1972年基本条约的签署国在选择咨询专家方面遇到了很大困难。以英国为首的一些国家建议由国际原子能机构（IAEA）和国际科学联合会理事会（ICSU）挑选专家来审查证据并向缔约方提出建议。相反地，由加拿大和瑙鲁领导的另一些国家则认为，专家应由各方当事人直接挑选，专家组应反映各签署国之间的利益和区域分配情况。作为折中方案，上述两大派同意分两个阶段进行审查：首先，由国际科学联合会理事会和国际原子能机构提名的22名国际专家组成的小组编写一份报告，其次，由包括各国政府和国际组织的代表在内的扩大的专家小组来审议这份报告。[②]

美国、丹麦和西班牙（以及国际绿色和平组织等非政府组织）提交了它们坚持应由专家组解决的议题，而这些专家充分了解议题的形成背景将与报告的最终内容有很大的关系。当一个特设工作组无法整合书面问题时，所有已提交的材料都会被

[①] 鲁克尔肖斯的观点最早出现在 221 Science 1026 - 1028（1983）。他后来在 Issues in Science and Technology 19 - 38（Spring 1985）中修正了他的观点。

[②] 我们十分感谢拉西·林吉乌斯（Lasse Ringius）于1992年8月向欧洲大学研究所（意大利，佛罗伦萨）分享了他的论文初稿。该论文初稿的主要内容与《伦敦倾废公约》相关。

转交给专家组。在1985年6月的会议上,专家们未能得出任何结论以提交签署国。因此,各方不得不在科学顾问没有提出任何明确建议的情况下,重新考虑暂停低水平放射性废物的处置。

南太平洋国家希望这项禁令是永久的,因为它们担心日本会按计划在南太平洋倾倒超过50万桶放射性废料。美国也不愿意接受这项禁令。最后,西班牙获得25票(其中,6票反对,7票弃权)支持其继续执行该禁令的动议,直到①进一步审议陆上处置的相对风险,以及②证明向海洋倾倒放射性废物不会对人类健康造成负面影响或对海洋环境造成重大损害。当然,只有当结论是被由所有当事方都认可的专家作出的情况下,该调查结果才可以被接受。简而言之,给予科学应有地位取决于选任获得所有利益相关者信任的专家。

相对于政治驱动科学的情况,科学驱动政治的情况非常罕见。不过,《蒙特利尔议定书》的谈判表明这一情况是可能的。从发现平流层的臭氧消耗开始,到后来签署国同意禁止氟氯化碳和其他某些消耗臭氧的化学品的这一过程中,科学是政治行动背后的驱动力。4个主要的科学发现导致了政治争论:最初的氟氯化碳—臭氧消耗假说、南极上空臭氧空洞的发现、将臭氧空洞与氟氯化碳关联的证据的发现以及替代物的开发。①

第一个发现,即关于氟氯化碳可能与臭氧消耗有关的理论,促成了美国禁止气溶胶的使用,并最终使1985年《保护臭氧层维也纳公约》得以签署。臭氧层空洞的发现增强了政治意识,并鼓励加大为研究其可能原因的资金投入。当有关臭氧空洞的原因出现两个对立的理论时,政治分歧就出现了。支持限制氟

---

① 托马斯在《国际关系中的环境》(第199~237页)中提出了这些发现及其对谈判过程的重要性。

氯化碳的国家和反对限制氟氯化碳的国家利用理论上的分歧来推动自己的政治议程。最终，科学在促成政治妥协方面发挥了重要作用，氟氯化碳替代品的开发削弱了反对完全禁令的政治家们的立场。在整个与氟氯化碳相关的谈判过程中，科学家发挥了比平常更重要的作用。

《蒙特利尔议定书》包含了一项重大的具有政治意义的创新，即允许议定书根据新的科学数据进行调整。具体而言，《蒙特利尔议定书》第6条要求"从1990年开始，以及此后至少每隔四年，缔约方应根据当下与科学、环境、技术和经济有关的信息对控制措施进行评估。在每次评估前至少一年的时候，缔约方应召集在上述领域有资格且合适的专家小组，并确定该专家小组的组成和职权范围"。这项规定的重要性很快就得到凸显。在《蒙特利尔议定书》的谈判结束两周后，第二次国家臭氧考察结果提供证据表明，情况甚至比谈判者想象的还要糟糕。[①] 这次考察记录了将氟氯化碳分解成消耗臭氧的氯的低温化学反应。自那之后，事情进展得很快。在1989年5月举行的赫尔辛基会议上，议定书的缔约方提出了修正案，该修正案将在1990年的第一个四年期审查会议上被最终确定。赫尔辛基会议还发布了一份自2000年起停止生产和使用氟氯化碳的意向声明。根据《蒙特利尔议定书》的要求，各方于1990年在伦敦召开会议。

正如英国国际关系专家卡罗琳·托马斯（Caroline Thomas）（1992）所描述的那样，伦敦会议有3个目的：修改氟氯化碳的减排目标，研究对其他消耗臭氧层物质进行控制的可能性，以

[①] William Zartman, "International Environmental Negotiation: Challenges for Analysis and Practice," 8 *Nepotiation Journal* 112–123（April 1992）.

及说服尚未加入的发展中国家加入《蒙特利尔议定书》。会议最终决定在2000年前全面淘汰氟氯化碳，尽管有些国家希望采取更迅速的行动。会议呼吁到2000年全面淘汰哈龙和四氯化碳；到2005年全面淘汰甲基氯仿。正如托马斯所报告的那样，会议没有对氢氟氯烃的生产或使用进行法律控制，氢氟氯烃仍是最受欢迎的一类替代品（其本身可能消耗臭氧层和导致全球变暖）。伦敦会议上的主要政治辩论是关于发展中国家加入《蒙特利尔议定书》的激励机制（增加多少资金、构建资金分配的机制以及制定关于技术转让的基本规则）。

在有关臭氧消耗的20年争论中，重点是科学问题而非政治问题。科学家在各国代表团中始终发挥着关键作用，而且国际科学组织也是十分杰出的顾问。这一切都是不寻常的。臭氧层空洞的发现（证实了早期的科学假设），从科学角度来讲，是有史以来最接近"确凿证据"的。它确定了环境危害及其来源。《蒙特利尔议定书》中规定按计划进行的联合事实调查，显然也是提高科学投入重要性的一个重要因素。最后，替代品的可用性意味着政客们可以在不遭受重大政治损失的情况下给予科学应有的地位。然而，即使是在臭氧消耗的情况下，在科学和政治之间找到平衡也并不意味着将二者孤立。

三 对抗性科学对信任的削弱

"对抗性科学"对应对全球环境威胁的有效合作构成了最大的威胁。如果各国和公众相信科学家滥用了国家和公众对其的信任——当一位所谓的专家说"是"而另一位同样"杰出"的专家说"不是"时——科学将在环境谈判中无立足之地。也就是说，如果任何人都能够指示科学家代表他或她说什么，并改变现有的科学方法和证据以适应他或她的政治目标，那么科学界将只不过是另一个与某联盟共命运的政治利益集团。到那时，任何关于对问题的界定或解决方法的论点，本应基于技术原因而得到支持，都将理所当然地被置若罔闻。

在（至少是在美国）诉讼中，每个人都希望法律辩护人尽其所能地为其当事人的案件进行辩护。当辩方和检方请来相互对立的专家出庭作证时，公众并不感到惊讶。显而易见地，这些专家之所以被选中是因为他们在法庭上的证言。事实上，他们在被带上证人席之前都经过了精心的训练，以避免在作证时尴尬地承认事实。没有人期望这些专家是公正的。然而，将这种方法作为专家参与决策的模式，将会破坏而非促进全球环境谈判。

拥护与偏见不是一回事。例如，为非政府组织工作的科学家通常被认为存在亲环境的偏见，但他们的工作仍然受到广泛的尊重。一些为工业界工作的科学家也是如此。他们的正直不一定受到怀疑，也就是说，他们为工业界工作并不意味着他们会因为证据能够削弱他们的雇主先前表达的立场而故意无视证据。没有理由相信这些人会捏造数据或自己作伪证。事实上，作为科学家，如果他们如此行事，他们的信誉和长期职业前景将受到损害。

《濒危野生动植物种国际贸易公约》（与非洲象有关）中有若干旨在帮助各方避免科学家之间冲突的制度机制。其中，最重要的是要求秘书处充当"筛子"或"过滤器"的规定。秘书处负责开展执行《濒危野生动植物种国际贸易公约》所需的科学和技术研究工作，而这项工作大部分都外包给了非政府组织。根据这些研究资料，秘书处向《濒危野生动植物种国际贸易公约》缔约方提出建议（并分发收到的报告）。由于秘书处被视为寻求可靠信息的公正机构，其筛选来自非政府组织的工作这一事实足以确定其所提供数据的可靠性。

可以采取其他几种实用的方法来抵消拥护性科学对条约谈判的潜在影响。这些建立或重建信任的方法强调了对拥护性科学的制衡，包括：科学家代表团体（由不同联盟提名的），多层次的科学咨询组（一层由国际科学组织组成，而另一层则由国家指定的科研人员组成），向缔约方提交新的科学信息以供其审议的强制性会议，以及与《濒危野生动植物种国际贸易公约》一样，依靠秘书处筛选和收集的可靠的科学信息。当然，这些方法并不是相互排斥的。

科学家意见不一致，并不意味着他们没有任何贡献。科学上的分歧有很多合理的来源。有时，科学家们根据同一现象的不同数据集可以得出不同的结论。通常情况下，来自不同学科的专家实际上是在研究同一个问题的不同方面，但他们并没有意识到这一点。尽管他们可能在描述问题特征上意见不一，但有人会意识到如何将这些信息整合到一起以确保一个更有利的描述或解释。这只是时间问题。根据个别专家所要求的证据标准，人们可能会说现有证据表明了一个事实，而其他专家则表示否定。事实上，他们的发现是相同的，但解释各有不同。如果可以弄清科学分歧的根源，那么相互矛盾的陈述将有助于丰富公众对风险和可选对策优点的理解。但是，这一切都建立在一个假设的基础上，即科学家自己始终对新的证据或解释持开放态度，即使这些证据或解释会否定他们的偏见或根深蒂固的信念。

四 科学家们的"认知共同体"是否真的存在？

彼得·哈斯在其关于控制地中海海洋污染工作的详细研究

(1990)中提出了另一种关于科学与政治之间相互联系的观点。哈斯将这一区域性努力的成功归因于"生态学家和海洋科学家的参与,他们制定了国际议程,引导本国支持国际工作并在国内引入了强有力的污染控制措施"。他把这一由志同道合的政府官员、科学家和来自国际专门机构的秘书处成员构成的群体,称为"认知共同体"(即非正式、协调一致的游说团体,对生态原则有共同的信仰,对污染的起源和严重性有类似的看法,对控制污染所需的政策有相同的想法)。在哈斯看来,这个科学联盟协调了一项政治工作,鼓励各国政府积极合作并在国内进行干预,以保护地中海环境。

哈斯认为,这些(来自各种背景的)中层政府官员在联合国环境规划署的适度支持下,能有足够的科学威望和动力将自己与国内政治基础区分开。也就是说,在政府向科学家们征求意见的时候,这些科学家就国内污染控制措施提供了政策建议,并鼓励他们的国家支持《地中海行动计划》所载的准则和原则,而不论其各自国家的政治利益是否能够得到完全满足。

哈斯谈到了认知共同体在多边政策制定的早期问题设定阶段,以及在条约(或制度)通过后鼓励他们的国家遵守条约(或制度)方面可以发挥的作用。他将遵守约定与采取符合制度规范的国家政策之间画上等号。他的解释是:"如果一个有着共同观点的群体能够获得并维持对实质性政策领域的控制,相关制度将变得强大,以至于各国都将遵约。"[1] 尽管他没有关于《蒙特利尔议定书》《远距离越境空气污染公约》或美国—加拿大酸雨谈判案的同样详细的案例研究来支持他,但是他推

---

[1] Peter Haas, "Do Regimes Matter? Epistemic Communities and Mediterranean Pollution Control," 43 (3) *International Organization* 384 (Summer, 1989).

测,在这些谈判中,生态认知共同体可能也发挥了重要作用。由于他的分析在国际关系领域受到了广泛关注,所以认真考虑他的分析是很重要的。

暂且假设哈斯是对的,即在全球环境条约制定过程中,跨国认知共同体能够在问题界定和政策形成的方式方面发挥重要作用。我们认为这是很令人担忧的。首先,这将意味着一个主要由被指定的官员组成的特设小组,其与其他任何由非选举产生的参与者组成的联盟没有什么不同,但是却对关键的全球决策产生了不成比例的影响。而且,尽管这些人碰巧是训练有素的科学家,被他们的国家指派从事具体的条约制定工作,但他们并不觉得自己有义务代表他们国家的利益。

那些赞成消除国家主权并支持对"人类遗产"作出更广泛承诺的人,很可能受到哈斯研究结果的鼓舞。如果他是对的,一个不受传统的国家忠诚约束的具有实质影响力的群体将会诞生。不过,在哈斯理论成立的范围内,他的描述也可能会造成反向效应。事实上,如果被政府指派参与环境条约制定的科学家利用他们的科学声望和跨国网络来夺取决策的控制权,政府就算不加以禁止,也必然会加以控制。此外,在取代他们的过程中,当选的领导人比以往任何时候都更有可能坚持要求科学家的工作应仅限于侵入性较小的数据收集活动,或者更糟的是,只任命拥护国家"路线"的科学家。这种"指示性科学"将进一步削弱公众对全球环境条约制定中科学投入的支持。

让我们假设哈斯的说法是错的。事实上,正如威廉·扎特曼所言:"备受吹捧的认知共同体是环境谈判的结果而非动力。"[1]

---

[1] I. William Zartman, "International Environmental Negotiation: Challenges for Analysis and Practice," 8 *Negotiation Journal* 112–123 (April 1992).

就跨国联盟或游说团体的出现而言，无论是科学家小组、商业利益集团还是非政府组织，其形成往往是对已经存在的国家联盟的回应，而不是存在于国家联盟之前。此外，我们非常怀疑哈斯所描述的那种认知共同体是否具有影响力来打破支持者联盟和否决者集团之间的权力平衡。正如扎特曼所说："科学家、技术人员和企业家的跨国合作表明了一种可以作为环境谈判基础的联盟，但这通常是不够的。"科学联盟可以利用它们的资源——知识、技能和资金——来引起关注，但要想对条约谈判产生真正的影响，他们必须争取对选民群体负责的政治领导人支持。而这些领导人则会将国内政治考量置于科学联盟的利益之上。

在气候变化谈判中，充其量只有一个支离破碎的认知共同体。虽然政府间气候变化专门委员会试图就全球变暖问题的范围和适当的应对措施达成科学共识，但是那些与大多数技术同行意见相左的科学家正试图破坏建立共识的努力。尽管许多研究大气变化的科学家都认可关涉"温室问题"的某些版本，但当科学家们试图制定适当的政策应对措施时，这一共识就破裂了。而这正是我们认为哈斯的模型失败的地方：我们也许可以对一个问题的一般性陈述或一个全球威胁（特别是当有确凿证据时，比如臭氧层空洞）的来源的模糊因果模型达成跨国共识，但一个不需维护国家利益的独立参与者联盟不太可能就政策应对措施达成一致，也不可能有效地与了解自身利益的国家集群竞争政治支持。哈斯也许是对的，跨领域的科学联盟有助于鼓励遵守国际条约（以补充其他发挥类似作用的非政府组织的工作），但他关于认知共同体在制定和颁布全球环境条约方面具有巨大影响力的主张似乎有些牵强。

此外，如果科学家仅仅是成为另一个推动自己议程的利益集团，这将是个灾难。这将加剧（尤其是在发展中国家）对利用尖端技术作为一种开发手段的担忧。相反地，我们需要的是多边事实调查工作，以求从多个视角来看待环境问题和环境威胁，并阐明专家和学科之间的分歧来源。我们需要国内的科学顾问采取双面姿态：一方面帮助其理解国内科学技术发现的结果，另一方面保持与独立的科学组织的外部联系，以保证重要科学发现的充足性。当选的领导人和非政府组织应该让科学家承担起保证双重视角的责任：期待与国际同行建立合作，但是也要回过头来考虑国家的优先事项。因此，科学家也必须在技术和政治考量之间努力保持平衡。

五 科学顾问的持续作用

科学顾问在环境条约制定过程中至少扮演着 5 种角色。他们分别是趋势观察者、理论构建者、理论测试者、科学传播者以及应用政策分析者。相同的科学家或科学组织可以扮演多种角色，而且他们的机构归属不论是大学或独立研究中心、国际政府组织、国家政府机构、非政府组织还是公司，这都不重要。实现平衡的最好方法是鼓励在这些机构中工作的科学家在公共论坛和专业场合中进行相互对抗。这种互动应由联盟组织或熟练的召集人来推进，他们习惯于处理这种对抗并使其为公众所理解。任何全球环境条约谈判的每一阶段都需要这种互动。

趋势观察者的主要工作是记录生物圈中不断变化的生态模式。为此，他们必须以高度一致的方式收集时间序列数据。一些组织专门从事数据的重新解释，例如地球资源卫星（LANDSAT）为其他目的而收集的数据。其他趋势观察者则持续地收集自身的原始数据。不幸的是,许多时间序列并没有追溯到足够久远的时期,以突出在地质时期发生的重要变化;其他跟踪重要扰动的努力由于数据缺失、测量不一致或数据太粗糙而受到阻碍以至于无法进行微量分析(地区分析)。对趋势观察者来说,关键问题是能够发现生态模式的变化,并了解这一变化在什么时候是重要的。

理论构建者来自许多学科。他们的任务是解释趋势观察者所发现的变化的原因。理论构建者利用基本的学科知识,并进一步解释为什么会出现我们从未见过的模式(以及它们可能的影响),他们试图将该解释应用于过去的情况,并模拟可能的未来。

理论测试者将进行实验,也就是说,他们组织对自然或人为矛盾的考察或监测,以检验理论构建者提出的假设和命题。有时,他们可以进行试点测试或实验,以查看在可控的情况下,理论预测实际上能否实现。有些人致力于组织首次实验,而另一些则试图通过重复或相关测试来复制或验证先前的结果。

科学传播者负责使前3种类型的科学顾问的工作为更多人所理解。他们自己也可能参与前3种工作中的某一种,但他们专门为大众报刊或电视撰写或准备材料。他们的特殊技能在于将科学方法和研究结果转化为广大公众可以理解的术语。一些具有技术背景的记者很好地发挥了这一作用,但是给人印象最深刻的科学传播者往往是训练有素的人,他们已经掌握了简化复杂科学奥秘的诀窍,而且他们不认为从事这类工作会降低他们的技术地位。科学传播积极分子和参与公开对抗的"科学研究的异见者"都旨在将注意力聚焦于科学问题,而且他们正在发挥重要的沟通作用。但是,如果他们不愿意与非积极分子的同事进行持续的技术对话,那么他们就不能在环境条约制定中为改善科学与政治之间的平衡做出太多贡献。

应用政策分析者不局限于对理论研究结果的解释，他们大概是作为决策者的顾问来制定规范性建议。他们的建议不是基于个人或意识形态色彩的议程，而是借鉴了决策分析工具和政策科学技术（例如应用经济学、心理学、组织行为学和政治学）。应用政策分析者必须能够制定多种行动方案，并对所有方案进行有效的论证。

所有这5种类型的科学顾问都在问题识别方面发挥着作用。趋势观察者和理论测试者发挥的作用通常在事实调查期间会更加突出，而科学传播者和应用政策分析者在谈判过程中可以发挥关键作用，特别是当其作为国家代表团的成员时。而且这5种类型的科学顾问都可以在监督旨在强化条约的工作中发挥作用。在理想情况下，科学顾问团队（包括所有5种类型的科学顾问）将随着条约制定工作的发展而继续努力。这将能够更好地促使决策者保证科学顾问履行分析和预测的责任。这也意味着可以有效地处理证据的积累，因为当每次新数据或新理论出现时，每个团队中至少有一部分人将不需要从零开始。我们一直需要新的科学研究者，但熟悉早期文件和辩论的科学研究者也很重要。

科学顾问需要进入围绕每项条约制定工作的非正式和正式网络，并清楚地了解其义务。关键是不仅要在这个过程的每个步骤中都集聚这5种类型的科学顾问，而且要迫使他们正视分歧的根源。虽然这历来是通过与专业出版物和会议有关的同行评审过程在幕后完成的，但如果要使科学界的贡献具有公信力，这一过程就必须公开。这种互动需要由熟练的中立者来推动，他们能够使科学争议的陈述顺利进行。[1]

---

[1] 有关中立者如何做到这一点的精彩讨论，请参阅 Connie Ozawa, *Recasting Science* (Boulder, CO: Westview Press, 1991)。

科学家论坛必须有基本规则。有时，管理科学证据的收集和召开科学会议的程序会被纳入某些条约，但这些条约很少着眼于确保技术和政治参与者之间具有更有效的持续关系。相反地，他们认为科学家应该首先会面，然后就事实达成一致，最后让政治家接管。我们需要的是鼓励形成持续负责关系的指导方针。

六　无悔原则和预防原则

无论围绕条约谈判的科学不确定性程度有多高，或许都存在一种政治家和科学家都能支持的简单推进方式。也就是说，当事各方应首先设法找到一种"无悔"的方法来解决这个问题。诀窍是确定一个能为所有利益相关者带来利益的行动方案，无论他们是否同意问题的理论，或是否相信建议的解决方案是有效的。例如，在关于全球变暖的辩论中，鼓励所有国家采取低成本的能源节约措施将构成一种"无悔"的做法。如果美国燃烧更少的化石燃料来发电，温室气体的排放量就会减少。即使一个国家不同意大气正在以"异常"的速度变暖，但提高能源效率可以充分地节省成本，从而使其成为一项值得推行的政策。如果进一步的研究表明，全球变暖确实是由二氧化碳的排放所引起的，那么采用低成本的节能战略将有助于解决这个问题。相反地，如果事实证明海洋的吸收能力或被误解的大气动力学给我们提供了比我们想象中更大的二氧化碳增量的排放空间，那么国家仍然可以通过节约燃料从而节省下一大笔钱。

其他"无悔"的方法可以应对全球环境威胁，即使是完全不同意彼此的理论或预测的科学家也可以达成共识。许多大公司目前奉行的污染防治理念就是一个很好的例子。这一概念很简单：在努力遵守更严格的污染排放法规的同时，部分行业发现了能够降低污染水平、提高生产率（有时还节省资金）的新材料或生产工艺。他们不仅找到了具有成本效益的替代品（以及回收副产品的可盈利的新用途），减少了需要处置的污染物总量，而且还发现了新的生产方法。这些方法能够通过改善（即"更绿色的"）公众形象来帮助其增加市场份额。通过在生产中创造其他的变化，公司的管理者们持续寻求更具成本效益的方法来避免污染。这不再是对更严格的环境监管的勉强回应，恰恰相反，各行各业正在无怨无悔地探索履行法规责任的更加节约的路径。

预防原则比"无悔"方法更进一步。正如《里约宣言》（原则15）中所指出的那样："为了保护环境，各国应根据其能力广泛采用预防办法。如果存在严重或不可逆转的威胁，则不应以缺乏充分的科学确定性为理由，推迟采取具有成本效益的措施以防止环境退化。"这是大多数科学家所赞同的。

虽然许多国际法律文件都提到了预防原则，但它尚未成为（习惯）国际法的一部分。正如波特和布朗所描述的那样，这一原则将举证责任从环保主义者转移到了污染者身上，从而在政策制定和影响评估程序方面产生了巨大的影响。[1]

迈克尔·雅各布斯（Michael Jacobs）在《绿色经济》（1991）中指出，世界面临两种可能的行动方案：控制环境影响和不控制环境影响。气候学家预测当前趋势将导致生活模式的灾难性变化，如果这一预测是正确的，我们是否应采取行动？我们的决定应该取决于我们认为他们是对还是错的概率。一种符合预

---

[1] Gareth Porter, Janet Welsh Brown and Pamela Chasek, *Global Environmental Politics* 3rd edition. (Boulder CO: Westview Press, 2000).

防原则的合理对策是，以最大限度降低我们的成本为目的而行事。正如雅各布斯所指出的那样，不管可能的收益有多大，大多数人都不会被那些损失可能十分巨大的风险诱惑。最大成本最小化的政策（假设全球变暖的预测成本远远大于控制排放的成本）将导致我们选择控制二氧化碳的排放。值得注意的是，雅各布斯的经典著作在当时被视为边缘激进主义者的专著，然后在其发表20年后，以"绿色经济"为主题的相同表述和其中的许多想法都已经被吸收进了"里约+20"峰会的工作计划（见附录C）。

一些分析家特别是经济学家认为，我们需要做的（为了做出明智的决定）就是计算出雅各布斯所描述的两种行动方案中每一种的预期价值。这涉及对许多因素的货币价值的校准，而这些因素都是不可量化的。事实上，鉴于这种方法是无望的，转向生态经济学学科可能更有意义。这种经济分析方法为管理不确定性和衡量环境质量提供了创新方法。它还为预防原则的智能应用提供了深刻见解，在其朴素的解释中，这似乎意味着要停止所有创新，但正如这一新学科所表明的那样，它要求"以有序的和标准化的方式来分配举证责任。"[1]

生态经济学更强调我们所描述的政治参与者和科学专家之间的那种多元对话。它是围绕预防原则来组织的，虽然它的存在也要归功于另一项原则，即可持续发展原则。生态经济学假定，可以比较源于替代发展战略的"相对可持续性"原则，而无须像新古典经济学所要求的那样将一切货币化或将后代的利

---

[1] 更多关于生态经济学的知识，请参见 the International Society for Ecological Economics; Herman E. Daly and Joshua Farley. *Ecological Economics: Principles and Applications* (Washington, D. C.: Island Press, 2011); Robert Costanza, ed., *Ecological Economics: The Science and Management of Sustainability* (New York: Columbia University Press, 1991).

益归零。虽然可持续性分析的方法和诸如生态系统服务（见第三章）等概念的运用仍需进一步发展，但它们比成本效益分析方法更有前景。世界银行承诺将财富核算和生态系统服务价值评估（WAVES）伙伴关系框架与大部分环境界面内的项目结合，这是此类工作主流化的一个重要标志。① 预防原则和可持续发展原则，加上尽可能务实地寻求"无悔"的替代方案，为在全球环境条约制定中平衡科学和政治提供了一个明智的框架。然而，就科学专业知识达成共识的问题仍然需要对过去20年在环境外交中逐步发展起来的机构有更敏锐的认识。对此，我们将在本章的下一部分继续讨论。

七　科学小组和科学平台：将 IPCC 的经验应用于 IPBES

科学在国际层面围绕气候变化并达成共识的作用早于正式的条约制定过程。著名的联合国政府间气候变化专门委员会（IPCC）于2007年与阿尔·戈尔（Al Gore）一起获得诺贝尔和平奖。该委员会实际上成立于1988年，比里约峰会上《联合国气候变化框架公约》的提出还早了4年。最初，该机构被设想为联合国环境规划署和世界气象组织之间合作的产物，旨在向联合国会员国通报关于气候变化的科学共识。然而，在《联合国气候变化框架公约》颁布后，IPCC 的作用更加具有公共性，因为它承担了公共教育组织的责任，但这并不是它的设计初衷。媒体对 IPCC 报告的强烈兴趣，以及管理这么多具有公众参与倾

---

① 关于可持续发展的更全面的讨论，见 the special issue of *Environmental Impact Assessment Review*, May 1992, edited at the Massachusetts Institute of Technology and published by Elsevier。整个议题都致力于探索如何使可持续发展的概念更具可操作性。有关 WAVES 伙伴关系框架应用的更多信息和案例，请访问 http：//www.wavespart nership.org/waves。

向的科学家的任务使得IPCC变得相当具有挑战性。另外，气候变化科学中"信仰"的政治两极化使IPCC的任务更加复杂。正如IPCC报告的主要作者之一、国际环境关系学者阿迪尔·纳贾姆所指出的那样：IPCC的一个重要教训就是，科学进程在建立公众共识方面有时候比打破谈判僵局更重要。IPCC最好的教训来自它时常重复的口号——"与政策相关，而不是政策规定"（通过电子邮件与作者沟通，2014年3月17日）。诺贝尔和平奖的颁发也进一步提升了IPCC的公信力，并导致其一些成员认为，IPCC因此成为"知识垄断者"，表现出了商业垄断的所有迹象，例如利用它的力量阻碍竞争对手和最大限度地减少创新。[1] 但是，IPCC或许是一个天然的垄断机构，因为让一个大型实体充当此类科学共识建立的信息交换中心是更有效率的。在这种情况下，民族国家的划定本身并不通过任何具有经济效率的进程来完成。甚至于在2014年第五次评估报告发布后，一些针对IPCC科学小组由发达国家主导（70%的作者来自发达国家）的批评声也出现了。发展中国家对IPCC的疑虑源于这样一种动态关系：一方面要满足联合国所有成员国对代表性的要求，另一方面又要使达成科学共识的过程是任人唯贤和效率极高的。[2]

人们批评IPCC与政治领域脱节，并对外交官说三道四，而不是与他们就敏感的决定进行对话，IPBES的设计者们将这些

---

[1] Richard S. J. Tol, "Regulating Knowledge Monopolies: The Case of the IPCC," 108 *Climatic Change* 827 – 839 (2011). 在这方面，IPCC的一些潜在"竞争者"可能是各种学院间小组、国际科学理事会，特别是在1969年成立的环境问题科学委员会（SCOPE）。

[2] Matt McGrath, "IPCC Scientists Accused of Marginalizing Poor Nations," BBC News site, April 12. 2014, http://www.bbc.com/news/science-environment-26996460.

批评铭记在心。IPCC 的第一任主席罗伯特·沃森密切参与了 IPBES 的发展。对术语的关注,包括选择诸如"平台"而不是"小组"这样的术语,是为使组织内部更具适应性。与气候变化不同,生物多样性在公众讨论中并不突出,但在政治选区中可能是两极化的,在经济方面采取权宜之计的政治力量可以轻蔑地将动植物的价值与人类因贫困而遭受的苦难相提并论。因此,IPBES 被设想为"不同知识体系之间的对话",并将努力纳入诸如探究传统生态知识的主观调查领域,这些研究可能更难通过现代科学进程进行检验。① IPBES 的优势在于其在建立之前便拥有一个非常详细的国际科学汇编程序,即千年生态系统评估(MA),其主席在其中发挥了突出作用。②

在 2006 年完成 MA 之后,法国召集了一个关于利用生物多样性科学专业知识的会议,并形成了一份建议成立 IPBES 的报告。正如克里斯托夫·戈尔格(Christoph Gorg)等人在审查这一会议时所指出的,对于这样的实体而言,以下 4 项要求是显而易见的。③

(1) 它应该满足几个关于生物多样性的国际公约的需求(如《生物多样性公约》《拉姆萨尔公约》《濒危野生动植物种国际贸易公约》)。

---

① Celine Graniou et al., "Assessing Nature? The Genesis of the Intergovernmental Platform on Biodiversity and Ecosystem Services (IPBES)," 18 (1) *Science Technology and Society* 9–27 (2013).
② 有关千年生态系统评估过程的优秀回顾,请参阅 Fred Powledge, "The Millennium Assessment," 56 *Bioscience* (2006);此外,《全球环境变化》的社论还对 MA 和 IPCC 之间的流程进行了比较,该社论发表于 18 *Global Environmental Change* 12–17 (2008)。
③ Christoph Gorg et al., "A New Link between Biodiversity Science and Policy," 19 (3) *Gaia* 183–186 (2010).

（2）它应直接与生物多样性研究和政策相联系，从而避免重复工作（但应与现有的科学网络相联系，如《生物多样性公约》这一国际生物多样性科学计划）。

（3）世界不同地区有不同的要求。例如，非洲地区和其他一些发展中国家强调了能力建设的必要性，能够促进科学和政策之间的连接。

（4）巴西和中国等国家，对参与进来非常犹豫，因为它们担心失去对本国生物多样性政策的控制。因此，消除它们对国家政策的担忧的会议至关重要。

在接下来的5年里，这些关键领域的利益和关切通过一个会议得到了解决，参加会议的利益相关者和国际外交领域的组织的数量远远多于参与组建IPCC时组织的数量。在2013年的启动仪式上，联合国环境规划署（环境规划署将主持IPBES秘书处，但不包括与生物多样性有关的所有多边环境协定）就明确划定了IPBES的4个关键授权领域，具体如下。

——确定决策者所需的关键科学信息及其优先次序，并加大力度促进新知识的产生；

——对生物多样性和生态系统服务及其相互联系的知识进行定期和及时的评估；

——通过确定与政策有关的工具和方法，支持政策的制定和实施；

——优先考虑关键能力建设需求，以优化科学和政策之间的连接，并为满足与IPBES的活动直接相关的、属于最高优先级的需求提供和呼吁财政和其他方面的支持。[1]

---

[1] UNEP News Centre, "IPBES Takes a Big Step for Biodiversity and Ecosystem Services," Nairobi, UNEP Press Release, January 28, 2013.

无论主题是什么，为科学打造更好的外交连接的共同思路将涉及对不确定性和风险的更好管理。在这种情况下，在事关人为环境影响的缓解、自然系统的恢复力和为适应全球环境变化所进行的投资这三者之间的政策辩论往往至关重要。前述的生态经济学工具可以为如何评估这方面的权衡提供一些客观的方法。例如，从表面上看，在适应与缓解气候变化方面所进行的投资在经济上似乎是有利的，但如果考虑到珊瑚礁等有庞大规模的自然系统，适应后补救措施的成本将使这种做法难以为继。在针对气候变化提出气候工程解决方案的背景下，适应与缓解的论点也受到挑战：这些解决方案现在已经作为可能的适应途径进入了 IPCC 第五次评估报告。自 2010 年联合国教科文组织和联合国环境规划署召开关于气候工程作为适应战略的前景的专家会议以来，私营部门对这一领域的兴趣也日益增加。① 在环境外交机构内构建新的机制，以评估和管理这类风险并了解其真实成本，应涉及生态经济学所提供的更加符合系统导向的成本效益分析方法。从根本上看，人类的科学能力无法完全预测全球环境的变化。处理误差容限和谨慎适用预防原则均要求我们把"偶然性"作为环境外交的一个关键属性。

八　或有协议就是答案

即使国际法规定了预防原则，并且全球环境条约谈判的参与者都尽可能采取了"无悔"策略，但政治分歧仍然会出现。这些分歧往往会为自私自利的主张所支持，即承认在科学不确定性下采取行动的危险性。对这些主张的回应强调，通过采用

---

① UNESCO, UNEP, and Scientific Committee on Problems of the Environment (SCOPE), "Engineering the Climate," Policy Brief, November 2011.

薄弱的框架公约，再加上在联合研究、仔细监控和逐步强化条约方面的大量投资，正逐步朝着具有更大确定性的方向前进。

然而，依靠或有协议，可能会使我们走得更远、更快。或有协议回避了就未来形势或哪些政策应对措施可能最有效等问题达成共识的需要。与其制定一个没有目标或最后期限的广泛的框架公约，条约谈判的缔约方可以在讨论框架时阐明，如果发生某些事件或突破了某项阈值，或有行动将会生效。换言之，各方将通过谈判达成多项协议，其中可能包含相互矛盾的要求，但并非所有这些措施都将生效。在持续监测的过程中，应用何种协议将变得很清楚。这不会消除持续监测和强化条约的必要性（事实上，这将使监测变得更加重要），但即使存在重大科学上的不确定性，更有效的协议也将产生。如果没有其他原因，就可以避免在制定条约时采取最低共同标准的办法。

或有协议的制定，与框架公约的谈判以及后续议定书是否获得支持是两回事。相反地，它是联合国过去20年来所依赖的两步法的替代办法。我们所描述的另一种"如果—那么"替代形式不必过于复杂，或有协议或议定书的数量也不必太多。例如，在未来有关森林保护的谈判中，可以同时谈判和签署多项议定书作为框架公约。第一项议定书要求对砍伐原始森林或老龄森林进行实质性限制，只有在全球森林损失超过特定阈值时这项议定书才能生效。与第一份议定书相比，第二份议定书的限制则要少得多，除非或直到第一份议定书被触发，否则该协议将持续有效。

多项议定书可以避免当事方对风险预测和因果解释方面的分歧。当事方仍然可以追求"无悔"选择，并遵守预防原则。但是，当事方仅依靠采取风险最小的行动方案难以实现前述做法。相反地,当事方会明确说明在不同情况下的承诺内容。

反对使用或有协议的论点基本上是,至少在早期阶段,这些协定需要进行更广泛的(也许更为复杂的)谈判。不过,这段时间可以通过消除对后续议定书的谈判需要来弥补(不过,基于监测和后续研究的条约强化仍然是必要的)。使用或有协议将保证在总框架公约之外的后续行动——这是我们现在不能指望的。这也将减少在问题定义的早期阶段拥护性科学的削弱作用,因为没有必要达成完全的科学共识。最后,或有协议将迫使科学家更精确地确定联合监测和合作研究的目标。这样做的好处是巨大的,而且科学和政治之间也将实现更好的平衡。

参考文献

Christopher Beeby. 1991. "Antarctica Prior to the Antarctic Treaty-A Historical Perspective." *Antarctic Treaty System*: *An Assessment*. *Polar Research Board*. Washington, D. C.: Nationa Academy Press.

Robert Costanza. 1991. *Ecological Economics*: *TheScience and Management of Sustainability*. New York: Columbia University Press.

Francois Roelants Du Vivier. 1988. *Les Vaisseaux du Poison*: *La Route des Dechets Toxiques*. Paris: Sang de la terre.

Joshua Farley and Herman E. Daly. 2011. *Ecological Economics*: *Principles and Applications*. Washington: Island Press.

Fridtjof Nansen Institute. 1992. *Green Globe Yearbook*, 1992. New York: Oxford University Press.

Christoph Görg, Carsten NeShöver, and Axel Paulsch. 2010. "A New Link between Biodiversity Science and Policy." *GAIA 19* (October): 183 – 186.

Céline Granjou, Isabelle Mauz, Séverine Louvel, and Virginie Tournay. 2013. "Assessing Nature? The Genesis of the Intergovernmental Platform on

Biodiversity and Ecosystem Services (IPBES)." *Science Technology and Society* 18 (April): 9 - 27.

Peter Haas. 1990. *Saving The Mediterranean: The Politics Of International Environmental Cooperation.* New York NY: Columbia University Press.

Fen Osler Hampson. 1990. "Climate Change: Building International Coalitions of the Like-Minded." *International Journal* 45 (Winter): 36 - 74.

Christopher Hiltz and Mark Radka. 1991. "Environmental Negotiations and Policy: The Basel Convention on Transboundary Movement of Hazardous Wastes and "Their Disposal." *International Journal of Environment and Pollution* 1&2: 55 - 72.

Michael Jacobs. 1991. *The Green Economy: Environment, Sustainable Development and the Politics of the Future.* London: Pluto Press.

Alexander Charles Kiss, ed. 1983. *Selected Multilateral Treaties in the Field of the Environment. Vols. 1 and 2.* Nairobi: United Nations Environment Programme.

Rik Leemans. 2008. "Personal Experiences with the Governance of the Policy-Relevant IPCC and Millennium Ecosystem Assessments." *Global Environmental Change* 18 (February): 12 - 17.

Massachusetts Instituteof Technology, ed. 1992. *Environmental Impact Assessment Review.* Philadelphia: Elsevier (May).

Matt McGrath, "IPCC Scientists Accused of Marginalizing Poor Nations." BBC News site, April12. 2014; http://www.bbc.com/news/science - environment - 26996460.

Connie Ozawa. 1991. *Recasting Science: Consensual Procedures in Public Policy Making.* Boulder, CO: Westview Press.

Gareth Porter, Janet Welsh Brown, and Pamela S. Chasek. 2000. *Global Environmental Politics: Dilemmas in World Politics. 3rd Edition.* Boulder, CO: Westview Press.

Fred Powledge, 2006. "The Millennium Assessment." *Bioscience* 56 (November): 880 - 886.

William Ruckelshaus. 1983. "Science, Risk, and Public Policy." *Science* 9 (September) 1026 - 1028.

William Ruckelshaus. 1985. "Risk, Science, and Democracy." *Issues in*

Science and Technology 1 (Spring) 19 – 38.

Peter Sands, ed. 1992. *The Effectiveness of International Environmental Agreements: Survey of Existing Legal Instruments*. Cambridge: Grotius Publications Ltd.

Caroline Thomas. 1992. *The Environment in International Relations*. Chatham: Royal Institute of International Affairs.

Richard S. J. Tol. 2011. "Regulating Knowledge Monopolies: The Case of the IPCC." *Climatic Change 108* (September): 827 – 839.

UNEP News Centre. 2013. "IPBES Takes a Big Step for Biodiversity and Ecosystem Services." Nairobi: UNEP Press Release (January 28).

UNESCO, UNEP, and Scientific Committee on Problems of the Environment (SCOPE). 2011.

World Resources Institute. 1992. *World Resources 1992 – 93. Towards Sustainable Development*, RI with UNEP and UNDP. New York: Oxford University Press.

William Zartman. 1992. "International Environmental Negotiation: Challenges for Analysis and Practice." *Negotiation Journal 8* (April): 112 – 123.

第五章 议题联系的优点与缺点

条约的优劣取决于谈判者自身以及他们在条约制定过程中所表现出来的行为。了解条约的构建和实施的心理基础是有效环境外交的一个关键决定性因素。由于条约不是脱离实际的，条约谈判人员不停地在各国的一系列广泛议题上的可能优先事项之间进行利弊权衡。与人类行为的任何特征一样，谈判和利弊权衡是不可避免的。在这种情况下，有效谈判的一个关键属性是了解谈判者如何看待条约结构、谈判议程项目以及议题之间的内部和外部联系。

2013年，国际环境法与发展基金会（FIELD）推出了一篇相对晦涩、名为《所有参与制定新气候变化协议的主体的必读物》的法律评论文章。该文章由吉恩·加尔布雷思（Jean Galbraith）撰写，呼吁人们注意运用非理性行为的方法来理解条约中国家行为的重要性。在详细审查国际条约中的国家行为时，加尔布雷思审查了300项国际条约以考虑是何种因素促成合作行为的产生和特定条约机制的接纳。研究结果显示，国家的行事方式并不像许多国家行为选择模型所认为的那样"理性"，而是取决于心理学研究中所提出的人类个体行为的变幻莫测。例如，如果条约中有关于国际法院管辖权的默认条款和不参与条款，那么80%的国家会选择继续接受默认条款。然而，当条约中有关于选择使用国际法院管辖权的机会时，则只有5%的国家会接受条款。[1]

---

[1] Jean Galbraith, "Treaty Options: Towards a Behavioral Understanding of Treaty Design," 53 (2) *Virginia Journal of International Law* 309–364 (2013).

我们也可从博弈论的角度来考虑条约中共识建立的其他行为方面，其中"共同厌恶的困境"（例如对于共同环境损害的恐惧）可能催生合作行为。我们常常认为共同利益的困境会催生合作行为，但当存在如有限的市场机会等外部因素时，共同利益会导致竞争而不是合作。围绕环境和平建设开展的一些工作还提出，通过和平公园等现象将环境共识与更广泛的和平红利联系起来的可能性。[1] 虽然这种联系在环境条约的制定中并不常见，但在更广泛的外交活动中可能会错失将环境条约作为工具使用的机会。

当下，环境协定变得相当繁多复杂，以至于不可避免地会存在重叠领域以及一些潜在的抵牾。2013 年，R.E. 金姆（R.E. Kim）制作的详细的网络分析显示，在所研究的 747 份协议（从 1857 年至 2012 年）中，595 份（占比 80%）与另一份环境协议至少存在一个联系（引用或源于该协议）。[2] 此外，这些协议正与其他形式的国内法建立越来越多的联系，特别是在贸易法和与原住民相关的法律方面。在本章中，我们要考虑如何通过分析环境外交中出现的议题联系来处理这种复杂性，以及研判建立和打破议题联系的潜在的因素和隐藏的危险。

一 联系的困境

大多数全球环境条约的制定都需要数百名谈判者参与一场持续多年的对话，这场对话甚至涵盖数千个复杂的议题。不幸

---

[1] 有关这些过程的详细讨论，请参阅 Saleem H. Ali, ed. *Peace Parks: Conservation and Conflict Resolution* (Cambridge, MA: MIT Press, 2007)。

[2] Rakhyun Kim, "The Emergent Network Structure of the Multilateral Environmental Agreement System," 23 *Global Environmental Change* 980–991 (2013).

的是，大多数已发表的有关谈判的理论文章都假定只有两方主体在就一个议题进行谈判，或两个对手在进行持续的谈判。此外，大多数谈判理论学家关注的都是单一主体，即能够为自己说话并作出有约束力承诺的主体。然而，参与全球环境条约制定的主体并非一成不变。事实上，即使一方缔约者是国家领导人，在批准一项使其国家承担法律责任的条约时，他们也必须征求其他人（通常是国家的议会或国会）的意见和/或同意。为了制定全球环境条约，我们迫切需要一种更宽泛的谈判理论，这种理论需考虑到多方主体参与谈判一系列相关议题的事实。

为数不多曾撰文论述过多主体、多议题谈判的学者指出：①发起此类复杂的谈判要比传统的双方谈判困难得多，因为需要协调众多人员的关注点与时间安排；②由于利益相关者团体内部还存在冲突，对此类复杂的谈判而言，确定议程或达成可接受的协议会更为困难；③此类复杂的谈判通常需要一个强大且中立的调解人或主席进行精细化管理，以设计出一份有效的协议。在这三种情况下，看似完全不同的领域之间的联系对于谈判的成功至关重要。

把不情愿的一方带到谈判桌上的一个方法就是保证议程中有其极为关切的议题；事实上，这个议题可能需要被赋予一个优先位置，即其在议题清单上被确定为优先级。只有如此，才能为不愿谈判者提供充分的谈判动机。例如，中国和印度在关于是否加入《蒙特利尔议定书》的谈判之前，均坚持要求谈判的一个重点必须是发达国家向发展中国家提供额外的财政援助问题（以及发展中国家获得发达国家提供的技术援助问题）。

尽管联系有助于把不情愿的各方带到谈判桌上，但相对地，达成协议也会更加困难。随着议程内容的不断扩充，越来越多的国内利益集团希望或需要参与谈判,这使得各利益相关者的工作更加复杂。特别是在谈判最后一刻将议题列入议程之时,为了弥合现存漏洞的努力会在谈判中植入反对意见的种子,而反对意见往往会在正式批准协议时出现,此时认为自己被排除在外的谈判方就会要求给予其发表意见的机会。这些参与方甚至可能选择不参加谈判,因为其对议程不感兴趣,但当议程在最后一刻发生改变时,它们的利益又很可能受到不利影响。这些参与方可以合理抗议,即使要求在议程后期参与谈判这一主张看上去完全不切实际。

当任何一方都不愿意放弃各自最初的要求时,就会出现谈判僵局。经验丰富的调解人员达成协议的方式之一是私下向一方(基于其与其他方的受到法律保护的私下交谈)保证其要求的可能性。如果 A 方认为在第一个问题上(A 方的最高优先权)会得到它想要的结果,那么它很可能会给予 B 方在第二个问题上(B 方的最高优先权)其所需要的结果。通过利用双方对这两个问题的重视程度不同的事实,调解人员常常发现相比最后无法达成协议,更有可能达成对各方都有利的协议。

这种议题联系的机制令人望而生畏。想象一下:数百个参与者试图在谈判中影响议程的制定或议题的提出,任何一方都不愿太急于抛出自己的议题,因为担心其他人会利用自己对这个议题的支持来提出反对意见。如果我非常想要某样东西,而你知道这一情况,你也许就会利用这些信息向我提出更多超过你本来正常所得的要求——至少这是大多数人对谈判的看法。为了克服这个问题并避免陷入谈判僵局(即任何一方都不愿意透露哪些议题对自己最重要,或者自己在每个议题上真正愿意接受的是什么),中立方需要与每个利益相关方私下会面。在保密的基础上与各方玩"如果……将会怎样"的游戏，中立方可以制定一个议程或提出各方都可以接受的"一揽子提议"，而任何一方都不必宣布其所认为的真正优先事项。如果没有这种干预，多边谈判的各方就不太可能达成一项使共同利益最大化的有效协议。

关于多方谈判的研究表明，了解以下问题的答案很重要：何时增加议题或谈判参与者是有帮助的，何时扩大议程范围或会议规模会导致达成协议更加困难？哪些联系行为是正当的，哪些又会适得其反？条约谈判人员如何在利用议题联系优势的同时避免招致敲诈？议题联系是否会提升条约谈判（已经相当严重）的机制复杂性，并使谈判陷入困难？

在重新审视第一章所讨论的协议以寻求关于这些问题的更具体的答案之前，回顾一下关涉国际议题联系的一个最显著实例的持续进展也许会对我们有所启发。这个实例就是"债权—自然置换"（debt-for-nature swaps）。这些协定虽然没有采取多边条约的具体形式，却具有许多相同的特征（即各方必须就多项议题进行谈判，而这些议题则要求各国政府在环境与发展之间进行权衡）。

早期的"债权—自然置换"交易通常涉及两种类型的交易。第一种是国际环境组织、债务国政府及其中央银行之间就是否愿意将债务减少与资源节约或环境保护联系起来所进行的谈判。第二种则涉及地方保护团体并且重点关注环境保护协议的细节。

大多数早期的"债权—自然置换"是指由一个国际环境组织通常以极低的价格从一个债权人机构购处买一个国家的外债。国际环境组织使用债务票据与国家政府之间进行重新交易，通常情况下是以全额面值支付的。然后,政府通过发行本币债券为长期的保护工作提供资金支持。一旦这项工作完成,地方保护组织就与国家林业部或公园部以及国际环境小组的代表合作,制订详细的保护计划。在大多数情况下,地方保护组织与许多地方非政府组织签订分包协议,以执行协议的详细内容。

"债权—自然置换"的第一次交易是在1987年完成的,当时的玻利维亚在安第斯山麓的13.5万英亩贝尼生物圈保护区附近建立了3个总面积为370万英亩的"缓冲区"。[1] 政府拨出了25万美元的货币资金用于该地区的长期保护管理。作为交换,国际自然保护组织以10万美元的价格购买了价值65万美元的玻利维亚债务(债务面值的85%)。1987年,厄瓜多尔和哥斯达黎加也完成了交易。在这两次交易中,债务分别是按照65%和85%的折现率出售的。1989年,菲律宾、赞比亚和马达加斯加也完成了交易,美国国际开发署还参与了最后一次交易。

此后,新一代交易开始发展。双边和多边机构开始表示有兴趣充当中间人的角色,或以"保护抽身债券"的形式为现存债务提供信用增强业务或以"绿色债券"的形式为新贷款提供信用增强业务。多边开发银行利用保护抽身债券实现债务重组。如果银行同意"债权—自然置换",其可以通过有助于提高银行其他债务价值(与捐赠金额成比例)的担保形式来增强信用,绿色债券也提供类似的服务:增强对同意因被指定用于融资保护的债券而承担新债务的银行的信用。

此外,最近的交易倾向于开展更大规模的政府间交易。巴

---

[1] Robert Deacon and Paul Murphy. "The Structure of an Environmental Transaction: The Debt-for-Nature Swap," 73 (1) *Land Economics* 1–24 (1997).

黎俱乐部（包括美国在内的 17 个国家）已同意开展"债权—自然置换"交易。如果此交易能够全面实施，巴黎俱乐部将提供超过 33 亿美元的资金来帮助波兰进行环境治理。波兰计划规定，这部分被免除的债务 100% 体现为以当地货币支付的赠款，而这笔赠款用以资助环境项目。巴黎俱乐部还免除了波兰 350 亿美元的外债，以奖励波兰的经济改革方案，并帮助支持这一民选的团结政府。①

在"债权—自然置换"中，环境和债务这两个截然不同的议题是相互联系的。与任何议题的联系一样，将它们结合起来不仅扩大了谈判的范围，而且也提升了谈判的复杂性和失败风险。此外，外债隐含着一种依赖，而这种依赖从某种程度而言具有政治敏锐性，由此导致"债权—自然置换"备受争议。然而，将这两个议题联系起来有助于让那些原本拒绝认真对待这一议题的国家能够认真地看待环境保护。总之，"债权—自然置换"之所以成功，是因为其对环境保护提供了必要的动力，而债务减免则提供了解决国际利益冲突的手段。

对于"债权—自然置换"而言，国际社会并非没有批评的声音。从一些政治观察家的观点来看，这种交易不亚于一种新形式的"生态殖民主义"。② 来自发达国家的"外国人"通过破坏地球脆弱的生态系统来发展工业经济，现在他们试图通过限

---

① 最近的"债权—自然置换"涉及主权国家之间的交易。与私人组织不同，政府扮演着核心角色。参见 Michael S. Sher, "Can Lawyers Save the Rainforest? Enforcing the Second Generation Debt-for-Nature Swaps," *Harvard Environmental Review* 17 (1993)，从中可以了解更多关于波兰的"债权—自然置换"政策和其他政策的细节。

② 该术语是由为《经济学人》撰稿的记者弗朗西斯·凯恩克罗斯（Frances Cairncross）所创。参见 "Costing the Earth: Survey on the Environment," *Economist* (September 2, 1989) 以及作者随后出版的同名书。

制发展中国家的发展来解决"他们"的环境问题。批评者断言，他们之所以能够如此做，是因为他们利用发达国家自己所创造的经济依赖性，即发达国家通过为发展中国家提供不可能偿还的贷款的方式来实现发展中国家对发达国家在经济上的依赖性。此外，批评者认为，通过操纵利率和资本流动，发达国家已经出现了快速的通货膨胀，造成发展中国家无法偿还其所欠的贷款。与此同时，发达国家继续向发展中国家提供贷款（以高利率为代价），以阻止贫穷的债务国利用其贸易收入发展经济，并以较低的价格索取更多的发展中国家的自然资源。

  一些债务国声称，它们累积的债务是不合法的，因为这些债务是经由专制的军事政权谈判而强制其承担的，或是国际货币基金组织将其作为其他援助的先决条件而强加给自己的。简言之，批评者质疑这类国际债务的基本合法性，认为在大多数情况下，所有这类旧债务都应该被免除。

  发展中国家的长期债务是否合法，国际非政府组织是否应该干涉发展中国家的国家预算优先事项，这显然是每个国家都需要解决的问题。玻利维亚总统何塞·萨尼（José Sarney）最初对1988年提出的"债权—自然置换"持怀疑态度。他认为，仅仅为了满足发达国家的环境利益而向玻利维亚施压，要求其停止开发土地是不公平的。不过，在听说这项交易将免除玻利维亚65万美元的外债，给予玻利维亚——并非国际环境组织——在做出保护决定方面的领导地位，并为玻利维亚作为世界上最大的保护区之一而争取到永久性资金之后，他签署了这项协议。

  在其他"债权—自然置换"的安排中，我们可以看到一系列的联系议题。例如，荷兰政府在与哥斯达黎加的协议中规定，以任何方式产生与购买武器有关的贷款所导致的债务将被排除在外。一些拉丁美洲国家的原住民群体提议，"债权—自然置换"应以承认其领土要求为条件。甚至有一些团体建议，应利用"债权—自然置换"去打击国际毒品贸易，向古柯种植者提供奖励，促使他们将土地用于环境保护。尽管在多边谈判中可以联系起来的议题的数量或类型没有内在的限制，但后勤问题和战略考量因素会造成谈判障碍。然而，归根结底，"债权—自然置换"清晰地阐释了一个道理：在正常情况下，不相关的议题之间可以有出人意料的联系。我们可以通过将"议题联系"这一概念应用于更广泛的环境外交领域以取得相类似的良好效果。

二 谈判算术课

议题联系可以从 3 个方面促进国际环境谈判成功。首先，一方可通过增加一个议题为另一方提供额外的优势，从而给另一方提供一个赞同的理由。其次，一方可通过增加一个议题使其他各方进入谈判，也有可能抵消一个反对联盟的力量（通过扩大有利于达成协议的联盟的规模）。最后，增加一个议题可以将谈判的机制中心转移到一个新的有利于执行的地点。这些对于议题联系的应用涉及联盟的创建和改进。

《谈判的艺术与科学》（1982）的作者霍华德·雷法（Howard Raiffa）和《海洋法谈判》（1984）的作者詹姆斯·塞贝尼乌斯（James Sebenius）强调了对议题的"加"和"减"进行正确排序的重要性。[①] 随着议题的增加或减少，不仅谈判团体的数量发生了变化，而且战略联盟也发生了改变。如果有目的地增减议题，且所有谈判方都支持这一做法，那么这一行

---

① 详见 James Sebenius, "Negotiation Arithmetic: Adding and Subtracting Issues and Parties," *International Organization* 37 (Spring 1983)。

为可对全球环境条约谈判的成败产生影响。如果这种行为以非计划的方式发生，或者没有关键相关利益者的支持，那么就可能破坏协议达成的前景。

一般来说，增加或减少议题（和参与方）的目的是创造"附加值"。这是通过利用各方对谈判议程上议题的不同重视程度来实现的。根据雷法和塞贝尼乌斯的说法，谈判方可以通过增加新的议题来"扩大可能达成的协议范围"。它们可以通过增加或减少一个议题来强化一个联盟或击败一个反对联盟。最后，它们可以通过增加或减少议题来增强双方的谈判承诺。接下来的两部分将分别描述前述两种策略是如何影响过去全球环境条约谈判的。

（一）增加议题

1975~1984年的海洋法谈判是有关如何通过议题联系扩大协议范围的经典范例。尽管在他们增加议题的同时，任务的难度也增加了。但是通过将深海采矿议题列入更为传统的海洋问题议程，海洋法谈判人员能够创造更多的附加利益，工业化国家倾向于建立一个"允许它们在商业基础上开采海底矿藏"的体系。发展中国家则希望有一个"国际机构担任海底矿藏资源的唯一开采者"。在这两种情况下，对许多国家来说，开采共同海底矿藏资源与利用、控制海洋方面的其他关切紧密相连。在深海采矿议题上，通过将两个陷入僵局的议题联系起来，谈判方得以打破谈判僵局。

正如塞贝尼乌斯所描述的那样，海洋法会议上约90%的议题已经得到解决。但仍有几个关键议题尚未得到处理。其中一个是财务安排议题。即有关对国家和公司为获得海底采矿权而筹集的资金的分配问题，以及关于费用、特许权和利润分享的问题。潜在的矿业国家意识到深海采矿的不确定性,由此倾向于一个较低的利润支付水平,而发展中国家的代表则希望支付高额的、固定的和刚性的价款。在国际海底管理局所应承担的资金责任方面,发达国家和发展中国家也存在分歧。发展中国家希望获得高比例的长期无息贷款,而发达国家希望建立一个贷款体系,以对新公司从商业来源处获得的资金形成补充。这将减少发达国家对启动海底矿藏资源的开采所应投入资金的总额。通过将这两个议题联系起来,即选择一个强调长期和无息贷款的灵活制度,谈判僵局得以打破。因此,当事双方能够就两个议题达成协议,而如果将议题分别处理,那么这两个议题均将是不可调和的。

非捕鲸国家参与《国际捕鲸管制公约》说明了谈判方数量的增加是如何削弱反对联盟的力量的。20世纪70年代,非捕鲸国家的力量稳步增长,并在1982年,随着关于所有鲸鱼种群捕捞零配额的决定通过,这一力量达到了顶峰。① 在这之前,非捕鲸国家联盟经常收集大量赞成票来阻止反对联盟,但他们未能成功阻止捕鲸国对全面暂停捕鲸的反对。

在19世纪70年代和80年代早期,非捕鲸国家和保护组织试图说服更多的非捕鲸国家加入国际捕鲸委员会(IWC),以获得实施暂停捕鲸活动所需的3/4的多数票。首先,在国际捕鲸委员会拥有观察员(无投票权)地位的国家的数量从19世纪70年代中期的5个增加到1981年的11个。慢慢地,代表(来

---

① Bruce Stedman, "The International Whaling Commission and Negotiation for a Global Moratorium on Whaling," in *Nine Case Studies in International Environmental Negotiation*, edited by Lawrence E. Susskind, Esther Siskind, and J. William Breslin. (Cambridge, MA: MIT-Harvard Public Disputes Program, 217pp, 1990).

自投票国和观察国）的席位增加了。最后，在零配额政策通过时，国际捕鲸委员会会议有 190 名代表。在 1970~1976 年，出席会议的代表人数年均只有 77 名。在 1970~1982 年，来自非捕鲸国家的代表的人数增加了 8.5 倍以上，而来自捕鲸国家的代表的人数只增加了一倍。缔约方数量的相对增加削弱了反对联盟的力量。

《蒙特利尔议定书》试图通过向发展中国家提供补偿来强化发展中国家停止排放氟氯化碳的承诺的落实。补偿金源于世界银行（以及后来的全球环境基金）所管理的资金。卡罗琳·托马斯（1992：234）指出，如果七十七国集团的补偿请求以"污染者付费"原则为基础（即向发达国家基金提出财产索偿请求，而索偿的是与氟氯化碳排放所造成的损害相等的财产），而不是像它们那样要求"免费"更换氟氯化碳替代品，它们可能会做得更好。因此，七十七国集团要求 3.5 亿美元，并以此作为不生产氟氯化碳的代价，然而对过去损害的全额赔偿可能已经大大"超过了开发新技术的成本"。选择正确的议题来构造联系至关重要。

（二）减少议题

减少议题的一个关键原因是使谈判更易于管理。与早先的海洋法谈判一样，关于气候变化谈判结果是否应该以一种全面的"大气立法"的方式来呈现，人们对此进行了长达多年的讨论。然而，在长达 10 年的条约制定过程中所遇到的困难足以表明，在一项公约中涵盖气候变化所有问题所需的成本远远超过这种全面性所带来的好处。

议题联系有助于克服海洋法谈判中关于协议达成环节所面临的障碍，但该条约的全面性也是其未得到美国、英国和其他国家正式批准的原因之一。尽管这些国家非常喜欢该条约所提供的内容，但他们不愿意接受协议中关于深海采矿的内容。因此，减少议题是赢得支持的一种手段。

从一系列更宽泛的议题中减去本身没有达成明显共识的议题可以提升条约的支持率。1992年《联合国气候变化框架公约》没有就减少二氧化碳排放量的时间表和目标达成协议，但仍有152个国家签署了该公约。许多情况相同的缔约方能够就逐步淘汰氟氯化碳达成协议，包括时间表和目标。然而，在《蒙特利尔议定书》谈判中，缔约方从未认真讨论过对能源生产征收碳税的应用前景。如果能源碳税作为逐步淘汰氟氯化碳（如果没有现成的其他替代品的话）的一种资助手段被列入谈判议程，《蒙特利尔议定书》会得到更加广泛的支持。

一项面面俱到的协议可能会难以达成，因为大量的议题被添加到了谈判之中。扩大所讨论的议题范围有助于提升形成互利贸易的可能性，但谈判人员很快也会意识到如此行为会承担过多的风险。归根结底，可控性比提升额外共同收益的理论前景更为重要。

必须指出的是，在逐条条约的基础上，议题的增加和减少可能不再会产生如前所述的效果。今后，可能有必要同时审议一系列条约，甚至有必要在一个更大规模的涵盖发达国家和发展中国家的全球谈判的背景下审议个别条约。波特和布朗（1991：148）认为，与目前的渐进式方法不同，这种策略可能是制定环境制度的整体方法中的一部分。尽管这样的谈判并不一定可以仅在一次会议上就能制定出一项协议的全部或部分内容，但发达国家和发展中国家双方很可能需要建立一种新的总体伙伴关系，这种关系可以将各种议题和谈判原则综合到一次谈判中。

一种新的发达国家和发展中国家的伙伴关系可以平衡发展中国家做出的承诺，特别是对于巴西、墨西哥、中国和印度尼西亚所做出的承诺。这种发达国家和发展中国家的关系能够促使发展中国家的经济发展计划更符合发达国家的环境问题需求，条件是发达国家也要同意某些对发展中国家发展非常重要的经济援助、贸易和发展目标。例如，发展中国家可以承诺采用更为可持续的方式来管理资源，尽力遏制人口增长，分担减少温室气体排放的大部分责任，并允许公众更多地参与到国家环境决策中。就发达国家而言，它们可以承诺结束发展中国家的资本外流（通过增加官方发展援助和免除债务），进一步向发展中国家开放其国内的制成品市场，在优惠的基础上提供先进技术，并遏制带有浪费性质的高额人均消费，特别是指浪费能源的消费。

其中一些承诺可以体现在关于可持续发展的未来协议中，发达国家和发展中国家双方在协议中作出对等的承诺。另一些协议的承诺可能需要以其他协议的达成为前提。例如，波特和布朗认为发展中国家可以要求发达国家减少其人均能源消费，并以此作为发展中国家限制其人口增长的利益交换。这意味着，未来全球能源条约的实施效果可能取决于能否降低某些发展中国家的人口增长水平。

只有在能够实现更为复杂的政策联系的情况下，新的发达国家和发展中国家的谈判才能在早先失败之处取得成功。未来的环境协议可能必须以前所未有的方式与有关资金流动、贸易和债务的明确承诺建立联系。例如，关于《关税及贸易总协定》的谈判困难重重，可能需要与可持续发展和全球资源管理条约的实施联系起来才能有更多成功的希望。

三　联系理论

1979年，美国前国务卿亨利·基辛格（Henry Kissinger）写道：

> 我们坚持认为，要实现超级大国之间关系的进步，就必须要立足于雄阔的视野之上。在我们看来，世界各地的事件都是相互关联的。更何况，苏联的行动身影已出现在世界的不同地方。我们的思考前提是，把问题分成不同的部分进行处理会促使苏联领导人相信他们可以在某一个领域中将合作视为一种安全价值，并同时在其他地方谋求单边优势。我们认为这种做法是不可接受的。①

基辛格主张在"雄阔的视野"之上处理议题联系，这是他赞同联系概念的另一种描述方式。苏联人谴责这项政策，莫斯科当局认为，"每个议题都应该根据具体特点来进行处理"。尽管当苏联人非常渴望达成某种意图时，他们也使用了这种方法。事实上，联系是传统政治策略的一种变体："你给我我非常想要的东西，我也会给你一些重要的东西作为交换。"立法者们一直以"施之以李，报之以桃"为基础加以运作，但请注意，在大多数相类似的情况下，它们交换的是对方想要的东西。

---

① Henry Kissinger, *White House Years* (Boston: Little, Brown, 1979), p. 129, 这句话引用自 Michael McGinnis, "Issue Linkage and the Evolution of Cooperation," *Journal of Conflict Resolution* 141 – 170 (March 1986)。

正如基辛格所做的那样,这种联系涉及一方希望从另一方处得到让步的交易(例如,"除非苏联犹太人可自由移民,否则拒不提供信贷和贸易")。单边交易不会创造价值,尽管它们自身在交易中起决定性作用。在谈判理论中,从对双方都有利的交易角度去思考,议题联系的概念会更有效。

当谈到联系时,谈判理论家认为其并不是一种条件限制。不会增加"馅饼的尺寸"的"如果—那么"声明可能对一方有所帮助,但它们不会"创造价值"。当谈判环节的某些参与者将所有议题联系起来,并制定出一个能提供更多他们想要的结果的方案时,他们增加了待分配利益的总价值。那么,问题就变成何种议题联系是最有用的,而何种议题联系又会妨碍多边协议的达成。恩斯特·哈斯(Ernst Haas)(1980:374)在关于这个问题的经典著作中,谈到了"借助一些智力策略将议题打包"。他建议,通过一些功能性的连接创建一个合法的议题包裹,这意味着完全不相关的议题不应该被联系起来,因为两者之间不存在因果关系。他接着说道:"只有在合作中所获得共同收益的可能性存在并被认可时,(关于因果关系的)知识才能使合作行为合法化。"因此,所有谈判者都必须察觉到拟议的议题联系可发挥作用的优势(或至少不会造成损失)。而且,其他无关问题之间的联系也必须为谈判各方所接受。在我看来,确定这种议题之间的因果关系并帮助谈判各方接受它们是调解人最重要的任务。

在所有关于持续性(而不是一次性)谈判关系的最著名的研究中,当各方努力满足与他们谈判的人的利益时,合作就会逐步深化。然而,满足感是感知的一种结果:"我会试图说服你,特定的一揽子计划对你是有好处的,但归根结底,这只关乎你的想法而不是我的想法。"进而言之，有些联系或一揽子计划对你来说是不可接受的，因为它们对你的意义与对我的意义是不同的。因此，议题联系可以通过一方为另一方提供额外的利益来帮助缩小条约谈判中各方之间的差距。不过，只有当所有各方都认为交易对他们来说是增值的时候，议题联系才能发挥缩小各方差距的作用。此外，议题之间通常需要通过某种功能或因果关系来确立合法性，而这种情况下，合法性问题完全是旁观者的看法。

四　处理敲诈或勒索的威胁

一方提出的一揽子方案总是存在被另一方视为敲诈或勒索的风险，诸如"除非你在第 1 个议题上给我想要的结果，否则我不会在第 2 个议题上同意你的提议"之类的表述。这类表述传达出一个信息：它们不是一种有用的、能够创建联系的方法。在双方看来这种策略肯定不会创造价值，而且，从实际上看，这是一种消极的谈判或威胁。尽管，谈判中的一方有时可能通过发出（可信的）此类威胁来获得某些优势，但在这受损的关系中，获益方要付出惨痛的代价。在制定环境条约时，通过敲诈或勒索其他缔约方来赢得对一项公约的支持，可能意味着执行该条约时将更为艰难，因为不情愿的缔约方随后会寻求报复。除了武力之外，敲诈或勒索是另一种没有任何合理性的联系方式。从被敲诈或勒索的一方主体的立场来看，问题不在于议题提供了什么，而在于议题不存在吸引人的选择，被敲诈或被勒索方的权利正在被剥夺。未获得双方均同意的强行联系总是近乎敲诈或勒索。

不断通过联系寻找额外价值的行为存在风险，因为它可能会创造一种罗杰·费舍尔所形容的"吝啬的谈判环境"：在这种环境中，即使在满足了双方的基本利益之后，双方也总是会坚持索要更多的利益。如果一方拒绝接受它们手头上的"有利"协议，而倾向于达成一个从理论上看更为有利的结果，这种坚持可能会弄巧成拙。一些鼓励寻求共同利益（同时排除敲诈或勒索）和避免出现过度吝啬的谈判环境的基本规则，是指导制定全球环境条约的必要条件。调解人经常花费相当多的时间帮助各方接纳这些基本规则。而且，调解人在劝说各方停止索求一个更"有利"的协议方面发挥了重要作用。

罗杰·费舍尔和斯科特·布朗（Scott Brown）在《汇聚》（1988）一书中提出了这种基本规则；他们关心的是良好谈判关系的建立。更进一步，他们关注相互满意的谈判关系建立中的关键因素。这些包括："接受"（"不管区别有多大，都要认真对待"）、"说服"（"依靠说服而不是强迫""用理性平衡情绪"）、"可靠性"（"完全值得信任，而不是完全信任"）、"沟通"（"在决定之前一定要先经过商议"）、"理解"（"了解其他人是如何看待问题的"）、"一致性"（"利用上述因素使各方之间实现和谐的局面"）。对于参与全球环境条约谈判的各方，我们想不出有什么比前述还要更好的建议。在未来处理彼此关系方面，将要持续打交道的各谈判方应以更容易而不是更难的方式进行互动。事实上，各方应该更加重视彼此之间关系的强化，而不是以牺牲其他人为代价从而取得短期胜利。全球环境条约的制定让相同的国家一次又一次地聚集在一起，以牺牲其他国家为代价的短期胜利肯定会使未来的谈判更加困难。

但需要注意的是，当且仅当"议题包裹"是由双方协商达成时，与议题相关的内容才与费舍尔和布朗的建议相一致。此外，参加条约谈判的各方有权期望得到本来就属于他们自身的利益。因此，先行取消所有国家的（主权的）权利，继而只恢复接受环境条约的国家的这些权利，这是不恰当的。联系应主要用于创造其他手段不能达到的额外的共同收益，而不能作为威胁或剥夺他国已有权益的手段。

五 管控复杂性

20世纪70年代，七十七国集团经联合国大会通过，开始倡导建立"国际经济新秩序"（NIEO）。这场拟议中的经济革命伴随着对发达国家和发展中国家未来关系所进行的长达10年的辩论，而且联合国还在努力制定一项全球经济发展战略。尽管发达国家不想加入NIEO，但发展中国家仍然没有放弃提议的目标：增强从发达国家向发展中国家的资本流动，扩大发达国家与发展中国家的技术共享范围，降低发达国家对发展中国家工业化产品的贸易限制，以及保证提高发展中国家出口到发达国家的原材料价格。联合国大会确实通过了一项决议，呼吁工业化国家每年将其国民生产总值的0.7%用于官方发展援助工作，但美国和其他几个主要发达国家从未接受这一决议。然而，现在关于发达国家和发展中国家关系和世界经济发展战略的辩论与实现可持续发展的全球工作交织在一起。如果发展中国家把实现早先的经济目标作为其参与到集体应对环境威胁中的交换条件，那么全球在环境方面的所有进展都将停滞不前。然而，如果发展中国家的目标能够与发达国家实现环境保护和可持续发展的努力在战略上（也许"有机地"是一个更好的表述）联系起来，那最终就可能为持续的全球合作提供动力。

全球环境基金的设立以及发达国家为执行全球环境条约所

提供的大量额外发展援助的承诺，这些都是代表朝着新方向迈进的成果。1992年地球高峰会议的最大成就可能是扩大了全球环境基金的任务范围，以及很少有人注意到的对其管理结构进行修改的承诺。[1] 通过全球环境基金提供的资金援助仍必须是针对具体项目的，但它是作为一种补偿，即基金应该向发展中国家支付其努力履行《蒙特利尔议定书》《联合国气候变化框架公约》和其他条约规定的义务时所面临的费用开支。资金将被分配给全球环境基金科学技术咨询委员会所批准的具体项目。例如，关于《联合国气候变化框架公约》，发展中国家可以提议开展植树造林项目、能源保护计划或使用环境友好技术建造新的发电设施。全球环境基金将努力确保所有的资助项目都符合减少温室气体排放的目标。当然，在决定应当如何分配每年10亿美元或更多援助资金时，全球环境基金必须在众多项目中作出选择，而所有这些项目都至少要达到相关条约所规定的最低目标。

对全球环境基金所列举的联系安排持批评态度的人认为，补偿和贿赂之间没有什么区别。只要发达国家确信全球环境基金的资金支出以通过技术要求的国家和项目满足了条约要

---

[1] 当全球环境基金从一个多年的试验过渡到一个正式的机构时，其结构仍处于讨论之中。在地球高峰会议上，根据有线新闻网在巴西广播上的对全球环境基金执行主任所进行的采访，南方国家被承诺在决定全球环境基金拨款时"会有更大的发言权"。随后其与全球环境基金下属工作人员的谈话表明，个别项目仍将由全球环境基金"科学技术咨询委员会"进行详细审查，实际拨款将由一个咨询委员会（由受援国组成）和三个有关机构（世界银行、联合国开发计划署和联合国环境规划署）共同表决。对于有关贷款机构在协调其环境政策和经济发展目标方面所遇到困难的更为完整的分析，可参见 Raymond F. Mikesell and Lawrence F. Williams, *International Banks and the Environment: From Growth to Sustainability: An Unfinished Agenda* (San Francisco: Sierra Club Books, 1992)。

求为前提，发达国家将会继续注入资金。然而，如果发展中国家执意取消所有附加条件（例如，认为对拟议的项目进行独立的科学审查是不适当的，或者应该根据需要而不是根据项目提案向每个发展中国家分配全球环境基金的援助），那么迄今为止所取得的建设性联系将会丧失。发达国家只需拒绝继续做出贡献即可。确保区分援助与贿赂的方法就是确保双方都能接受这种联系的合法性。此外，全球环境基金只应资助那些有机会在体制和财政上进行长期自我维持的项目。发展中国家必须接受一定程度的条件限制，发达国家既要增加全球环境基金的拨款额度，又要为每个发展中国家或区域的总体拨款设定最低目标和标准。

除了可能导致的援助与贿赂的混淆之外，议题联系带来的另一个风险就是增加了复杂性。每当环境保护主义者建议全球环境条约的制定应与其他谈判联系起来时，例如世界贸易组织的前身，即《关税及贸易总协定》，我们的第一个反应就是条约中议题联系的复杂性将难以处理。然而，在仔细研究这一论断后，就会发现这种论断是站不住脚的。1947年起草的《关税及贸易总协定》，直到1995年才被世界贸易组织吸收。在此期间，《关税及贸易总协定》规制了大多数的世界贸易活动；《关税及贸易总协定》成为一系列不断发展的协议的基础，而这些协议将通过多轮贸易"回合"——对于协议而言，"回合"具有明确的里程碑意义——逐步地进行谈判。本轮最新的谈判，即多哈回合谈判，本应在2013年前完成。该谈判的滞后并非将环境关切与世界贸易谈判联系在一起所造成的复杂性所致，而是由于受到了一些冲突的阻碍，其中包括美国和欧洲之间关于农业生产补贴是否适当的问题。事实上，有关贸易和环境方面的文献流派越来越多,并制定了将贸易和环境联系起来的重点协议,例如《与贸易有关的知识产权协议》(TRIPS),是这方面的重要例子。[1]

对世界大部分地区来说,贸易惯例决定了自然资源的使用方式。然而,一轮又一轮的贸易协定谈判几乎没有考虑到其对环境所产生的影响,也没有考虑到贸易协定谈判为强化全球环境条约的重要目标所提供的机会。这一问题可部分地归咎于,世界贸易组织的机制和工作重心回到了环境问题无关紧要的时代。从历史上看,《关税及贸易总协定》仅被某些公司和贸易协会团体所关注,这些公司团体致力于经济增长、利润最大化和持续性放松管制。此外,贸易谈判在大多数情况下是秘密进行的。每一轮的结果都令关心环境的人们感到惊讶。

世界贸易组织的目标很明确:尽可能减少或取消进口限制。然而,减少或取消进口限制会使企业更容易迁移到遵守环境法规且成本最低的地区,从而破坏污染控制措施。这种趋势阻碍了正在争取新投资的发展中国家刚刚起步的环境监管工作,反而鼓励各国降低各自制定的环境法规的可行性。通过控制国家限制重要资源和商品出口的权利,世界贸易组织间接取消了各国有效管理资源的重要监管工具。世界贸易组织谈判代表希望消除所有的"非关税贸易壁垒",即他们希望减少或避免环境监管。美国和欧洲的许多环境倡议因此已经受到抨击,然而我们还没有看到世界贸易组织的任务与纳入全球环境条约的承诺之间的冲突将如何解决。一种可能的方法就是制定谈判附属协

---

[1] 有关环境协定中贸易与环境联系的更多细节,参见联合国环境规划署的 *Trade-Related Measures and Multilateral Environmental Agreements.* (Nairobi: UNEP, 2007)。

议，如克林顿总统提出的那些提高北美自由贸易协定可接受性的协定。他曾建议，在批准"附属协议"之前，美国国会不应批准《北美自由贸易协定》，这将迫使墨西哥加强其环境法规的制定并确保其执行。这同样可以阻止美国公司越过墨西哥边境，逃避美国已经实施的污染控制条例对其应有的规制。因此，1994年，根据一项名为《北美环境合作协定》（NAAEC）的附属协议，"环境合作委员会"成立了。《北美环境合作协定》的出台经过了深思熟虑，它规定任何个人或非政府组织在未能有效执行各自的环境法规时需提交一份声明。随后的过程就是提交有关各方未有效执行环境法规的事实记录。①

欧洲法院曾处理过相类似的冲突案件，但是自由贸易的需求和环境保护之间的相互冲突仍然是属于国际法中一个尚未有确定规则的领域。例如，1990年，欧洲法院裁定丹麦违反了其对欧洲经济共同体其他贸易伙伴的义务，因为丹麦通过了一项减少废物排放的条例，要求所有啤酒和软饮料都要使用可回收的容器出售。为了确保有足够的系统来有效回收废旧容器，丹麦规定只有经丹麦环境保护局批准的容器才能上市销售。欧洲经济共同体的其他成员国与零售业协会都反对这一规定，它们抱怨在丹麦建立回收系统的成本太高。这些反对方主张有权出售包括一次性啤酒罐在内的不可回收容器。欧洲法院承认丹麦的条例实际上没有对贸易施加限制，但是最后却得出结论认为，这一要求所有容器销售商建立回收系统的再利用条例意味着进口商要承担相较于国内生产商而言更为高昂的成本。最后，法院认为丹麦的再利用条例

---

① 1994~2014年，"环境合作委员会"已向秘书处提交了84份文件。如需获取更多详细信息以及所提交文件和记录的公共档案，请访问CEC网站：www.cec.org。

不符合自由贸易原则。① 这个案例出现在《马斯特里赫特条约》（该条约将环境关切放在与欧洲共同体内部发展目标相一致的层面）签署之前，但这种冲突肯定还会再次发生。

为了避免将来再次出现这类问题，应允许环境与贸易之间存在更多的有机联系，由此需要对世界贸易组织的若干规则进行修正。条约的长期目标应是确保贸易要求与环境条约目标相一致，并确保各国扩大贸易的机会与它们履行环境条约义务的意愿相联系。《蒙特利尔议定书》《濒危野生动植物种国际贸易公约》《巴塞尔公约》都指出，贸易制裁应该是一种执法工具。然而，现有的世界贸易组织协定没有正式承认这一点。显而易见地，这种制裁的效力将取决于有关国家的总体经济能力（以及具体项目对有关经济体的重要性），但即使如此，这种制裁的适当性不应受到质疑。目前，以歧视的方式来发动贸易制裁的做法可能是非法的。处理这种议题联系复杂性的方法就是在修改世界贸易组织协议时明确规定歧视制裁的违法性，这可能需要单独的一轮"绿色"谈判才能完成。

尽管与贸易有关的议题具有更强的执行力，而且常常出现在国际关系的"高层政治"中，但人们越来越担心"软"环境法和日益壮大且充满活力的民间社会组织之间缺乏联系。其中许多组织都有自己的身份，虽然它们以前可能在联合国系统内已被降为"观察员"，但现在却获得了更大的谈判权。自2007年《联合国土著人民权利宣言》通过以来，土著人民作为重要的国际参与者，其在此类事务中的崛起尤其重要。2010年经过

---

① *Commission of the European Communities v. Kingdom of Denmark*, Case 302/86, *Report of the Cases Before the Court*, vol. 8 (Luxembourg: Office for Official Publications of the European Communities, 1988).

多轮辩论和意见交换，美国同意支持《联合国土著人民权利宣言》的出台，这为在这一领域探索制定更多的多边参与规则铺平了道路，并有助于形成更多的实践经验。虽然这可以说是国际上最为公众所知的处理土著人民权利的行动，但世界银行集团的国际金融公司的可持续性框架亦阐明了该公司除其他目标外，还做出了要提高土著人民福祉的战略承诺。在该框架下，国际金融公司土著人民指南绩效标准7规定："承认不同于国家社会中占主导地位群体的身份，他们往往是人口中最边缘化和最脆弱的群体。他们的经济、社会和法律地位往往限制了他们捍卫自己土地、自然和文化资源的利益和权利的能力，并可能限制他们参与社会发展和从中受益的能力。他们容易受到外来的伤害，特别是在他们的土地和资源被外来侵略者改造、侵占或是严重退化的时候。他们的语言、文化、宗教、精神信仰和制度也可能受到威胁。这些特点使土著人民面临不同类型的风险和严重的干扰，这些风险包括自身身份、文化和以自然资源为基础的生存环境的丧失，同时还有遭受贫穷和疾病的风险。"

国际金融中心在2012年1月[①]发布的现行标准中要求国际金融中心客户在项目可能会对土著居民产生不利影响时适用《实现自由、优先和知情的准许》（FPIC）的概念与规定，具体情形包括：

——对传统所有的或拥有习惯用途的土地和自然资源的影响；

——迫使土著人民离开其传统所有的或拥有习惯用途的土地和资源；

[①] International Finance Corporation, Performance Standard 7-Indigenous Peoples (2012), World Bank Group. Available at www.worldbank.org.

——对维系土著人民特征和/或与其生活密切相关的文化、仪式或精神性因素所必需的关键文化遗产产生重大影响。

土著人民也非常善于通过"集体权利"的概念将其议题与最有可能引起国际关注的议题联系起来：正如美国环境保护署前谈判代表李·夏普所指出的，这种方法"从战略上旨在将人权、土著权利和地球权利联系起来，最终将这些权利赋予普通法法院"。[1] 与固有的关于生态忠诚的浪漫主义观点相反，许多土著群体直接挑战国际环境协议。近年来特别令人感兴趣的是，土著人民不愿意接受联合国减排计划（减少由于毁林和森林退化所增加的排放量）的一些规定及其在发展中国家中所推动实施的附加方案。土著人民关心的是，在许多情况下，基于市场的措施与减排战略之间的联系将使他们处于不利地位。[2] 因此，需要找到一条建设性的道路，将土著人民在森林生态系统中维持可持续生计的关键愿望，和减少导致气候变化的温室气体的排放的保护工作的商品化相联系，而且这条道路的确定需要一个非常谨慎的态度。议题联系一开始可能看起来对全球环境治理很有效，但是，议题联系的复杂性使得其有效性在一个多元化的治理体系中很可能无法实现。因此，致力于议题联系的环境谈判人员也应该准备好次优解决方案，以期获得各方的认可。[3]

---

[1] 李·夏普于2014年2月14日通过电子邮件与作者沟通。关于土著人民接受人权法方式的讨论，参见 Kristen Carpenter and Angela Rile, "Indigenous Peoples and the Jurisgenerative Moment in Human Rights," 102 *California Law Review* 173 – 234 (2014)。

[2] 关于土著人民对此问题的详细讨论，参见 Annellie Fincke, *Indigenous Peoples and Climate Change/REDD: An Overview of Current Discussions and Main Issue* (Gland, Switzerland: IUCN, 2010)。

[3] 民主和多元社会环境治理中的次优方案的潜在优势可以追溯到 Amartya Sen, "The Impossibility of a Paretian Liberal," 78 (1) *Journal of Political Economy* 152 – 157 (1970)。

多边谈判成功的一个关键因素是具备通过巧妙地增加议题和谈判方来实现协议范围扩大的能力。同样地，谈判者应该意识到，减少议题和谈判方也有着很好的效果，特别是当积压的议程过多而导致管控问题的出现时。

适当的谈判规模和范围，以及议题联系的应用，取决于为了应对阻碍共识所作的努力而需要的联盟规模。议程的改变必须征得所有利益相关方的同意。当谈判达成一致意见时，任何联系都是可以接受的。当对谈判产生疑问时，必须"根据每个议题联系的优点"去论证联系的可行性，即支持该联系的一方必须证明议题之间存在功能性或因果性的关系，或者证明曾有具备这种合法化联系的先例。否则，各谈判方可能会拒绝建立这种联系。检验拟议的联系是否可被接受的关键在于这种联系对各方之间长期合作关系的影响。

敲诈或勒索的威胁会破坏各谈判方之间的关系。即使敲诈者、勒索者在谈判中得逞，但在执行条约时，一个获得不义之"胜"的国家也很可能无法落实对该条约的执行。敲诈或勒索是指单方面用威胁手段所实施的强夺行为。与之相反，联系则必须建立在双方互惠互利、合作共赢的基础上。后者才是合乎法律规定的。

小的或实力较弱的谈判者可以通过建立战略联盟（即形成反对联盟）来增强其谈判实力。例如，如果七十七国集团团结一致，也许能够成功推动长期存在的南北议程。然而，谈判组织机构和秘书处将需要越来越多的管理人才加入进来，以应对新的全球谈判协议的形成所需的多层次谈判，并同时对条约进行逐项讨论。

参考文献

Saleem Ali ed. 2007. *Peace Parks: Conservation and Conflict Resolution.* Cambridge, MA: MIT Press.

Frances Cairncross. 1993. *Costing the Earth: The Challenge for Governments, the Opportunities for Business.* Cambridge, MA: Harvard Business Review Press.

Kristen Carpenter and Angela Rile. 2014. "Indigenous Peoples and the Jurisgenerative Moment in Human Rights." *California Law Review* 102: 173 – 193.

Robert Deacon and Paul Murphy. 1997. "The Structure of an Environmental Transaction: The Debt-for-Nature Swap." *Land Economics* 73 (1): 1 – 24.

Annellie Fincke. 2009. "Indigenous Peoples and Climate Change/REDD: An Overview of Current Discussions and Main Issues." Gland, Switzerland: IUCN. 42pp.

Roger Fisher and Scott Brown. 1988. *Getting Together.* Boston: Houghton Mifflin.

Jean Galbraith. 2013. "Treaty Options: Towards a Behavioral Understanding of Treaty Design." *Virginia Journal of International Law* 53: 309 – 364.

Ernst B. Haas. 1980. "Why Collaborate? Issue-Linkage and International Regimes." *World Politics 32* (April): 357 – 405.

International Finance Corporation. 2012. *Performance Standard 7-Indigenous Peoples.* Washington D C.: World Bank Group.

Rakhyun Kim. 2013. "The Emergent Network Structure of the Multilateral Environmental Agreement System." *Global Environmental Change 23*: 980 – 991.

Henry Kissinger. 1979. *White House Years.* Boston: Little, Brown and Company.

Michael McGinnis. 1986. "Issue Linkage and the Evolution of Cooperation." *Journal of Conflict Resolution* (March): 141 – 170.

Raymond F. Mikesell and Lawrence F. Williams. 1992. *International Banks and the Environment: From Growth to Sustainability-An Unfinished Agenda*. San Francisco: Sierra Club Books.

Gareth Porter and Janet Welsh Brown. 1991. *Global Environmental Politics*. Boulder CO: Westview Press.

Howard Raiffa. 1985. *The Art and Science of Negotiation*. Cambridge, MA: Belknap Press.

James Sebenius. 1983. "Negotiation Arithmetic: Adding and Subtracting Issues and Parties." *International Organization 37* (Spring): 281 – 316.

James Sebenius. 1984. *Negotiating the Law of the Sea*. Cambridge, MA: Harvard University Press.

Amartya Sen. 1970. "The Impossibility of a Paretian Liberal." *Journal of Political Economy 78*: 152 – 157.

Michael Sher. 1993. "Can Lawyers Save the Rainforest? Enforcing the Second Generation Debt-for-Nature Swaps." *Harvard Environmental Law Review 17*: 151 – 224.

Bruce Stedman. 1990. "The International Whaling Commission and Negotiation for a Global Moratorium on Whaling." In Nine Case Studies in International Environmental Negotiation, edited by Lawrence E. Susskind, Esther Siskind, and J. William Breslin. Cambridge, MA: MIT-Harvard Public Disputes Program.

Caroline Thomas. 1992. *The Environment in International Relations*. Chatham: Royal Institute of International Affairs.

United Nations Environment Programs. 2007. *Trade-Related Measures and Multilateral Environmental Agreements*. Nairobi: UNEP.

第六章 面对主权的监督与执行

相较于国际条约的其他任何方面，监督和执行条款更可能引发争议。在环境领域，将监督条款纳入全球协议主要是为了发现和惩罚不遵守条约的国家。然而，即使条约的所有缔约国都尽其所能，那些促使其制定条约的威胁因素可能也不会减少。例如，如果对问题的分析结果是错误的，或者解决问题的方法不充分——由科学家们的错误计算、政客们解决得太少，或是问题发生了重要的转变所导致的——那么最后的结果将是令人失望的。因此，制定监督条款还有其他原因，包括更多地了解这一威胁，决定如何调整临时标准和目标，以及了解如何增强条约效力。

由于单纯的强制执行不一定会产生预期的结果，所以以合适的方式对履约情况进行监督是非常重要的，这种监督方式可以加强我们对所涉生态系统的了解，并促成体制性努力以实现缔约各方所寻求的结果。合规性监督的重点是收集惩罚不合规行为所需的信息；为实现这些目的而进行的监督需要收集和分析不同种类的信息，有时这些信息是由不同的主体来收集和分析的。

一 技术和法律方面的困难

环境条约中的大多数监督机制都是为了减少任意国家隐瞒故意违约行为或从故意违约行为中获利的可能性，但这一目的的实现在技术与法律层面上存在诸多阻碍。对一次专家会议的回顾审查揭示了其中一些阻碍，该会议设计了处理不遵守《蒙特利尔议定书》行为的方案。① 29 个国家和 6 个国际组织的代表出席了 1989 年在日内瓦举行的这次特别会议。联合国环境规划署环境法处代理处长主持了这次会议，但缔约方选择了签署国之一的英国的代表担任会议主席。由于没有标准化的监督和执行规定，谈判方像通常情况一样被迫自行制定监督执行规定。

工作组主席在其介绍性发言中强调，违约问题的后果"可大可小：大是因为违约是一个越来越重要的问题，工作组的努力很可能在国际法领域开创先例，而小是因为违约只是《蒙特利尔议定书》中一个单独的小问题"。② 他建议这次会议只关注《蒙特利尔议定书》中特有的违约问题。

来自委内瑞拉和中国的代表担任小组副主席，一名瑞士代表当选为报告员（这些人之前从未合作过）。小组讨论的重点是美国、荷兰和澳大利亚提交的书面提案以及塞内加尔、西班牙和日本之前提交的评论意见。他们只有几天的开会时间，也只有相隔几个月的两次会议机会来准备提议书。

工作组得出了一系列结论：①避免拟定一个非必要的复杂监督系统是十分重要的；②用于处理违约行为的程序应当是非

---

① 法律专家特设工作组召开关于《蒙特利尔议定书》违约行为的第一次会议的报告发表在《环境政策和法律》第 19 期第 147～148 页（1989 年 9 月）。请注意，1991 年对 100 多项环境协定的审查显示，只有 3 项协定有正式的国际执行规定，而这些协定不涉及对主权领土的干涉；如果有的话，其余的协定也主要涉及有关国家立法和司法行动的要求。大约 1/3 的协定建立了争端解决程序，超过一半的协定需要正式的例行数据交换。见 *International Agreements to Protect the Environment and Wildlife*（Washington, D. C.：U. S. International Trade Commission, 1991）。

② 该陈述载于会议主席帕特里克·塞尔（Patrick Szell）（英国）所做的会议报告。

对抗性的；③缔约方须将其关切的问题向条约秘书处登记后方可按照违约程序采取行动；④双边和集体回应应当适当；⑤拟议的程序不应以任何方式改变或破坏议定书所依据的《维也纳条约法公约》的基本条款；⑥必须坚守保密性；⑦秘书处应是行政机构，而非司法机构；⑧秘书处应汇编所有必要的数据；⑨可能违约的早期迹象应由秘书处通过行政行动或通过缔约国之间的外交接触加以解决；⑩关于违约的决定只能由条约缔约国全体会议作出。上述结论同样适用于许多全球环境条约监督和执行条款的设计。

工作组考虑成立一个违约委员会，以便迅速应对缔约国提出的申诉。这一点对一些参与谈判的成员很有吸引力，因为它将减少诉诸正式仲裁或国际法院的需要，但工作组大多数成员担心，违约委员会将承担不适当的司法职能。一些成员认为，没有必要设立这样一个委员会，因为秘书处可以处理这些事务；此外，设立一个超国家机构来审查数据是绝对不为各国所接受的。另一些成员则表示，必须预先概述针对违约行为将采取的具体行动。还有一些代表明确表示他们宁愿行动不明确，而将所有决定事项交由缔约方大会自行决定。

最后，工作组得出结论认为，成立一个违约委员会也许是可以被接受的，但前提是它必须处理通过秘书处提交给它的问题。他们提议成立一个由缔约方会议选出的 5 名成员组成的委员会。工作组强调，违约委员会不应履行任何司法或准司法职能。所有关于对记录在案的违约情况的决定必须由缔约方全体会议作出。

关于应如何通过新的违约规则这一问题，大多数成员赞成使用已经确定的程序来修改《蒙特利尔议定书》的条款。这将使受新制度约束的所有成员都能提出自己的意见，并且一旦完成表决，规则将立即生效。另一些成员则担心对被否决的少数派的可能影响，以及具有强制性的违约规则的前景。他们希望该小组不提出具体建议。最后，工作组讨论了通过一项补充调解程序的可能性。一些成员表示补充调解程序也许是可取的，但他们并不认为应将其列入优先事项。

在1989年专家会议的互动过程中产生的许多关键冲突至今仍困扰着几乎每一项环境条约的制定工作。设计（更不用说实施）守约监督程序的努力取决于可信数据的可获得性。获取此类信息的前景受到极大的限制，特别是受限于不得侵犯国家主权的要求。在设计监督规定（即使是那些只涉及定期自我报告的规定）时，与制定有关违约行为的制裁措施或其他对策一样，主权都是一个需要考虑的因素。由于国际法规定了主权权利，所以，监督履约情况、确定违约主张的准确性、惩罚经证实的违约行为或责令违约方采取补救行动的一切行为都必须由条约缔约国自愿接受。因此，几乎所有的全球环境条约的监督和执行条款都如此薄弱也就不足为奇了。

日内瓦会议还说明了程序问题如何成为制定有效监督条款的障碍。这些问题主要包括如下内容：核查违约控诉的技术困难；如何建立必要的联盟，以便在获得有关违约行为的文件后对违约者施加压力；决定谁应拥有起诉权和追究违约者责任的困难。与《濒危野生动植物种国际贸易公约》和《国际捕鲸管制公约》相关的监测和执法经验还凸显了其他方面的监督难题。

《濒危野生动植物种国际贸易公约》第八条和第九条规定由缔约方自行监督和执行。一国要成为《濒危野生动植物种国际贸易公约》的缔约国，必须设立一个或多个该公约所规定的为野生动植物贸易颁发特别许可证和资格证书的管理部门。此外，缔约国还必须建立适当的科学机构。每一个缔约国必须利用其管理机构和科学团队收集的数据，提交关于其执行《濒危野生动植物种国际贸易公约》情况的年度报告。最后，缔约国必须同意采取措施惩罚交易和持有受管制物种等行为，并将受管制物种送回出口国。

《濒危野生动植物种国际贸易公约》第十一条、十二条和十三条规定了秘书处在监督和执行该公约条款方面的作用。秘书处应酌情"提请公约缔约方注意"，并就执行情况提出建议。当秘书处认为《濒危野生动植物种国际贸易公约》的规定没有得到有效执行时，有权"审查"有关资料并向缔约方提出建议。然而，缔约方没有遵守秘书处建议的义务。每一缔约方均有权对《濒危野生动植物种国际贸易公约》各附录所列的所有物种实行"预定保留"（每个附录的保护等级都有不同要求）。如果缔约方实行预定保留规则，则就该特定物种而言，该缔约国被视为《濒危野生动植物种国际贸易公约》的非缔约国。

秘书处向各缔约方（根据他们提交的数据）发布一份关于涉嫌违约行为的报告。该报告向当事成员方提供了一些事例记录，这些事例中可能有重大违约行为。虽然该报告描述了为逃避公约条款履行的明显意图，但其只是作为促使各方作出回应的一种提示。此外，秘书处的报告只涉及秘书处直接参与的案件，不包括由缔约方直接处理的违规行为。

《濒危野生动植物种国际贸易公约》要求缔约方设立一个专家组，在个案的基础上监督和实施大象种群的保护降级。一些非政府组织以及受影响的国家提供了专家小组的候选人名单。

专家组最重要的工作是提出降级标准。这些标准用于确定大象种群的状况、保护措施的有效性、象牙贸易管制的充分性、反偷猎措施的有效性以及合法和非法捕获的动物总量是否处于可持续的状态。

然而，专家组的提议只是对各方的建议。简言之，没有方法验证任何违约控诉。专家组可以发挥重要作用，但没有起诉权；秘书处也没有这种权力。任何人都没有责任确保记录在案的违约行为得到纠正。

《国际捕鲸管制公约》设立了国际捕鲸委员会，以确保适当和有效地保护和发展鲸鱼种群。然而，《国际捕鲸管制公约》基本上没有赋予委员会强制执行的权力。《国际捕鲸管制公约》第九条规定，委员会成员应采取适当措施执行条约，并惩罚在其管辖下的船只和人员的违法行为，通常是对他们处以罚款。缔约国应当向委员会报告所有的违法行为。

除了捕鲸国之外，国际捕鲸委员会的自我执行机制从未让任何国家满意过。《国际捕鲸管制公约》没有说明何时、何地或如何报告违法行为（尽管国际捕鲸委员会提出了报告要求）。每年委员会都会报告一些违法行为，提出对"错误"的合理解释（以及偶尔的惩罚），委员会也会要求违约方防止违法行为的再次发生。

根据1972年颁布的一项国际观察员计划，捕鲸国的观察员被安排在其他捕鲸国的船只上。国际捕鲸委员依旧会根据所有捕鲸国的提名来任命这些观察员。观察员有权监督所有捕鲸设施和操作过程，但他们使用的标准并没有得到广泛传播。此外，国际捕鲸委员会没有任何机制来回应对违规行为的指控，因为这些指控都是由违约方自行报告的，所以并无可争议之处。用一位长期任职的观察员的话来说,就是缺乏更为独立的监督能力导致了"毫无野心的计划法案"。① 也就是说,由于限制只能通过捕鲸国的协议来实施,集体行动仅限于态度最为冷淡的缔约方可接受的限制措施。非政府组织的非正式报告则持续表明,仅有部分国家报告了违反条约的情况。②

迄今为止,使国际捕鲸委员会规约得到遵守的最有效手段是实施单边经济制裁,特别是美国实行的制裁措施。1970年,美国将世界上最大的8种鲸鱼列入其濒危物种名单,禁止进口相关产品。为保护这8个物种,1972年美国《海洋哺乳动物保护法》确立了一个法律框架(采用了一种更全面的"生态系统方法",与国际捕鲸委员会采用的逐鲸"种群评估"方法截然不同)。此外,美国国会的其他行动还明确,可酌情禁止从会"削弱国际渔业计划效力"的国家进口渔业产品。这些国家在美国领海内的被允许捕捞分配量至少减少了50%。美国的这种措施已被证明是一种有效的制裁工具。尽管在缔约国违反条约时,美国并没有利用这种工具推动救济措施的开展,但美国曾多次利用这一威胁说服日本、中国和韩国遵守《国际捕鲸管制公约》。

---

① 斯泰德曼(Stedman)表示这一说法来自 A. Underdal, *The Politics of International Fisheries Management*: *The Case of the Northeast Atlantic* (Oslo: Universiteforlaget, 1981),后被引用,见 Steinar Andresen, "Science and Politics in the International Management of Whales," 13 (2) *Marine Policy* 99 – 117 (1989)。

② J. H. Ausubel and D. G. Victor, "Verification of International Environmental Agreement," 17 *Annual Review of Energy and Environment* 11 (1992),与斯泰德曼相比,他们对遵守捕鲸条约的情况不那么悲观。1992年1月发表的一份总审计办公室(美国国会)报告得出结论:"国际环境协定没有得到很好的监督。" GAO/ACED – 92 – 43。

"局外人"没有资格起诉那些被控违反《国际捕鲸管制公约》的国家。然而，在国际层面，澳大利亚等成员国已成功在国际法院对日本违反《国际捕鲸管制公约》诸多规定的行为提起了诉讼。总的来说，那些认为鲸鱼资源没有得到妥善管理的国家并无其他选择，它们只能支持国际捕鲸委员会的保护工作。从某种意义上说，这种支持是有帮助的，因为其可强化国际捕鲸委员会在作为一个有意义的监管机构方面的效用。然而，类似冰岛这样对国际捕鲸委员会的工作不满的捕鲸国家也有权退出条约。事实上，它们可以随时另建一个独立的组织来管理捕鲸活动，并继续以此为威胁。尽管美国的单边行动在过去有效地迫使各国接受了它们原本会拒绝的捕捞配额，但挪威自行恢复了商业捕鲸活动，而且是在国际捕鲸委员会仍然实行零捕捞配额的背景下。虽然近年来，国际捕鲸委员会制定了一项修订管理计划（RMS），该计划考虑到了某些鲸鱼种群的成功"回归"，并且从逻辑上讲，将实现对特定区域某些鲸鱼种群的有控制的捕捞，但是国际捕鲸委员会成员国（支持捕鲸方和反对捕鲸方之间）的持续分裂导致该计划仍旧无法运行。

大多数条约的执行依赖于自行报告。如果一个国家拒绝提交委员会所需的报告，或拒绝独立验证报告的准确性，执行就会受阻。如果没有独立的监督数据，就可能无法证明一个国家（或非政府组织）对另一个国家的控告是准确合理的。事实上，如果没有关于一个国家或组织违法行为的书面证据，要建立一个强大到足以迫使一个违约国家改变其违约行为的组织是非常困难的。

除了要发现和惩罚违约者或"搭便车"者之外，还有一些经常被忽视但仍然是要加强全球环境监督的非常重要的理由。

例如，必须查明各国实际上是否有收集条约所要求资料的能力，或是否能够及时完成对数据的必要分析。记录这些方面的困难可以确保向有需要的国家提供充分的技术援助或培训。

切纳兹·西拉布库斯（Chenaz Seelarbokus）在其2014年的文章中对数据收集未果（由各国政府报告的数据缺口所致）、数据分析未果（由秘书处不能或不愿进行必要的研究所致）以及利用现有数据进行有效管理未果（通常是未能在基础条约中采用管理视角所致）作了区分。[①] 这3种类型的问题都应该引起我们的关注。

如果要在迅速变化的政治和生态环境中实现条约监督和执行这一目标，就必须解决这3个问题。

条约收紧机制，如《蒙特利尔议定书》中的"棘轮"程序，或最初提议纳入《京都议定书》的"减压阀"程序（即如果稳定温室气体排放的成本高于缔约方的预期，则允许其调整排放目标或时间表）取决于可靠的监督机制。问题是，缔约国不仅会试图掩盖违约行为，而且会设法掩盖其监督不力的事实。他们这样做是为了避免引起注意。如果他们承认自己监管不力，可能会引发外部技术专家的调查，而这反过来又可能引发意外的违法行为。虽然监督报告也可能导致对条约中不合理要求的重大修改，或使更多的技术援助或财政资助分配给所需国家，但这并不足以鼓励国家之间加强合作。

尽管遥感数据的使用一度被质疑为对国家主权的侵犯，但有时可以使用卫星对国家监测报告进行复核。近年来，卫星遥

[①] Chenaz Seelarbokus, "Assessing the Effectiveness of International Environmental Agreements (IEAs): Demystifying the Issue of Data Unavailability," *SAGE Open* (January-March 2014).

感在了解气候系统及其变化方面取得了重大进展。然而，除非以不违反主流主权观念的方式对涉嫌违约行为进行核实，否则无法解决这种违约问题。面对这种阻力，尽管我们可能有收集必要证据的技术能力，但是行动起来还是较为困难的。[1]

《蒙特利尔议定书》处理违约行为工作组在阻止秘书处独立调查事实或进行裁决方面花费了很大力气。《濒危野生动植物种国际贸易公约》和《国际捕鲸管制公约》也将其秘书处限制在相对被动的任务中。如果秘书处的检察责任受到限制，那么，谁应该从事适当的调查工作或与被控违法的成员就采取补救行动进行谈判呢？当一项条约的缔约成员超过 100 个，有几千名代表参加缔约成员大会，就不可能开展有效的讨论，更遑论深思熟虑的行动了。归根结底，启动旨在让违法者采取补救措施的双边会谈的所有重担都会落在个别国家身上。但遗憾的是，并不总是会出现一个能够承担这一责任的强大国家。此外，尚不清楚任何一个国家将如何找到追踪违约者所需的数据，也不清楚考虑到南北关系的现状，世界其他国家是否希望强大的经济大国发挥这样的监督作用。西拉布库斯认为，国际能源机构秘书处没有报告所需的环境数据，这是因为其"缺乏官方的授权，面临严重的管理挑战，且没有从管理绩效的角度看待自己的责任"[2]。如果秘书处采取这一观点，监督、执行和制度管理方面的改进将从何而来就不得而知了。

---

[1] Jun Yang, Peng Gong, Rong Fu, Minghua Zhang, Jingming Chen, Shunlin Liang, Bing Xu, Jiancheng Shi, and Robert Dickinson, "The Role of Satellite Remote Sensing in Climate Change Studies," 3 *Nature Climate Change* 875 – 883 (September 15, 2013).

[2] Seelarbokus, "Assessing the Effectiveness of International Environmental Agreements (IEAs): Demystifying the Issue of Data Unavailability," 76 – 95.

除了上文所提到的问题外,还存在其他一些因其特定背景而影响到特定条约的问题,例如与测量排放量和资源利用水平有关的问题。这些问题主要涉及技术和经济方面,而非政治层面,但却亟待解决。一些科学家和工程师认为,根据大多数环境条约,在所有适当的地点安装适当的监测设备以跟踪监督大多数国家的执行情况并不困难,但问题在于需要确保这些设备正常工作。另外,建立这种系统的成本将是巨大的。

此外,仅仅追踪监督缔约成员的行为是不够的。条约执行背景或所谓的"环境"条件方面的变化也必须得到定期评估,以确保其他(自然和人类)力量不会与缔约成员的努力相抵触。最重要的问题不是缔约成员的行为,而是条约的目标是否正在实现。例如,定期监督《伦敦倾废公约》缔约成员的海洋倾倒活动,不足以评估该条约的效力,还必须持续、全面地评估海洋水质和水生生物的总体状况。这类更广泛的监督是联合国环境规划署全球环境监测系统(GEMS)最初构想的一部分,但目前还不可能达到这一数据收集水平。这种系统监督不仅超出了联合国的财政能力,而且远远超出了联合国环境规划署被赋予的政治任务。

最后,最精细的监测系统即使可以有效运作,这也不一定能证明一旦发现损害应采取的行动。完善的监督也无法迫使违约国或使违约国有能力扭转其造成的不利影响。例如,如果一个国家明确允许某个地区遭受有毒废物的污染——这违反《巴塞尔公约》——它可能不具备完成清理工作的工艺、技术或资金。再如,美国花费了150多亿美元,耗时30年的时间试图清理数千个受污染的超级基金场地,结果却发现自身并不具备完成这项任务所需的知识和意志。由此可以想象贫穷的国家在发现损害时能够有效应对的可能性又有多大呢？

考虑到这一系列的障碍，可能很难理解为何要竭力将监督和执行条款纳入全球环境条约。答案是大部分国家在大多数时间里都遵守着自己签署的大部分条约，这令人出乎意料。关于这一答案的真实性问题，则成为一些理论争论的根源。

二　履约理论

关于如何最大限度地保证国际条约的遵守，争论大多集中于有关威慑违约的直接技术与鼓励履约的间接技术的利弊上。大多数国际关系专家认为，各国将不可避免地为自身利益行事，有关自我利益的认知提示我们一个道理，那就是每个国家都是国际经济和政治关系网的一部分。违反这些关系的核心准则和承诺将不可避免地导致自身被孤立，或者更糟的是被逐出国际俱乐部。因此，所有国家都明白，履行条约义务才能长久地实现其最大利益。

与此同时，许多民选领导人和环保人士认为，必须要扩大国际法的适用范围，降低国家主权的重要性，增强世界性组织的执法能力。1989年《海牙宣言》呼吁建立一个全新的具有执法权的全球立法机构。这可能是过去30年来，加强关于全球环境问题的国际权威的最深远尝试了。海牙会议有24个国家参加。会议由法国提议并在荷兰和挪威的帮助下组织推进。但是像美国、苏联、中国和英国等主要政治和经济大国都没有参加这次会议。

《海牙宣言》呼吁制定新的国际法原则，"包括新的和更有效的决策和执行机制"。《海牙宣言》还呼吁增强联合国的机构权威。最重要的是，它提议不再必须经过全体同意就能作出具有约束力的决定,且国际法院将对遵守联合国提出的条约拥有管辖权。尽管有 30 多个国家签署了这项宣言,但现在这项宣言已逐渐淡出人们的视线。

《海牙宣言》是由国家元首签署的,这表明至少在某些情况下,他们愿意接受主权被削弱,并愿意服从于"超国家实体为国际社会的利益而作出的非一致性决定"。[1] 其他提议——扩大关于管理全球环境条约执行情况的国际法的范围——又向前更进了一步。美国环境保护署前副总法律顾问伊迪丝·布朗·维斯(Edith Brown Weiss)提出了"对子孙后代的行星权利和义务宣言",该宣言阐述了代际公平的原则。同样,雅克-伊夫·库斯托(Jacques-Yves Cousteau)收集了 400 多万份请愿签名,以支持联合国教科文组织在 1997 年通过的"后代权利法案"中的五项原则"(《当代人对后代人的责任宣言》)。[2]

库斯托"后代权利法案"中的五项原则是:①子孙后代有权拥有一个未受污染和未受破坏的地球,并有权享受地球作为人类历史、文化和社会纽带的源泉,使每一代人和每一个人都成为人类大家庭的一员;②共享地球的遗产和资源的每一代人,作为后代的受托人,都有责任防止对地球上的生命以及人类自由和尊严造成不可逆转和不可弥补的损害;③因此,每一代人的首要责任是,持续警惕和审慎地评估对地球生命、自然平衡和人类进化产生不利影响的技术干扰和变化,以保护人类后代的权利;④应当采取包括教育、研究和立法在内的一切适当措

---

[1] 希拉里·F. 弗伦奇(Hillary F. French)强调了《海牙宣言》的"革命性本质","After the Earth Summit: The Future of Environmental Governance," Worldwatch Paper 107, (Washington, D. C.: Worldwatch Institute, 1992), p. 35。

[2] Malgosia Fitzmaurice, David M. Ong, and Panos Merkouris, *Research Handbook on International Environmental Law* (Cheltenham: Edward Elgar, 2010).

施,以保障这些权利,并确保这些权利不因当前的权宜之计和便利而被牺牲;⑤因此,需要敦促政府、非政府组织和个人以富有想象力的方式落实这些原则,就好像我们力求保护和延续其权利的后代子孙就在我们面前一样。如果这些原则成为国际成文法的一部分,想必它们可以通过国际法院的强制执行得到实现。更重要的是,每个国家的环境保护团体都可以借助该宣言来证明它们要求加强国内环境立法的主张的正当性。

来自苏联的国际法专家亚历山大·季莫申科(Alexander Timoshenko)认为,国际法体系中也应该增加"生态安全"的理念。这种理念将承认环境保护是人类生存的一个条件,并使整个国际社会对实现这一理念担负责任。这一理念可以追溯到1972年斯德哥尔摩人类环境大会的倡议,即"人类遗产"应得到法律承认,非政府组织有权对各国政府侵犯这一遗产的权利发起挑战。根据季莫申科的提议,各国有义务防止"对地球造成严重有害的人为影响"。他呼吁应在国际"生态安全守则"中加入表述精确的、立法明确的生态责任原则(至少涉及终止有害活动和损害赔偿)。①

维斯、库斯托、季莫申科和《海牙宣言》的大多数缔约国都希望在国际法中建立一套全球资源管理原则和义务体系,使多边组织、非政府组织和世界法院能够取代主权国家从而获得某种基本的权力,而这种基本的权力指的是对直接影响主权国家的裁决所拥有的最终决定权。如果这项新法律生效,各国将面临越来越大的压力,包括必须满足现有的条约要求、对自身

---

① Alexander Timoshenko, "Ecological Security: Response to Global Challenges," *Environmental Change and International Law: New Challenges and Dimensions*, ed. Edith Brown (Tokyo: UN University Press, 1992).

监测报告进行独立审查并遵守所有国际环境条约的任务规定。不过，这并不能消除强制执行的问题，因为它回避了另一个问题，即联合国或任何其他国际机构将如何阻止违约或违反任何其他原则的行为。

试图削弱国家主权的稳固防护是不太可能的。相反，正如艾布拉姆和安东尼娅·查耶斯（Antonia Chayes）所说的，"无强制执行的履约"更有意义。① 不以遵守条约为主要目的的监督和不依赖于实施制裁或报复的强制执行，更有可能为条约成员国所接受。指引成员国们遵守条约，但不依赖于改写国际法的间接机制，更有可能迅速并可靠地产生理想的执行结果。

罗杰·费舍尔在其著作《改善对国际法的遵守》（1981）中，区分了促使各国尊重现行规则的内部因素，以及促使各国在被发现违约后改变行为的因素。费舍尔将一级履约行为（尊重常规规则）归因于明确的自身利益和规则制定程序的公平性。他并不认为武力或惩罚的威慑性不重要，而是淡化了这一点。费舍尔将二级履约行为（愿意改变违法行为）归因于用于证实违法指控的方法的合法性、国际要求与国内法的协调性、国际机构的普遍接受性、事先制定的有关救济办法的精确规则，以及执法机构有效实施违法制裁的能力。在实现促进全球环境条约得到有效遵守方

---

① 履约的理念最初提出于 Abram Chayes and Antonia H. Chayes, "Adjustment and Compliance Processes in International Regulatory Regimes," in *Preserving the Global Environment: The Challenge of Shared Leadership*, ed. Jessica Tuchman Mathews (New York: Norton, 1991), 和 Abram Chayes and Antonia H. Chayes, "Compliance without Enforcement: State Behavior under Regulatory Treaties," 7 *Negotiation Journal* 311 - 330 (July 1991)。随后，他们出版了 *The New Sovereignty: Compliance with International Regulatory Agreements* (Cambridge, MA: Harvard University Press, 2009)。后一本书更多地介绍了各种制裁措施的优点和实现更高透明度的方法。

面,这些因素中有几项可以发挥更大的效用。

正如艾布拉姆和安东尼娅·查耶斯所指出的,《联合国宪章》第七章规定由安全理事会实施强制性经济或军事制裁,例如,在1990年伊拉克袭击科威特后所实施的制裁。然而,自1945年以来,这类措施已被执行了20多次;但是,正如艾布拉姆和安东尼娅·查耶斯在他们对条约制定的大量研究中所发现的那样,这种制裁措施从未真正被用于确保条约的遵守。这些措施只是为了惩罚那些在国际社会看来做出了不可接受行为的"恶棍国家"。目前,暂未出现全球环境条约秘书处赢得安全理事会批准,对甚至是一再违反环境条约的行为实施禁运、封锁或武装干预的实例。此外,艾布拉姆和安东尼娅·查耶斯认为,将不履约国踢出条约的惩罚制度实际上是自欺欺人的,这种制度只会使其他缔约国更难实现其环境目标。

正式制裁的威胁有可能产生威慑作用,但这一点并没有得到有效的证实。正如托马斯·谢林(Thomas Schelling)和其他人所解释的那样,威慑理论要求威慑具有可信度。[1] 鉴于过去几十年的经验,特别是涉及违反全球环境条约的情况时,这种可信度是很难具备的。因此,即使国际法的范围扩大了,非政府组织也具备在国际法院起诉违约者的资格,但仍无法确定必要制裁措施的执行者。因此,学习如何利用间接因素促使各国从自身利益出发遵守条约似乎更为重要。

简·曼斯布里奇(Jane Mansbridge)在她的著作《超越自我利益》(1992)中指出,利己主义常常被狭隘地理解为自私自利。曼斯布里奇和她的同事们证明,社会稳定始终以"合作

---

[1] Thomas Schelling, *Strategy of Conflict* (Cambridge, MA: Harvard University Press, 1981).

和共识为基础，而不仅仅是存在于交换或冲突之中"①。出于对原则性论点的信服，各国在大多数时候接受并遵守条约要求，尊重其他国家提供的证据，保持对"共同利益"的责任感。无论我们将其称为利他主义，还是将其视为定义利己主义的另一种方式，都有助于解释为什么各国在短期内施行不利于自身的行为，但从长远来看却对自己（和其他国家）是有益的。

罗伯特·阿克塞尔罗德（Robert Axelord）在《合作的进化》（1987）一书中解释了理论难题的另一个重要部分。他和其他博弈论者已经证明，随着时间的推移，竞争参与者之间的关系将趋向于合作，因为每个个体都意识到相互支持的关系带来的利益大于自私自利可能带来的短期益处。埃莉诺·奥斯特罗姆（Elinor Ostrom）将这一观点扩展到共享环境资源领域。在《公共事物的治理之道——集体行动制度的演进》（1990）一书中，她非常明确地阐释了，即使没有强大的中央政府的干预，集体为何以及如何以公平的方式来分享维护"公共资源"的利益和成本。② 长期以来，所谓的公地悲剧一直阻碍人们去思考为什么各国在符合其短期利益的情况下有可能会背弃多边协定，事实证明并不能基于公地悲剧理论来预测各国是否会遵守全球环境条约。不能指望缔约国们在大部分时间都会遵守条约，但如果奥斯特罗姆是对的，缔约国们甚至会主动制定合作协议，因为短期的经济考虑对它们而言不如长期稳定和政治互惠重要。

除了开明的利己主义之外，还有其他几个非强制性因素可

---

① Jane J. Mansbridge, *Beyond Self-Interest* (Chicago: University of Chicago Press, 1992).

② Elinor Ostrom. *Governing the Commons: The Evolution of Institutions for Collective Action* (Cambridge: Cambridge University Press, 1990).

以解释自愿遵守。这些因素包括财政激励、相关政策承诺以及面向未来的承诺。正如赵继民在其关于中国遵守《蒙特利尔议定书》情况的研究报告中所述,中国履行了减少消耗臭氧层物质的义务,部分原因是该议定书的多边基金提供了资金,以帮助中国实现1999年的冻结目标和2005年的减排目标。[1]

总的来说,正如艾布拉姆和安东尼娅·查耶斯所指出的,这些间接措施的局限性在于,其实现有赖于相关体制中的其他成员提供资金并进行管理,毕竟没有任何一个国际组织拥有筹集资金的征税权力或使用资金的政治权力。而且,真正获得其他国家的承诺捐款也很困难,尤其是在经济衰退时期。

在20世纪90年代初,多用途的全球环境基金(简称GEF)的成立表明,国际社会正在努力解决其中的一些问题,并努力使用财政激励措施促使遵约变得更为容易。全球环境基金启动于1990年,为期3年。从启动之时到现在,该基金已经为165个国家的3690个项目拨款125亿美元、融资580亿美元。该基金最初由法国提议作为向发展中国家提供资金和技术援助的一种手段,旨在帮助这些国家应对由温室气体排放导致的气候变化、国际水域污染(由溢漏和废物积累引起)、由自然栖息地的退化造成的生物多样性破坏以及平流层臭氧的消耗。

全球环境基金最初的运行预算目标是13亿美元:8亿美元用于核心信托基金,3亿美元用于按高度优惠条件提供的资助,另外2亿美元则按照《蒙特利尔议定书》的规定,用以帮助发展中国家逐步完成淘汰破坏臭氧层物质的任务。有24个国家

---

[1] Jimin Zhao, "Implementing International Environmental Treaties in Developing Countries: China's Compliance with the Montreal Protocol," 5 *Global Environmental Politics* 58–81 (February 2005).

（其中 9 个为发展中国家）在 1992 年之前为核心基金认捐了 8 亿美元。2014 年，30 个国家共承诺捐赠 44.3 亿美元。

在地球峰会上，日本、德国、法国、美国、英国和加拿大承诺在今后几年里每年为基金提供大约 20 亿美元的资金，尽管很难确切知道承诺捐赠资金中有多少是额外承诺——除"常规"对外援助之外的其他部分的承诺捐赠资金。设立一个常设基金更容易对遵守四项环境条约的国家提供可靠的财政奖励。尽管在地球峰会上认捐的金额远远低于联合国环境与发展会议秘书长指出的实施《21 世纪议程》所需的每年 1250 亿美元，但这确实是朝着设立一个常设基金以确保执行一些全球环境协定的方向迈出了一步。2014 年，全球环境基金的范围增加了第五项全球协议，即《关于汞的水俣公约》。

在第一届地球峰会上，美国坚持认为不能开设一个 2 亿美元的基金来帮助发展中国家执行《蒙特利尔议定书》。中国、印度和其他七十七国集团成员国表示，如果没有额外的财政援助和新技术的援助承诺，它们就不会签署《蒙特利尔议定书》。然而，全球环境基金的成立似乎恰好开创了美国人想要避免的先例。数十亿美元的额外认捐，无论是否在某种程度上限制了特定公约的履行，都表明国际社会更愿意使用财政激励而不是威胁的方法来使各国签署条约并履约。在"里约+20"峰会上讨论的"全球环境基金 2020 年计划"中，资金支出的重点已转向环境"退化"的根本驱动因素，以及强调非洲粮食安全、城市可持续发展和"将森林砍伐从全球商品供应链中剔除"的综合方法。

履约问题在出现争议时会变得更加复杂。如果一个国家坚持其监测报告的准确性，驳斥有着独立来源但与其监测报告矛盾的监测信息的合法性，或不同意条约内容的解释方式，那么无论采用直接还是间接机制，执行条约都会变得更加棘手。因此，重要的是，所有缔约方都能接受的争端解决程序应成为每项条约的固定组成部分。一个有效的制度既需要有解决缔约国之间争议的方法，也需要有解决条约解释问题的方法。正如罗杰·费舍尔（Roger Fisher）所指出的那样，争议是不是被控违约行为的后果，或者被控违约行为是不是争议的后果，并不十分重要，因为它们是密切相关的。

令人有些惊讶的是，国际社会对于在全球环境条约中纳入更有效的争端解决机制方面所投入的精力少之又少。在地球峰会上签署的《联合国气候变化框架公约》第14条所涉及的"争端解决"内容只有一页纸那么多，大概内容是争端各方应通过谈判或自己选择的其他和平手段解决分歧。在批准、接受、核准或加入该公约时，或在其后的任何时候，一方可以指出存在的分歧，并要求国际法院解决，或按照缔约方会议通过的程序进行仲裁。在此之前，如任何一方提出请求，都应据此成立调解委员会（调解委员会中每一方任命的成员人数相等，并由各方任命的成员共同推选一名主席）帮助争议方解决争端。至少有10项多边环境条约提到了调解程序，包括《南极条约》《海洋法公约》《生物多样性公约》等。但实际上，这里提到的调解只是可能的步骤，在实践中很少应用。[1]

各条约几乎没有提及由秘书处、环境规划署，或中立方——由秘书处或世界法院进行选择——这3方主体可能开展的调解。同时也不建议采用小型审理、特设科学小组审判或争

---

[1] Christina Simokat, "Environmental Mediation Clauses in International Legal Mechanisms," *Mediate.com*: *Mediators and Everything Mediation* (January 2008). Published online: http://www.mediate.com/articles/simokatCl.cfm.

端解决的其他混合形式。鉴于遵守条约在某种程度上取决于各方都认为自己受到了公平对待，因此将更多的精力投入到创建适合于全球环境条约的争端处理系统中去是有意义的，这可以让缔约方感到其关切的问题正在得到解决：在缺乏有效的争端处理程序的情况下，各国往往认为有理由让其条约承诺失效。①

总之，理论界认为，全球环境条约能够得到有效遵守取决于一支强大到具备执法能力的国际警察队伍的执法，或取决于引导政府做出适当行为的间接策略。鉴于主权原则的重要性，以及联合国不愿意使用武力来保障条约的遵守，当前最重要的是要采取更多的行动让每个国家相信遵守其签署的所有条约可以实现其自身利益的最大化。如果各国可以得到财政援助，并感到在发生争端时得到公平对待，它们将会更容易接受这种说法。②

三 避开主权问题

奥兰·杨（Oran Young）认为，"羞辱"，即向公众揭露违反条约的行为，可能比被施加制裁更令人恐惧。"奥兰·杨表示："政策制定者与个人一样，会对由违反被广泛接受的行为模式所引起的社会责难非常敏感。"③ 艾布拉姆和安东尼娅·查

---

① 可参见关于全球和区域环境条约所载环境争端解决条款的唯一综述：Profullachandra N. Bhagwati, "Environmental Disputes," in *The Effectiveness of International Environmental Agreements*, ed. Peter Sand, 1992, 436–452。

② Ulrich Beyerlin, Peter-Tobias Stoll, and Rüdiger Wolfrum, *Ensuring Compliance with Multilateral Environmental Agreements: Academic Analysis and Views from Practice* (Netherlands: Koninklijke Brill NV, 2006), 359–369.

③ Oran Young, "The Effectiveness of International Institution: Hard Cases and Critical Variables," in *Governance without Government: Order and Change in World Politics*, ed. James N. Rosenau and Ernst-Otto Czempiel (Cambridge: Cambridge University Press, 1992), 160–192.

耶斯指出,因不得不面对要求其解释违约行为的其他缔约方,这种感觉会加剧。当然,这也解释了前文所述的有些国家有时对报告要求、国家报告的独立审查或其他旨在告知公众其行为的机制的抵制。因此,尽管除了纯粹的自我报告之外的任何事情通常都与主权主张相悖,但是监督还是有效的,因为监督提升了"透明度",虽然这并不容易实现。

尽管各国坚持认为不应授权境外的任何人对其进行事后评价,但是主权论点并不适用于各国境内的民众和组织。因此,解决主权问题的一个办法是在每个国家内部设立负责监督遵守条约情况的小组。特别是当这些监督小组在世界范围内联合起来时,可能会使违反条约的国家蒙羞,从而改变其行为。通过合作,积极性很高的当地活动人士可以获得他们所需的能力和信誉,从而可将国际舆论的全部力量施加到不遵守规定的人身上。我们以前见过这种模式,国际特赦组织曾用这种方法制止违反联合国人权条款的行为。

为了在环境领域建立一个并行的监督和执行系统,所有联合国成员国都必须签署一项与《公民权利和政治权利国际公约任择议定书》相当的协议。签署这项协议的国家将允许其公民对违反全球环境条约者提起个人申诉。联合国环境违约委员会(其成员人数可能与联合国人权委员会相同,为18人)会对这些申诉进行裁决。违约工作组将从"绿色特赦国际组织(以下可简称 GAI)以及其他非政府组织那里获取相关信息。

联合国有三种程序来公布各国政府侵犯人权的行为,所有程序都比较透明。我们应当建立类似的机制来追究违反环境条约的行为。首先,借鉴联合国经济及社会理事会(ECOSOC)第728F号决议,设立一个环境违约委员会,授权该委员会接收有关违约行为的信息，并授权其向有关政府发送涉嫌违约的通知。其次，需要建立一个类似于联合国经济及社会理事会第 1235 号决议所建立的机制，在这一机制下关于违约行为的指控可成为联合国公开讨论的主题。最后，根据相当于联合国经济及社会理事会第 1503 号决议的规定，联合国应设立必要的行政机制，确保在非公开会议上对个人申诉进行评估，以确定是否存在蓄意违约行为。经过这种保密审查，最终，环境违约委员会主席将宣布一份违法者名单。

非政府组织联盟——"绿色特赦国际组织"，应当如何设立呢？如果遵循国际特赦组织的模式，该组织的既定目标将是根据国际公认的准则，迅速、公正地处理违反环境条约的行为。如果能有像布伦特兰委员会的《自然保护、环境保护和可持续发展权利宣言》（见附录 B）这样的文件获得通过，那么这些国际公认准则是什么就很清楚了。如果没有一个成文的原则声明，绿色国际特赦组织将不得不根据所有全球环境条约序言来制定这些准则。

绿色特赦国际组织也许会呼吁各国政府遵守所有环境条约。此类请求将通过绿色特赦国际组织成员或世界各地的分支机构提出。绿色特赦国际组织国际秘书处将要求个别成员对可能违反条约的投诉进行登记。该组织还将向其成员发出个案咨询意见，对应采取的补救措施提出建议。如有必要，绿色特赦国际组织将派遣观察员前往被认为存在风险的特定环境区域。

绿色特赦国际组织秘书处将与其他国际非政府组织利用联合国环境违约委员会提供的三种沟通程序开展密切合作。若存在对违反条约行为的指控，该组织还可以促使各秘书处或个别条约的成员国采取行动，也可寻求联合国秘书长或联合国其他机构（如联合国环境规划署、联合国开发计划署、全球环境基金或世界银行）的干预。

研究将是绿色特赦国际组织工作的核心。国际秘书处的研究部门将收集和分析有关违反环境条约的信息。由于信息的来源渠道众多，绿色特赦国际组织在采取行动之前必须仔细审查所有诉求。准确和公正对维护该组织的声誉至关重要。

绿色特赦国际组织的目的不是谴责政府或某个领导人，而是推动矫正行动。该组织的研究将完全集中在违反环境条约的行为上，而不考虑政治因素。为了防止出现政治偏见，国际秘书处的工作人员不得在本国从事调查工作。对于学者、记者和其他搜集条约遵守状况信息的人来说，绿色特赦国际组织还将是重要的研究资源。

研究只是第一步，指控还必须经由独立观察员的实地核查。秘书处将向由成员、团体及支持者组成的 GAI 全球网络发出行动建议。区域专家小组会就建议事项为秘书处提供咨询意见。绿色特赦国际组织会将研究人员所准备的背景概要、行动策略和简报文件作为宣传工作和外交举措的基础。秘书处还可以获取国际科学顾问委员会的帮助。

国际秘书处每个月都会选择一些违反环境条约的案例，每一个案例都由绿色特赦国际组织分支机构确定。绿色特赦国际组织的时事通信会描述每个案件的细节，并发送给所有成员和订阅用户，以便他们立即关注这些信息。此外，秘书处还会将包括适当函件在内的草稿送交政府官员和新闻界。成员国可向本国的有关大使馆提起申诉，并由大使馆转交有关当局。绿色特赦国际组织的分支机构和成员也可以鼓励当地媒体发表这些函件内容。

根据对违约模式的研究，绿色特赦国际组织每年都会选择几个国家作为特别关注对象。这些国家的成员将为环境保护和可持续发展组织特别宣传活动。绿色特赦国际组织可能会派代表团去考察这些国家值得关注的区域。代表团将编制实地考察报告并在公布考察报告之前将其提交给有关政府。

绿色特赦国际组织将通过在纽约、日内瓦、维也纳以及巴黎联合国教科文组织的办事处，在联合国派驻代表。绿色特赦国际组织将寻求在联合国经济及社会理事会的咨商地位，以便在联合国经济及社会理事会各委员会中占有一席之地。该组织还将派代表出席联合国环境规划署的所有会议。绿色特赦国际组织可能在斯特拉斯堡（面向欧洲委员会）、布鲁塞尔（面向欧洲共同体）、纽约（面向美洲国家组织）、内罗毕（面向非洲国家）和曼谷（面向亚洲国家）设立分部。

几年之内，绿色特赦国际组织——就像它所效仿的国际特赦组织一样——在170多个国家和地区拥有了多达35万名成员、订阅者和支持者。任何支持该组织目标的人都可以成为其会员。大多数绿色特赦国际组织的活动人士可能也属于当地的环保组织，但在世界的某些地区，情况并非完全如此。

绿色特赦国际组织的活跃成员将以团体的形式一起工作。这些地方团体将是该组织的基本组成部分。根据国际特赦组织的经验，绿色特赦国际组织的目标是在50多个国家建立2500个在国际秘书处注册的地方分支机构。大多数分支机构可能有10~15个活跃成员，但有些分支机构的活跃成员可能更多。每个分支机构将负责筹集所需资金，以支付自己的运营费用。所有地方团体都可以以自己的方式自由组织活动，但其有义务遵守国际秘书处发布的一般准则。地方团体每周都将收到秘书处发送的邮件，邮件内容包括宣传材料、行动要求、国家报告和关于制定环境条约的一般教育材料。

绿色特赦国际组织对不遵守规定的国家进行实质性羞辱,以改变其行为。结合一国的违约行为实例的详细记录、宣传及世界舆论的影响,一个国际非政府组织联盟可以将全球监督的范围扩大到目前环境条约规定的范围之外。除了监督遵守条约的情况外,这种非政府组织的参与也有助于发现对额外技术援助的需求(即使国家本身没有要求)。绿色特赦国际组织的报告将在条约收紧方面发挥作用,与人权领域侵犯国家主权的现状相比,这种方法并不会加重对主权的侵犯。

四 近乎自我执行的协议

促进全球环境协定遵守的另一个间接手段是以不同的方式组织书面条约。无论是在国内还是在国际环境中,都有可能偶尔设计出近乎自我执行的协议。[1] 也就是说,通过在条约中加入适当的合同条款,对监督或警察权力的需求已大幅减少。例如,设立履约保证金,当事方履约时可收回保证金,而当其违约时则丧失收回保证金的权利,这为当事方履行其所承诺的环保责任提供了额外的激励。保险单或其他等同的手段可以保证在不使用诉讼或武力手段的情况下某些环境质量目标的实现。在全球环境条约的制定过程中,会有许多应用这些理念的机会。

确保遵约的最简单和最有效的办法就是要求合同的缔约方——或在全球环境协定中作为条约的潜在签署方——缴纳履约保证金。这笔钱由一个可靠的中立方负责持有。只要缔约方

---

[1] 这些观点是我们与我们的同事——劳伦斯·巴考(Lawrence Bacow)和迈克尔·惠勒(Michael Wheeler)——共同提出的。详见他们的 *Environmental Dispute Resolution* (New York: Plenum, 1984) 一书。

履行他们的义务，中立方最终会连本带息将这笔款项返还给缴纳者。然而，如果缴纳保证金一方违反了协议，其所缴纳的部分或全部保证金将会被没收。以全球环境条约为例，那些遵守条约达到10年期限的国家可能会收回其保证金的全部利息。

所需保证金的额度将取决于违约风险的性质或一个国家的支付能力。没收的保证金可用于支付联合国发起的环境监测的费用。保证金机制也可能以另一种方式发挥效用：缴纳保证金的一方每遵守一年条约，缴纳者就可能收回一部分预先确定的保证金。但是，必须事先非常仔细地说明所有收支项目以及收支依据，而且必须指定一个各方都能接受的仲裁者来帮助解决争端。

美国经常在市政层面上使用清算债券（即在承诺的业绩完成后返还资金的债券），以确保开发商完成修建道路、铺设街道、安装路灯，并完成在获得建房许可时他们所允诺的其他事情。许多市政府要求开发商提供与其承诺的改善措施所需成本相等的保证金。一部分保证金会在工作完成后退还给缴纳者。

在国际条约的制定中，确定保证金的设定水平则更为困难。此外，由于全球环境条约意味着无限期的执行，所以在确定每年应返还多少资金时应使用何种绩效标准也并不十分清楚。尽管如此，即使是几年后就可以退还的象征性保证金，也可能会达成几个有价值的目标。一国更有可能颁布促使其公民遵守国际条约规定的国内法律法规，以便收回自己缴纳的费用。即使保证金被归还，遵守条约条款的重要性也已传达给所有公民。而且，一个国家在收回保证金后，基本不可能废除相关的国内法律。缔约国的违约行为将增加一些资源的消耗，而有关的条约秘书处正是用这些资源来应对违约行为所带来的不利影响。

最后，由于"罪行"是没收保证金的应有之义，而无须再通过冗长且无效的法律程序来确定，所以保证金机制更容易将违约方的行为置于公众监督之下。

另一种旨在实现近乎自我执行协议的手段是要求一方购买履约保险，这一手段有时被用于国际商业交易中。在一方违约时，履约保险可使违约方的"合作伙伴"免遭损害。例如如果一家公司想在国外建厂，但担心一旦工厂建成（但在实现足够的利润以支付资本支出之前），该国可能会改变相关的法律或侵占工厂，该公司可以要求该国家购买一份以工厂所有者为受益人的保险。一旦工厂所有者赚取了足够的利润（或收到了承诺的补贴），就可以允许保单失效。

虽然保险的理念可能不会与制定全球环境条约的理念完全吻合，但前者也会发挥一些实际作用。例如，一项条约的所有签署国可能被要求购买保险（而不是缴纳保证金），以使世界其他国家在该国未能履行其条约义务的情况下免受损害。这样的保险对于前几年在条约履行中背信弃义的国家来说可能成本高昂，但它可以制止违约行为。然而，对于有良好履约记录的国家来说，保险的成本将会越来越低，只要该国继续遵守条约，保险价格就会逐年下降。全球环境基金或联合国也许可以成为此类保单的受益方。当然，履约保险的重点不是筹集资金，而是为了鼓励各方严格遵守条约，而无须国际警察的威慑。

在书面合同中还有一种鼓励自我执行的方法，那就是制定一份详细的履约时间表。其蕴含的观念是要求各方每次只向他们承诺的方向迈出一小步。随后的每一步都将以所有其他缔约方履行其承诺为前提。这样一来，没有一个国家会觉得自己做出了牺牲，而其他国家却从违约行为中获益。举例来说，环境组织和开发公司在双方的国内合同中已达成合意,要求"各方"在其他方完成其承诺的任务时采取一系列举措。例如,环保组织承诺,只要开发商完成其承诺的场地改造,就不会公开反对开发许可申请。双方都没有要求对方作出一个全面的承诺;相反,双方同意遵守一个时间表,在这个时间表中其中一方的守约以另一方的持续守约为条件,直到双方都完成所有义务。

在全球条约制定的背景下,可能会对遵守条约的情况进行年度审查,除非每个缔约国都履行了承诺,否则就会导致条约的暂停。乍看起来,这似乎对违约者有利,但如果这种暂缓机制促进了条约的遵守,那么最终将推动更有约束力的协议产生。没有一个国家会乐于成为导致应对全球风险的所有国际努力中止的始作俑者。

也许不可能找到使全球环境条约实现完全自我执行的方法,但朝着这个方向的努力是有意义的。达成这类协议的关键是要求各国在批准一项全球协议时签署确切的惩罚或赔偿条款。据此只有那些提交所需保证金、出具所需保险单或同意在不遵守条约时免除他人责任的当事方才能分享作为条约制度缔约国的政治利益。由于签署全球环境条约显然会带来短期的政治利益(正如那些出席地球峰会的国家元首因签署《生物多样性公约》和《联合国气候变化框架公约》而在国内受到赞扬时所认识到的那样),所以这些并非是不重要的考虑因素。

五 我们需要绿色警察作为最后的解决方案吗?

有人提议建立一个强有力的国际条约执行实体,或者我们可以称其为"绿色警察"。事实上,近年来,有人呼吁蓝盔部队"绿色化"(让联合国蓝盔维和部队在冲突后发挥更多作用,包括对自然资源管理工作的临时控制）。① 然而，如果我们需要一支国际警察部队来确保全球环境条约得到遵守，我们可能还未适当地制定相关协议。如前所述，绿色特赦国际组织不会是一支警察部队。相反，该组织将提供一个可靠的投诉系统。不过，世界上某些地区，特别是在拉丁美洲，军方渴望承担更多的环境执法责任（例如，巡逻雨林以防止非法焚烧），但联合国维和部队并不寻求这样的任务。此外，不可能在志愿的基础上拼凑出一支规模足够的"绿色警察"部队。联合国安全理事会也不太可能授权使用联合国部队来实现环境条约的遵守。

因此，如果武力威胁是唯一有效的威慑力量，而且只有威慑或其他直接措施才足以迫使各缔约方遵守条约，那么环境条约的制定可能注定要失败。但是，如果间接措施能在不使用武力威胁的情况下鼓励各国以符合条约的方式确定其自身利益，那么成功执行这些条约的机会就大得多。在遵守条约可以产生经济利益的情况下，各国将作出更多努力以确保其公民认真对待这些条约要求。而且，如果能够（按照我们的绿色特赦理念）建立一个投诉系统，那么关心可持续发展和环境保护的公民将会敦促他们的政府遵守全球环境条约。

对每一个签署国遵守所有全球环境条约条款的情况进行广泛的监督非常重要，这是为了确保任何人都不会因不履行条约而受益，也是因为监督不仅是了解最初激发集体行动的威胁的关键，而且是成功调整每项条约所载标准和时间表的关键。条约制定工作的持续改进取决于尽可能多地了解缔约方履行其义务的能力，

---

① 参见 United Nations Environment Programme, *Greening the Blue Helmets: Environment, Natural Resources and UN Peacekeeping Operations* (Nairobi: United Nations Environment Programme, May 2012)。

以及管理或减少环境风险的不同策略的相对有效性。

尽管大多数国家似乎在大多数时间都遵守了他们所签署的大部分条约,但这仍旧给不认真守约或过失违约留下了很大的空间。我们需要跟踪环境条约的遵守情况,以便提高条约的效力。

总而言之,正如环境治理学者奥兰·杨所言:"国际环境制度确实可以发挥作用,且已经能够做到这一点了。"[1] 他进一步指出,有证据表明,多边环境协定已经成功地处理了欧洲的远距离越境空气污染、平流层臭氧层的消耗、北海污染的控制以及巴伦支海商业渔业的管理等问题。杨引用了迈尔斯等人的报告,在他们研究的30多个管理制度中,50%起到了改变行为的效果,35%在解决问题方面发挥了重要作用。[2] 布赖特迈尔等人所做的172个案例的回顾性研究显示,管理制度在超过一半的时间里都发挥着重要作用或具有非常强大的影响力。[3] 杨的其他一些一般性发现也值得强调:

> (1) 相比于分析问题是良性的(即容易解决的)还是恶性的(即难以解决的),制度设计通常是影响有效性的更重要的决定因素。

---

[1] 在衡量条约效力的问题上,奥兰·杨是最有毅力和洞察力的作家。他在2011年所做的综述,"Effectiveness of International Environmental Regimes: Existing Knowledge, Cutting-Edge Themes, and Research Strategies",总结了我们对于这一问题所了解的内容。

[2] Edward L. Miles, Steinar Andresen, Elaine M. Carlin, Jon Birger Skjxrseth, Arild Underdal, and JØrgen Wettestad, *Environmental Regime Effectiveness: Confronting Theory with Evidence* (Cambridge, MA: MIT Press, 2001).

[3] Helmut Breitmeier, Oran R. Young, and Michael Zürn, *Analyzing International Environmental Regimes: From Case Study to Database* (Cambridge, MA: MIT Press, 2006).

（2）环境制度的成功在很大程度上应归功于那些不具有常规意义上监管性的活动。

（3）环境制度是动态的，也就是说，其在最初形成后就不断变化。

（4）环境制度的成功对实施背景非常敏感。

（5）单一主导行为者（通常被称为霸权）的积极参与并非成功解决国际环境问题的必要条件。

（6）成功实施国际条约制度很可能需要建立和维系最大限度的获胜联盟而非最小限度的获胜联盟。

（7）保持公平性和合法性对制度效用很重要，尤其是在需要团队成员不断积极参与以成功实现制度时。

（8）以具有法律约束力的公约或条约形式制定的协议，不能确保缔约主体的守约程度更高。

（9）以私人治理为特色的安排以及包含公共和私人元素的混合制度可以解决某些类型的环境问题。

总之，杨的研究结果表明，全球环境条约虽然受到国家主权高于一切的制度的制约，但如果设计得当，也可以有效地解决跨界自然资源管理和可持续发展问题。此外，尽管条约制定"系统"中可能存在效率低下的问题，这些问题会引发各国政府间的冲突，但杨认为："一般而言，通过谈判实现互谅互让，而不是让一国屈从于另一国，可以解决制度体系之间的实际或潜在冲突。"

我们认为，无论是个别环境条约，还是过去25年来出现的多边环境协议所拼凑而成的"体系"，它们的长期有效性取决于制度管理者和有关各方适应不断变化的（生态和政治）条件、考虑新的科学信息以及从过去管理工作的相对有效性中吸取经验教训的能力。虽然新的环境条约生效时总是被"大张旗鼓"地宣传一番，但当对正在进行的条约管理工作进行仔细分析，揭示出面对日益增加的不确定性和复杂性，哪些制度安排最为有效时，才更有理由庆祝。归根结底，全球范围内的协同性适应管理将会提高条约的效力。循序渐进地调整短期和长期目标、调整秘书处的作用和责任、重新调整财政和其他合规激励措施、投资国家能力的进一步建设，以及建立诸如"绿色特赦"这样可以为公民社会提供追究政府责任所需工具的机制这五个方面最有可能增强全球环境条约的效力。

参考文献

Steinar Andresen. 1989. "Science and Politics in the International Management of Whales." *Marine Policy* 13（2）：99-117.

J. H. Ausubel and D. G. Victor. 1992. "Verification of International Environmental Agreement." *Annual Review of Energy and Environment* 17：11.

Lawrence Bacow and Michael Wheeler. 1984. *Environmental Dispute Resolution*. New York：Plenum.

Ulrich Beyerlin, Peter-Tobias Stoll, Rüdiger Wolfrum. 2006. *Ensuring Compliance with Multilateral Environmental Agreements：Academic Analysis and Views from Practice*. Netherlands：Koninklijke Brill NV. 359-369.

Profullachandra N. Bhagwati. 1992. "Environmental Disputes." *The Effectiveness of International Environmental Agreements*, ed. Peter Sand. Cambridge：Grotius Publications, 436-452.

Helmut Breitmeier, Oran R. Young, and Michael Zürn. 2006. *Analyzing International Environmental Regimes：From Case Study to Database*. Cambridge, MA：MIT Press.

Abram Chayes and Antonia H. Chayes. 1991. "Adjustment and Compliance Processes in International Regulatory Regimes." *Preserving the Global Environment: The Challenge of Shared Leadership*, ed. Jessica Tuchman Mathews. New York: Norton Press.

Abram Chayes and Antonia H. Chayes. 1991. "Compliance without Enforcement: State Behavior under Regulatory Treaties." *Negotiation Journal* 7 (July): 311-330.

Abram Chayes and Antonia H. Chayes. 2009. *The New Sovereignty: Compliance with International Regulatory Agreements.* Cambridge, MA: Harvard University Press.

Malgosia Fitzmaurice, David M. Ong, and Panos Merkouris. 2010. *Research Handbook on International Environmental Law.* Cheltenham: Edward Elgar.

Hillary F. French. 1992. *After the Earth Summit: The Future of Environmental Governance.* Washington, D. C.: Worldwatch Institute.

Jane J. Mansbridge. 1992. *Beyond Self-Interest.* Chicago: University of Chicago Press.

Edward L. Miles, Steinar Andresen, Elaine M. Carlin, Jon Birger Skjxrseth, Arild Underdal, and Jorgen Wettestad. 2001. *Environmental Regime Effectiveness: Confronting Theory with Evidence.* Cambridge, MA: MIT Press.

Elinor Ostrom. 1990. *Governing the Commons: The Evolution of Institutions for Collective Action.* Cambridge: Cambridge University Press.

Thomas Schelling. 1981. *Strategy of Conflict.* Cambridge, MA: Harvard University Press.

Chenaz Seelarbokus. 2005. "Assessing the Effectiveness of International Environmental Agreements (IEAs): Demystifying the Issue of Data Unavailability." 1 *SAGE Open.*

Christina Simokat. 2008. "Environmental Mediation Clauses in International Legal Mechanisms." *Mediate. com: Mediators and Everything Mediation* (January), Online article: http://www.mediate.com/articles/simokatCl.cfm.

Alexander Timoshenko. 1992. "Ecological Security: Response to Global Challenges." *Environmental Change and International Law: New Challenges and Dimensions*, ed. Edith Brown. Tokyo: UN University Press.

A. Underdal. 1981. *The Politics of International Fisheries Management: The Case of the Northeast Atlantic.* Oslo: Universite for laget.

United Nations Environment Programme. 2012. *Greening the Blue Helmets: Environment, Natural Resources and UN Peacekeeping Operations.* Nairobi: United Nations Environment Programme (May).

United States General Accounting Office. 1999. *International Environment: International Agreements Are Not Well Monitored.* GAO/RCED-92-43 (May).

U. S. International Trade Commission. 1991. *International Agreements to Protect the Environment and Wildlife.* Washington, D. C. : U. S. International Trade Commission.

Jun Yang, Peng Gong, Rong Fu, Minghua Zhang, Jingming Chen, Shunlin Liang, Bing Xu, Jiancheng Shi, and Robert Dickinson. 2013. "The Role of Satellite Remote Sensing in Climate Change Studies," *Nature Climate Change*, 3 (September): 875 – 883.

Oran Young. 1992. "The Effectiveness of International Institution: Hard Cases and Critical Variables. " *Governance without Government: Order and Change in World Politics*, ed. James N. Rosenau and Ernst-Otto Czempiel. Cambridge: Cambridge University Press. 160 – 192.

Oran Young. 2011. "Effectiveness of International Environmental Regimes: Existing Knowledge, Cutting-Edge Themes, and Research Strategies," 108 (50) *Proc Natl Acad Sci* (*PNAS*) *USA* (December), pp: 19853 – 19860.

Jimin Zhao. 2005. "Implementing International Environmental Treaties in Developing Countries: China's Compliance with the Montreal Protocol. " *Global Environmental Politics* 5 (February): 58 – 81.

第七章　制度改革

2012年12月21日,联合国大会通过了一项改革联合国环境规划署的重大决议,该组织于40年前满怀希望地成立,旨在改善全球生态环境的治理。该决议将联合国环境规划署"升级"为"普遍会员制",并允许其"从联合国正式预算中得到稳定且持续增长的财政资源"。① 在此之前,联合国环境规划署的理事会只有58个国家的代表;这一改变允许所有联合国成员国都能充分参与到联合国环境规划署的工作中来。作为多个多边环境协议的管理者,环境规划署在任何改革努力中都要发挥至关重要的作用,从而促使环境外交能够发挥更加具有建设性的作用。本次大会宣言是通过"可持续发展体制框架"组织的,玛丽亚·伊万诺娃(Maria Ivanova)对该框架进行了详细研究,提出阻碍全球环境治理体系发挥作用的5个因素。②

(1) 落后的发展模式:依靠消耗和开采实现增长,对自然资本造成不可弥补的损害。

(2) 过时的道德和伦理范式:科学对于理解环境问题很重

---

① 联合国环境规划署(UNEP):《在"里约+20"峰会后升级为普遍成员制》,内罗毕,2012年12月21日,新闻稿见www.unep.org。
② Maria Ivanova. *Global Governance in the Twenty first Century: Rethinking the Environmental Pillar*, London: The Stakeholder Forum (2012)。该出版物对环境规划署的改革进程(也称为赫尔辛基改革努力)进行了批评,该进程是在法国总统建议将环境规划署改造成一个仿照世卫组织的组织后于2010年启动的。

要，但不能仅依靠科学开展行动。缺乏在全球范围内共同致力于环境管理的道德基础。

（3）政策与执行脱节：由于在实体性和程序性规范方面持续存在分歧，激励机制不足、能力不足以及缺乏一个负责决策的权威机构，所以，在不断增加的政策和日益减少的执行之间出现了断层。

（4）分散化：缺乏明确的目标、共同的愿景以及有效的沟通与协调，导致旨在保护全球环境的组织、协议和文书众多，制度高度分散。

（5）缺乏问责制：多边环境协定的签署国可以违反条款而不受惩罚；另外，还缺乏一致的绩效评估标准。

联合国环境规划署的改革是适度的，绝不是革命性的。此次改革没有采纳关于设立一个类似世界卫生组织的联合国专门机构的建议。但是，人们清楚地认识到，目前的制度存在严重的问题，需要一个更具适应性的纠正过程。2012年《全球环境展望报告》对90项国际环境协议进行审查，并得出以下主要结论：[1]

——只有40项目标取得了"一些"进展，包括扩大国家公园等保护区以及努力减少森林砍伐；

——有24项目标"进展甚微或没有进展"，包括气候变化、鱼类资源、荒漠化和干旱；

——有8项目标"进一步恶化"，包括世界珊瑚礁的状况，而其他14项目标没有数据。

---

[1] John Vidal, "Many Treaties to Save the Earth but Wheres the Will to Implement Them?" *The Guardian*, June 7, 2012. Online at: http://www.theguardian.com/environment/blog/2012/jun/07/.

如今，国际社会正在注意到这一令人震惊的结论，这是一个进步，但仍需要从更高水平和细节上面汲取经验教训。来自不同学科的研究将会不断地为国际条约的谈判框架提供信息。本书第一版中提出的改革条约制度的核心建议经受住了此后20年来条约发展的考验。① 我们在本章的综述中再次介绍了其中的大部分内容并列举了一些背景实例，同时将其应用于上述环境治理领域已经开展的改革行动中。

一 建议1：建立分散化联盟

应当始终鼓励具有共同环境利益的国家集群在正式的条约谈判之前尽早召开核心小组会议，以便探讨共同利益、分享技术信息并共同分析战略选择。这种集群需要得到中立召集人的协助和鼓励。在大多数情况下，集群应以（生物）区域为基础组织而成；换言之，共享边界或依赖共同资源的各个国家之间应当定期会晤。此外，也应鼓励具有共同利益但不共享国界的国家举行会议，以交流信息并讨论共同管理资源或应对威胁的可能性。此类会议的目的是建立联盟，包括跨越典型的南北界限的联盟。

此类联盟建设应当既涉及非政府组织，也涉及官方代表（详见建议4）。小规模的国家集群应该组合起来，形成日益庞大的联盟的核心，这些联盟最终将不得不与其他大型联盟谈判

---

① 最初的建议来自萨尔茨堡研讨会，方案形成于1990年6月和1991年6月召开的研讨会。来自32个国家的120多名政府、非政府和公司代表参加了由经验丰富的外交官和学者组成的杰出团队（包括政府间气候变化问题小组组长、环境与发展会议高级工作人员、欧洲联盟委员会环境总干事、世界野生动物基金高级官员、《蒙特利尔议定书》谈判秘书长和世界上一些最受尊敬的国际法专家）主持的为期两周的研讨会。

以解决分歧。

最好指定或建立常设（生物）区域办事处来作为这些联盟建设的召集人。但是，如果合适的会议召集人或会议地点的确认成为分歧的根源，那么将影响"建议1"的达成。因此，为了避免需要重新选取或反复争论这些选择，在进行任何核心小组会议讨论之前，应当通过谈判来确定地点和基本规则。有关基本规则的谈判应由联合国秘书长办公室或者由2012年"里约+20"峰会改革后的环境规划署受命进行管理。

一旦制定了程序性基本规则，区域办事处将会为每次会议选择调解人和技术顾问（与美国联邦机构目前打算在每次召集监管谈判会议时，从预先批准的专业调解员名单中进行选择的方式相同）。[1] 因此，区域办事处将发挥召集作用，各届会议的临时主持人将由当事方从预先批准的专业中立者名册中选出。每次会议时，所有参加国都必须签字同意从名册中选出的一组中立人士。

联合国（特别是开发计划署）的外地办事处分散在世界各地。在一些区域，这些办事处可担任召集人。在其他情况下，可以选择区域经济机构（如欧洲委员会）。世界各地需要以不同的方式进行选择。但无论选择哪个组织，都必须为有关国家集群所接受。当非毗连国家组成临时或者新的集群时，联合国自己（即环境规划署、开发计划署或可持续发展委员会）可以担任召集人，因为这些集群可能只召开几次会议。

---

[1] 美国环境冲突解决研究所是这方面的一个例子（www.ecr.gov）。另参见 Lawrence Susskind, Eileen Babbit, and Phyllis Segal, "The Federal ADR Act: Progress and Prospects," 9（1）*Negotiation Journal* 59–75（January 1993），其中介绍了《谈判规则制定法》，并分析了选择调解员名册的形成和使用情况。

这项建议基于以下假设：有效的环境条约制定工作取决于实施一种可预测的"自下而上"的方法，将越来越多的国家和非政府利益集团聚集到志同道合的利益相关者联盟中。此外，它还假定，条约的制定并不主要依赖于说服技术专家，使他们相信某种特定方法对解决全球环境威胁具有科学价值。科学共识的建立是重要的，但它只是为行政者之间的关键交流提供信息，行政者必须在短期和长期的经济、社会和政治成本与利益之间进行敏感的权衡。就像制定全球环境条约的过程一样，当涉及对总体的哲学或意识形态原则（如"污染者付费"）的选择时，这种谈判特别困难。

在世界范围内建立分散的联盟是一项艰巨的任务，而现有的区域论坛希望维持或扩大其影响范围，又使这项任务变得更加复杂。许多成功将一些国家聚集在一起以实现其他目的的组织不会成为环境条约制定的成功召集者，因为它们过去采取的立场已经损害了其中立地位。在一些地区，本应共同参与的国家之间已经建立了工作关系，但非政府利益仍需要融入其中。而在另一些情况下，敌对关系无疑会使工作难以推进。然而，我们确实有《地中海行动计划》这一令人鼓舞的例子，该计划（在环境规划署的主持下）将那些从未合作过的国家聚集在一起，尽管它们之间实际上并不存在外交关系。但诸如"尼罗河流域倡议"等随后采取的努力都不那么成功，因为在改善环境质量的共同事业上，分配冲突占主导地位（零和博弈）。由于必须非常谨慎地处理过去和未来的关系，所以，谁来担任召集人和调解人，以及他们能在多大程度上帮助改变从冲突到合作的状态，都是非常重要的。

即使联合国机构不是发挥召集或促进作用的机构，建立新的分散联盟的费用也应由环境规划署、开发计划署和全球环境基金（其委任已于 2011 年恢复并重组）承担。尽管这可能会增加成本，但支持尽可能多的区域性集群和以问题为导向的集群是非常有意义的。政府和非政府参与者参加一个以上的召集工作是完全可以接受的。事实上，交叉可能是建立更大联盟的关键，这样就可以确定数量最少但利益一致的大联盟。通过这一过程，可以最大限度地减少联盟内部的分歧，并可以在没有联盟内部冲突所造成的其他问题的情况下，完成最终协议达成的艰巨任务。

二 建议 2：对个别国家提供预谈判和技术援助

只有少数国家拥有可以促进政治问题和技术问题在全球形成一致观点的资源。遗憾的是，有需要的国家一般无法获得定期的信息简报以及战略建议。这些信息可以由国际科学协会、跨国商业组织、非政府组织联盟或联合国各部门提供。重要的是，每个国家都能很容易地获得所需的情报，以了解新出现的问题，评估解决这些问题所采取的备选办法可能会产生的后果，并根据本国的政治、经济、社会和生态利益评估备选对策的利弊。虽然通过捐助国的具体方案提供了一些谈判培训机会，但在这方面没有结构化的能力建设进程。

法律和科学资源贫乏的国家需要专家建议来帮助他们准备核心小组会议和正式的全球谈判。国际科学机构（如 IPCC）确实提供了技术分析，但它们无法帮助个别国家解释其报告的战略意义。事实上，当 IPCC 试图总结其针对全球变暖的研究所产生的影响时，它却被指责为将问题政治化、极端化。所有从分析到建议的"规范性飞跃"的努力都面临着政治挑战。在这方面，还必须考虑地理空间技术在促进条约谈判以及为实际能力有限的国家提供监测手段方面的作用。凯伦·克莱恩（Karen Kline）和凯·劳斯蒂亚拉（Kal Raustiala）已证明遥感技术能够在这方面提供帮助，条约秘书处应当认真考虑他们的建议。① 此类技术还有助于开发关于任何潜在违反条约的更为可靠的"情报"，并有助于长期信任的建立。

处理情报共享问题的最有效办法是建立在第一项建议中所述的区域办事处会议进程的基础上的。由共同商定的顾问进行联合实况调查，可以帮助那些具有共同利益但本身没有能力在全球谈判前独自进行质疑和思考的国家集团。然而，战略考虑不允许所有国家都采取这种开放态度，因此个别国家——即使是在志同道合的国家和组织的会议上——也总是需要其可以信任的保密战略顾问。一些国家领导人可能会反对非政府组织代表出席区域办事处会议或国家简报会。他们可能会对所有不属于其政府工作人员的顾问持怀疑态度。这是一种目光短浅且自欺欺人的立场（但不幸的是，这种立场并不罕见）。事实上，目前为政府工作人员进行准备性实况调查或背景研究的顾问通常都是局外人。那么，为什么这些人可以在幕后参与而其他"非官方人士"却不能参加谈判前的简报会呢？

这一问题的潜在解决方案是要求所有参与人员签署一份保密承诺书。不愿意签字的人员不应当参与其中。违反保密承诺

---

[1] Karen Kline and Kal Raustiala, "International Environmental Agreements and Remote Sensing Technologies?" Background paper for the workshop on remote sensing and environmental treaties, Columbia University, New York, December 4, 2000; 也可参见 Nicolas Peter, "The Use of Remote Sensing to Support the Application of Multilateral Environmental Agreements," 20 (3) *Space Policy* 189–195 (August 2004).

的人员今后也应被排除在外（其组织也应如此）。显然，对于没有民主决策或公众参与传统的国家来说，这些论点将被置若罔闻。然而，无论非政府利益集团是作为顾问还是作为国家谈判小组的参与者，许多民主国家（以及那些渴望更开放的国家）并没有竭尽所能让其参与全球环境条约制定的预谈判阶段。

非政府代表的存在可以使一个国家最终在某一问题上采取的立场合法化，但前提是主动征求且不忽视非政府利益集团所提出的关切问题。此外，非政府利益集团代表的存在可以扩大国家利益澄清与战略制定时需考虑的观点范围。在公开宣言之前，即使是最有权势的领导人也可以借此更有效地预测国内和国际反响，以衡量各种谈判立场的可接受性。虽然向非政府利益集团开放谈判前会议可能会造成各种紧张局势，但熟练的调解人（很可能要求他们是会议所在国的国民）可以帮助控制这些紧张局势。

国家领导人对于让非政府利益集团参与进来的反应，往往与他们利用中立者来推动谈判前会议的反应相同（首先担心如果将控制权交给外人，他们就会显得软弱无力），但精明的领导人越来越意识到，"强有力的领导"并非不愿意听从好的建议或利用他人的协助。

三　建议3：采用新的条约起草方法

目前，大多数国家参加国际会议时，已经完全确定了其对所有问题的立场。事实上，如果它们不这样做，它们自身就会感觉到而且很可能也被对方视为毫无准备。此外，国家元首不可能总是出席，因此必须指派特使或代表来代表他们，这意味着必须事先澄清国家立场。特使们需慎重行事，不能即兴发挥，要坚持按照事先准备好并已经批准的文本发言。由于担心自己的代表会自由行事，所以国内领导人在派代表参加全球会议之前，都会费尽心思地达成内部协议。当然，这一切也意味着参会方没有多少随机应变的余地。官员及其代表必须忠实于他们在国内做出的承诺，否则他们将失去选举他们并帮助他们保住权力的选民的支持。

在谈判过程中存在一对紧张关系，即坚持先前确定的立场与对其他人的创造性观点进行快速反应之间存在张力。缓和这种紧张关系的一个办法是，明确指出某些会议实际上只是头脑风暴会议，既不寻求也不接受承诺。此类会议应侧重于拟订多个可能的条约草案，而非仅仅拟订有例外分歧的单份草案。会议中应提出可能的折中方案以供讨论，但最后不应确定任何内容。

这种互动在很大程度上可能涉及"影子"谈判，即接受某些利益或者损失的真实意愿被掩盖，但有经验的主持者应该能够澄清其中重叠和冲突的利益，即便各方并不准备完全坦诚相见。可以通过将分歧描述出来的方式，使个别参与者或者国家集团比较容易借助双边对话采取后续行动，从而拟订出得到区域大力支持的单一谈判案文，并（通过使用应急提案）突出最大联盟必须解决的关键分歧。

令人惊讶的是，事实上从一份条约的多个版本开始可以更容易达成共识。在条约初期制定多个草案，有利于探索条约涉及的潜在利益，并以此为基础，制定更有创造性的备选方案以及利益平衡方案，以增加获取最大收益的机会，下一步是由中立者组成的团队收集对头脑风暴会议上产生的多个草案的反应。通过"巡回会议"并与领导人或区域核心小组私下会晤，专业中立者应该能够整理出一份单一文本协议（和应急提案），以进入谈判的最后阶段。这也可以最大限度地降低反复召集大量正式代表团的必要性。

有经验的中立者知道如何在日益扩大和多样化的国家联盟之间建立共识。然而，当联盟内部的利益冲突无法得到有效弥合时，专业的中立者便知道是时候停止了。然后，已经形成的较大的联盟必须面对面会晤，通常指定代表进行最后的谈判。这将是最有效的条约起草过程。

可惜的是，联合国机构并没有以这种方式运作。直至最近，只有极少数强国指定专家起草初步草案。在政治巨头们争论不休的时候，大多数国家仍处于旁观状态，就像他们在《蒙特利尔议定书》谈判中所做的那样。当争论结束后，其他国家有一个正式的机会表达"是"或"不是"。然而，最强大的国家并不代表已经达成内部协议的联盟，而是代表自己的国家利益。

这种状态在地球峰会之前的一系列筹备会议期间有所改变，或许这种状态已经发生了永久性的变化。在筹备委员会进程中，每个国家都有要求出席每届会议的权利，非政府利益集团也坚持要求有发言权。筹备委员会实际上是全体成员委员会。但是，由于难以管理170多个官方代表团，所以这些会议大多数没有取得什么成果。此外，让非官方团体保持置身事外的做法也没有奏效。有4000名官方与会者和数万名非官方与会者的地球峰会本身比其他任何事情都更能体现当前的谈判形势。可见，这不是一个建立共识的有效模式。

我们似乎已经从一个极端走向另一个极端，从少数几个国家或科学组织发号施令到每个人都想在所有决定中发表意见。更有意义的做法是建立一个权力下放但可控的区域体系，在这个体系中，各国能得到所需支持来做好充分准备，条约起草过程逐步从多个草案走向单一文本，同时需要建立规模越来越大的联盟。此外，还有大量新的区域组织出现，这些组织在地理位置与经济能力方面均存在差异。亚太经合组织、二十国集团和金砖国家等组织，以及南方共同市场和上海合作组织等新兴集团需要更积极地参与环境条约的制定过程。如果不注意对组织意见的吸收，可能会导致缔约国内部出现异议，并形成阻碍条约履行的冲突联盟。

四 建议4：扩大非政府利益集团的作用

过去20年来，非政府利益集团在制定环境条约的过程中发挥了越来越重要的作用。但是其贡献仍然需要得到联合国的正式承认与肯定。保障非政府利益集团能广泛参与的办法则需要编纂成文。传统观点认为，非政府利益集团仅是具有特定宣传任务的非营利组织。然而，自2000年形成联合国全球契约组织以来，将企业纳入联合国非政府组织领域的做法已经得到公认。[1]

在条约谈判的早期阶段，在分析用于诊断环境威胁严重程度的科学、技术和法律证据时，非政府利益集团扩大了其意见表达范围。其延展了同行的审查过程，从而使相互冲突的科学证据变得有意义。在谈判过程中，非政府利益集团有时会在没有被邀请的情况下提出建议、构思可能的洽谈，或者在幕后工作以"推广"特定的一揽子方案。非政府利益集团的存在，使最终缔结条约的合法性得到了一定程度的提升。而在条约谈判结束后，非政

---

[1] 有关"联合国全球契约组织"的更多详情，请查阅 www.unglobalcompact.org。

府利益集团还可向违规国家施加官方国际机构所不能提供的压力，以强化国际政府机构的监督。

我们认为，非政府利益集团在正式的条约制定中不应该享有表决权，各国也不可能允许非政府利益集团这样做。不过，由于此类会议很少进行表决，而且无论如何，签署国为确保形成有意义的承诺，达成共识都是必要的。因此对于非政府利益集团而言，不能享有表决权并不是一个很大的牺牲。事实上，官方代表也不宜享有表决权，因为这与建立共识的目标背道而驰。真正地建立共识旨在促进趋同，而非由表决引发分歧。

与享有正式表决权相比，非政府利益集团有权坐在谈判桌前会对谈判进程产生更大的影响。基于以下 3 点理由，非政府利益集团应当积极参与条约制定。第一，非政府利益集团可以通过影响公众舆论，迫使参与全球条约制定的国家领导人考虑到国内对某一问题的看法。因此，为何不以一种有序的方式将非政府利益集团邀请到谈判桌前来呢？当非政府利益集团被排除在外时，其往往因此被迫采取极端的立场，并通过激烈的对抗来表达自己的意见。为什么不通过邀请非政府利益集团作为国家代表团的一部分参与国际会议以避免这种情况呢？

第二，鉴于保证一国签署的共识要反映其所有公民、法人和其他组织的关切，且以符合新协议的方式改变其行为的承诺具有重要作用，因此，让尽可能多的公民、法人和其他组织的代表参与条约条款的制定是有意义的。事实上，如果新的协定不能对公民、法人以及其他组织等群体所关心的各种问题作出回应，那么协议的执行就会受到阻挠，甚至会困难重重。

第三，非政府利益集团可以要求各国对其在条约中作出的承诺负责，但要成功实现这一点，还需要获得监测数据以及关于遵守情况的国家报告。此外，如果非政府利益集团想要协助监督和执行条约，那么它们就有必要参与制定其将要协助执行的条约条款。基于此，非政府利益集团能够更加清楚其实际期望、需要衡量的内容以及其他签署国可能会如何解释监督结果。

非政府利益集团在环境条约制定中的作用应当被正式化。目前，我们采用一种临时机制，即每次开始新的条约制定工作时，条约缔约方都要商讨非政府利益集团参与条约制定工作的条件。我们至今还在使用并行的"非正式"会议，例如在里约正式会议之外数英里处举行的公民会议。在这些"非正式"会议上，人们制定了每一个框架公约和宣言的相反或独立的版本。这些"非正式"会议没有任何成效；相反，它破坏了公众对终版条约的信心，削弱了非政府利益集团对必须执行的条约的支持，并减少了非政府利益集团利用其最佳思维影响最终谈判结果的机会。

让非政府利益集团发挥全面的咨询和监督作用并不违反联合国的业务规则。事实上，《21世纪议程》特别呼吁秘书长对非政府利益集团正式参与环境条约的制定过程的方法进行全面审查。尽管这一过程在不同的条约之间仍有很大的差异，但现在已经有了非政府利益集团参加缔约方会议的既定规范，并在主条约谈判的同时组织了大量附带活动。虽然谈判议程项目的一致性和联系性仍需要进一步加强，但联合国应当继续鼓励组织此类活动。

五 建议5：对国家进行重新分类，以便采取行动

各国以最低限度共识为标准，应对环境危险并不是最为合理的方式，而是应该对国家进行分类，要求各国按照其应对环

境危险的能力和资源情况，采取相应的应对措施。应当在所有环境条约中为不同类别的国家规定不同的责任或绩效标准。

威廉·扎特曼指出，目前例外情况被用来促使不愿意接受新条约基本条款的国家接受条约。这显然造成了一些不公平的现象，因为同一类国家不一定都能获得同样的特权。《蒙特利尔议定书》经常被认为是为了采用不同标准而对国家进行分类的最佳范例。该议定书最初给予发展中国家10年的"宽限期"以遵守逐步淘汰氟氯化碳的最后期限。一些人将"宽限期"解释为服务于发达国家工业利益的一种方式（在这10年期间将允许发达国家向发展中国家供应氟氯化碳），但它确实有效地对各国进行了区分。

还有一些国家集团为削减受管制物质而设定了高于要求的门槛或提前了最后期限的限制。例如，签署了《巴马科公约》的非洲国家集团对该公约不满意，因此希望超出《巴塞尔公约》的限制进行危险废物转运。这些行动并不等同于以在条约条款内分配责任或分配资源为目的而对国家进行分类。以义务的承担为区分（如指定部分国家作为1979年《远距离越境空气污染公约》的"俱乐部"成员，要求其设立减少30%二氧化硫排放的目标）更接近于最理想的分类方式。

每项条约制定工作都应探讨一系列国家分类，特别是在预谈判期间制定多项条约草案的时候。关键的目标是确保尽可能多的国家相信自己得到了公平的待遇。用全球环境基金前首席执行官、《联合国防治荒漠化公约》秘书处现任负责人莫妮克·巴布特（Monique Barbut）的话说，"我们不能陷入任务孤岛"，"环境条约体系不能再回避真正阻碍其进展的问题"。[1]

---

[1] 莫妮克·巴布特，通过电子邮件进行的个人通信，2014年2月14日。

六 建议6：促进科学与政治之间更好的平衡

当科学和技术分析被用来为政治上的权宜之计辩护时，其完整性就会受到损害。虽然对数据的解释几乎总是需要应用非客观的判断，但是在做决策时，作为证据的预测和模型必须看起来是可信的。为了建立可信度，有必要对科学意见进行公正的抽样调查。以加拿大为例，当加拿大出于国内政治原因，而发布部分国内科学家怀疑全球变暖的原因或影响的观点时，它对其他国家的想法影响甚微。

所有国家都应帮助加强国际科学机构的合作，因为这些机构比国家机构更有可能作出被各国视为可信的预测和分析。不过，即使如此也存在危机。例如，政府间气候变化专门委员会的几个工作小组在其科学结论出现差异时就遭到了非政府组织的尖锐批评。这很可能是由于IPCC的许多代表都是政府官员，他们接受各自部门的指示，要确保某些调查结论出现与否。世界决策机构不应该向跨国科学团体寻求政策建议，甚至不应当向科学发现寻求明确的解释。当科学团体发布全面的科学研究时，技术专家之间的分歧应得到突出强调而非试图解释，如此才能最好地满足全球需求。

经济和生态系统过于复杂，而我们的认知又太过简单，这使我们无法满怀信心地预测未来。因此，协议和替代行动方案应当预见到各种"未来"。在这种情况下，条约的收紧并不意味着在无可辩驳的证据出现（或有确凿的证据）之前避免使用所有的建议；相反，它表明应同时拟订多个议定书中所载的应急策略。利益相关者应当承诺未来的行为和责任，只有在出现某些里程碑式的事件时才会触发这些行为和责任。例如，下一轮气候变化议定书可能会要求不同的国家按预设的数量减少某些温室气体的排放量，前提是当监测结果显示已超过量化的（以商定的方式衡量的）阈值。处理不确定性的应急办法可以使那些在对未来可能如何发展的问题上存在激烈意见分歧的国家和非政府利益集团之间达成协议。他们不需要就预测达成一致，他们只需要就某些事件发生时所需采取的适当响应达成一致。

七 建议 7：鼓励议题联系

虽然一开始可能会有令人生畏的体制困难需要克服，但在以前独立的政策领域之间找到创造性联系的好处是巨大的。联系可以产生激励措施（特别是经济激励措施），这些激励措施可以改变一个国家对是否应该来到谈判桌前或是否应该签署某项条约的考虑。这意味着应当始终同时谈判几个条约。这也意味着应当始终将表明谁将向全球环境基金捐款和谁将接受援助的财务安排摆在桌面上。拟议的环境管理条约的实质内容与各种补偿之间的潜在联系，可能是使发展中国家接受其本来会反对的新制度的关键。

全球环境基金的建立是这一工作中非常重要的第一步。其业务和供资范围越大，就越容易利用财政联系克服对新条约政策内容的阻力。通过 2011 年的重组，全球环境基金的治理得到了改善，但可能仍需进一步修改以确保发展中国家相信负责的行政机构会对它们的利益问题作出回应。此外，财政补偿虽然有很大帮助，但仍有欠缺。

正如第五章所指出的，贸易—环境联系的重要性需要进一步制度化，但由于世贸组织的机制是"以规则为基础"，而大多数环境协定的机制则是"以目标为基础"，二者之间的脱节阻碍了贸易—环境联系。① 美国、墨西哥和加拿大之间的《北美自由贸易协定》是另一个需要将环境保护与贸易协定联系起来的例子。这种联系在《北美自由贸易协定》的谈判中得以建立，但其重点主要是"协调"环境法规（而不是提供经济激励）以换取更积极的努力，确保环境质量。

如果今后实施气候变化议定书的工作在对所有化石燃料的使用征收碳排放税的问题上陷入僵局，是否有可能对世贸组织的条款作出明确的调整，以补偿那些碳排放税负最重的国家？从理论上讲，没有什么可以禁止这种联系；事实上，这类交易可能是打破僵局的关键。交易越多，缩小争端各方之间分歧的机会就越大。反对联系的理由主要是逻辑方面的，也就是说，鉴于全球谈判的复杂性，把两个或更多的单独谈判当作相互联系的谈判来处理，这样做似乎会适得其反。协调这种有联系的谈判意味着可以整合多种关系。此外，一旦联系开始了，它将在哪里结束？人们对联合国大会经常提出的抱怨之一是，当有关其他议题的重要国际辩论正在进行时，小国经常会有与此完全无关的议题而坚持要求解决。

外交上的复杂性不太可能像乍看之下那么严重。此外，无论是否有正式联系，这些国家都将参与平行谈判。事实上，由于同一国家的代表有可能反复见面，所以必然会发展出这种联系。将这些相互联系正式化，应该是联合国可持续发展委员会的任务。无论成功与否，联系的机会将呈现在各方面前。无论哪种情况，都不可能写出关于可接受和不可接受联系的正式规则。道德方面的考虑（即近乎勒索程度的联系要求）将被大多

---

① 阿迪尔·纳贾姆于2014年3月1日通过电子邮件进行个人交流时向我们提出了这一见解。

数有关国家视为其本来目的并被置之不理。可接受的联系是那些经双方同意达成的联系。

八 建议8：取消对建设性单边行动的处罚

一些国家担心，如果它们在国内采取单边行动加强环境管理，那么在最终签署国际协议时，它们会发现自己在竞争中处于不利地位。事实上，一些领导人认为，他们的国家应该等到具体规定最低限度行动的国际协议签署后再进行国内立法。对他们来说，相对于从最初的规章制度提升到更高水平的立法而言，从没有任何规章制度到制定新条约要容易得多。一国进行第一轮管制的成本通常低于以后为达到更高的环境质量水平所付出的代价。①

为了鼓励而不是阻止各国在国内采取积极的立法步骤，衡量进展的阈值应该具有追溯力。也就是说，用于评估进展情况的基线应始终设定在起草条约的前几年，这样那些自行采取建设性行动的国家就能将其取得的进展计入新的条约要求中。

此外，应鼓励区域国家集团相互建立非正式联盟，通过这种联盟，它们可以共同承诺在某一日期之后（但在正式的全球行动之前）所采取的行动必须被视为实现任何新的全球标准的进展。如果有足够多的国家反对违反协议的条约，就可以阻止全球行动。当然，目标并不是要增加就新条约达成协议的难度，而是要不断鼓励各国采取具有建设性的单边行动。因为缔结条约的目标是推动各国朝这个方向发展，所以这种激励措施并非不合适。

---

① 有关对美国经验的详细分析，请参见 Alfred Marcus, "Environmental Protection Agency," in *The Politics of Regulation*, ed. James Q. Wilson (New York: Basic Books, 1980), 267–303.

九 建议9：鼓励媒体和教育工作者发挥更大的建设性作用

大众媒体要发挥双重作用：报道事件和教育公众。鉴于环境外交在国际关系中发挥着越来越重要的作用，媒体必须为环境新闻提供更多的空间和时间，既要预测即将发生的事件，又要报道正在进行的谈判。全球范围内对地球峰会、约翰内斯堡峰会和"里约+20"峰会的报道令人印象深刻，但在这些活动结束后，媒体却很少报道签署国在执行这些论坛上签署的模糊条约条款时所面临的严重问题。

全球环境问题在世界许多地方没有得到报道有以下几个原因。首先，许多媒体没有能力报道这些事件。很少有记者受过足够的教育，能够让这些复杂的问题变得可以被理解。其次，媒体往往将自己的使命看得很狭隘。他们承担报道事件的责任，但不承担公众教育的责任。当然，如果公众没有意识到全球环境威胁和谈判的重要性，他们就不会产生对这种报道的需求。在没有这种需求的情况下，媒体就会宣称公众不感兴趣。最后，这成为一个自我实现的预言。幸运的是，自本书第一版问世以来，在过去的20年里，环境新闻业已经向专业化方向发展。总部设在美国的环境新闻工作者协会在这方面发挥了重要作用，《地球谈判公报》也积极参加了大多数国际环境缔约方会议。

由科学组织和学术机构组成的全球性网络应当担负起建立一个环境数据库的责任，从而使媒体能够通过电子手段从世界任何地方进入这个数据库。鉴于谷歌等私营组织致力于开放地理数据，它们在这方面的作用不可低估。每个地区都应该为潜在的环境记者提供短期的职业培训计划。现在有大量的科学和环境新闻奖项，这也被证明是对优秀报道的重要激励。慈善组织和专业组织之间建立合作关系有助于促进这种互动，卡弗里科学奖就是一个例子。同样重要的是，要注意到对活动和宣传的大额奖励，如奖金为15万美元的高德曼环境奖。只要这种交锋是以议题为基础的，并有利于判断民间社会主要环境诉求的关键要素是否可以接受，那么这种交锋也可以是建设性的。

登记异议的国际法律机制（如美洲人权法院）和各国法律追索机会（如美国《外国人侵权索赔法》）的适用，可以为媒体报道提供更多的"故事线索"。[1] 此类交锋起初可能与环境外交背道而驰，但却能使争论更加尖锐，在诉讼的庇护下运作，有时能使不愿意妥协的各方达成共识；媒体可在确保向各方报告的数据透明度和游说途径方面发挥重要作用。

各种学位课程的发展促进了对科学和政策的培训和理解，特别是围绕环境外交的培训和理解，这是令人振奋的。在本书的第一版中，曾提出过关于建立环境外交学院的建议。这已经通过各种计划间接地实现了，如联合国授权的和平大学（位于哥斯达黎加）的环境、发展与和平硕士课程（也有环境安全与治理专业），联合国大学高级研究所（位于日本横滨）的环境治理硕士课程（生物多样性专业）。在国际关系学院内也发展了许多其他计划，这些计划将环境外交作为其研究和教学内容

---

[1] 媒体对根据《外国人侵权索赔法》提起的环境损害案件进行了大量报道，该法原本是针对公海上的海盗行为。2013年，美国最高法院大大限制了这一法规对海外环境损害的适用权力。在荷兰皇家石油公司一案的判决中，法院裁定如果相关行为发生在美国境外，则不能利用该法对涉嫌违反习惯国际法的行为提出索赔。法院对公司是否可以根据法规对违反习惯国际法的行为承担责任的问题保持沉默。

之一。2000年，麻省理工学院出版社创办了《全球环境政治》杂志，为这一领域的研究提供了一个定期出版的场所。因此，环境外交现在已牢固地确立为一个学术研究领域，同时也是国际外交官和记者在其职业发展规划中考虑的一个领域。

十 重塑三阶段流程

本书第一版还建议联合国大会采用一种新的环境条约制定方法，使环境条约谈判系统化，并使全球期望同步化。[①] 这些想法还是值得考虑的，尽管仍需要进一步调整。更具体地说，所有国家都应该能够依据这样一个事实，即全球环境条约的制定将通过一个可预测的三阶段流程，并有明确的时间限制和表决要求（见表7.1）。重要的是，要注意到我们在提出这个三阶段流程时，应当同时认识到现有的国家层面的批准制度不太可能改变，特别是在美国（见附录D）——一个对环境以及对其他国家整体谈判能力和水准影响力最大的国家。

表 7.1 全球环境条约制定的三个阶段

阶段/目的	所分配的时间	所需达到的投票数	成果
第一阶段 确定威胁的范围，并确定在制定全球对策时将适用的关键原则	自50%的联合国大会（GA）成员同意开始时算起，为期6个月	50%的联合国大会成员同意开始；50%的联合国大会成员必须同意进入第二阶段	科学成果报告，原则声明；签署协议（无须批准）

[①] 我们感谢地球峰会荷兰谈判小组成员伯特·梅斯（Bert Metz）博士分享了他对《气候变化框架公约》的"三层一揽子方案"的看法。作者劳伦斯·萨斯坎德同梅斯和荷兰政府环境总干事马吕斯·埃因托芬（Marius Einthoven）的对话有助于澄清同步预期的重要性。

续表

阶段/目的	所分配的时间	所需达到的投票数	成果
第二阶段 商定一般承诺、具体承诺、财务安排、机构安排、报告和监测要求。制定具有明确触发因素的多个协议	第一阶段完成后12个月内开始；谈判开始后24个月内结束；如果不成功，则推迟24个月	第二阶段开始后，必须有50%的国家批准才能生效；如果谈判停止，必须有50%的联合国大会成员投票才能恢复	签署的公约和多份协议（必须批准）
第三阶段 审查第二阶段条约的结果，使条约和议定书的所有内容更加严格	第三阶段将在签署后的3年内进行；然后各缔约方将再次举行会议，以使相关议定书的所有要素和规定更为严格有效；始终有可能继续审查和进一步修正	批准第二阶段条约的国家中，66%必须同意条约收紧修正案；如果不成功，则推迟24个月。所有签署国中的50%必须同意重新开始第三阶段的条约收紧工作	经修正的公约和经修正的议定书（无须批准）

第一阶段应主要侧重于确定威胁的范围和界定关键原则（例如预防原则、"污染者付费"原则、可持续性原则、援助分配的额外性原则），这些原则将适用于制定针对具体问题的全球对策。每当有50%的联合国会员国同意需要应对某种风险或威胁时，联合国行政协调委员会就应启动第一阶段条约制定程序。第一阶段应该限制在6个月以内（也就是说，从50%的成员表示愿意开始起计算）。第一阶段的目标应是一份书面文件，总结将风险视为严重风险的科学依据，并列举将指导全球寻找适当对策的原则。

假设第一阶段成功，第二阶段应在第一阶段启动后一年内开始。第二阶段应当将重点放在期望签署国作出的一般承诺

（例如承诺改变某些国内政策或参加合作研究工作）；适用于各类国家的具体承诺（即时间表、目标等）；表明谁将捐款和谁将获得多少资金（或技术）的财务安排；机构安排以确保有效执行，包括指定一个秘书处；签署国应遵守的报告或监督要求。条约的所有其他方面（见表2.2），例如批准的时间和机制、解决争端的技术和重新召集会议的程序等都应标准化。同样，第二阶段的目标也应该是一份书面文件，该文件的特异性会超越大多数框架公约。

第二阶段的谈判应有24个月的时间限制。如果参加第二阶段谈判的联合国大会成员国中有50%的国家不接受为期2年的努力的结果，那么关于该主题的条约制定工作应至少推迟两年。届时，如果有足够多的国家同意就可以重新开始。关键问题是要终止毫无成效的谈判。虽然这看起来可能会削弱环境保护的目标，但我们认为，这将给条约的倡导者带来巨大压力，促使他们尽可能努力应对拟议新条约中存在的对必要性或有效性的合理质疑。明确的时间限制和表决数量将明确谈判在每一个环节的具体立场。所需的50%的投票率将确保最终达成协议的可信度和合法性。

假设向前推进的主张得到支持，同意第二阶段条约草案的联合国大会成员国将谈判和批准多项议定书，并说明在威胁或问题消失或恶化的情况下今后将采取的各种行动。第二阶段条约草案和议定书获得批准后，将启动第三阶段。

第三阶段将持续3年，重点是对前几年执行情况的报告和监督结果进行年度审查。这将导致对第一阶段和第二阶段所涉及的所有6个要素进行重新调整。第三阶段的3年谈判成果将导致条约收紧。第三阶段应在第二阶段条约签署后的36个月内进行。只有在 2/3 的第二阶段签署国投票决定启动第三阶段的工作时才能进行第三阶段的工作。如果 2/3 的国家在这一点上不能达成一致意见，第三阶段应至少推迟 24 个月，只有在至少 50% 的联合国成员国同意重新启动这一阶段的情况下才能恢复。这将再次迫使那些希望继续前进的国家寻找可接受的方案。第三阶段的产物将是一个更严格的条约，并有一套修订后的协议来指导条约实施。

第三阶段的条约应包含多项议定书（即一套应急要求），并有明确的"触发条件"。这些要求将在监测第三阶段的结果数年后进行修订，因此其比现行框架公约中的假设性要求更容易得到支持。第三阶段条约还将包括持续审查和修正的规定，但这些规定比现有公约—议定书系统的产品更有可能产生实际结果。

这样一个三阶段体系必须得到仔细的管理，也许是由一个人员充足的可持续发展委员会管理，也许是由环境规划署管理。它将需要联合国秘书长和联合国大会的全力支持。它将允许同时处理有适当联系的条约，并要求有能力的秘书处来处理第三阶段条约收紧谈判的所有方面，包括必要时进行调解。

这种同步、协调的制度将使各国和非政府利益集团能够调动其资源，以便它们能够参与对其最重要的具体条约制定方面的工作。这将避免地球峰会期间围绕气候变化、生物多样性和森林谈判的混乱和对抗。在里约会议之前，一些国家（特别是欧洲国家）主张制定一项相当于第三阶段的气候变化条约——包括尽可能广泛的一套原则，要求严格的一般义务和具体义务，寻求为一套详尽的财务安排提供充分的资金，为执行工作建立一个新的体制框架，并呼吁制定详尽的报告和监督要求。美国和其他一些国家对更接近第一阶段条约的东西更感兴趣，没有具体义务，没有新的财政要求，也没有新的体制安排。

直到里约地球峰会召开之前，欧洲人一直宣称，他们接受的只是我们所说的第三阶段条约。事实上，一些欧洲领导人表示，他们宁愿不签订任何条约，也不愿意让美国拥有它所推动的弱化版本（即没有目标或时间表的第一阶段条约）。美国坚持要一个相当于第一阶段的条约，否则就什么都不做，如果没有美国的财政承诺，就无法达成基本的谈判交易。

我们建议的三阶段方法将避免这种对抗，并允许按照可预测的时间限制逐步迈向最好的条约或一揽子条约。就目前而言，我们不知道何时或者是否会有《气候变化框架公约》的后续议定书。过去10年来，传统的公约—议定书方法与我们提议的三阶段进程之间最重要的区别在于可预测性。三阶段进程将按照每个人都会提前知道的时间表运作。在这一进程中，所需的投票数量将是明确的（决定将不需要全票通过）。每项条约所包含的内容不会改变，衡量适当进展（或停止条约制定进程）的标准也不会改变。更高的可预见性将使联合国、其所有成员和有兴趣参与条约制定的非政府组织机构能够有针对性地利用其资源，组织其筹备和建立联盟的工作，并预测同一时间窗口内安排的条约制定工作之间的潜在联系。

我们可以预见到三阶段进程所面临的几个挑战。首先，一些与会者会认为，时间表是人为拟议的，目前的开放式进程提供了有益的灵活性。他们倾向于让每项条约制定工作按部就班地进行。我们认为，我们为这种灵活性付出的代价太高。在地球峰会之前，人们抱怨条约的制定时间太长——从科学会议开始到第一轮条约紧缩产生一项有意义的议定书，往往需要10年或更长时间。地球峰会的筹备工作进展过快，使得就一系列有意义的承诺（例如，时间表、目标和财务安排）达成共识的时间太少。我们所描述的时间表，或类似的时间表，提供了一个合理的中间地带，并在一定程度上被随后的2002年约翰内斯堡会议和2012年"里约+20"峰会遵循——尽管预期的成果也比1992年的峰会要少。

一些非政府组织机构会提出，我们所建议的表决门槛可能会导致所有环境条约的制定工作停止。他们愿意继续目前的做法，即只让一小部分国家制定和签署某些公约，以便在面临重大威胁时至少有一些行动。那些得到承诺，但是并不代表世界大部分人口利益的条约，是否具有可执行性和有效性是我们更为关心的。

最后，可能会有人对三阶段进程提出批评，他们会说，我们所提议的条约制定制度与目前实行的条约制定制度并没有什么不同。它仍然以国家主权和联合国内继续实行一国一票制为前提。它不能保证在面临严重威胁时采取集体行动。它仍然假定需要5~8年的时间来建立对相当于更严格的议定书的支持。这些批评是正确的，但它们低估了关键差异的重要性。

在世界范围内实现期望的同步化和采用三阶段办法将实现3个重要目标。首先，将避免里约辩论中那种"要么全有，要么全无"的性质。由于这一流程的步骤将是明确的（且以后的阶段和投票规则也是不可避免的），各国在条约谈判的早期阶段不必如此苛刻。《气候变化框架公约》几乎被废止，因为有太多的国家认为它们必须在这一次谈判中赢得所有的关键点（因为担心可能不会有关于全球变暖的后续谈判）。其次，三阶段方法有利于问题的联系，并且鼓励通过应急议定书。如果没有对更广泛的条约制定议程的清晰认识和全面管理，有效的联系和应急议定书就很难实现。最后，三阶段进程创造了一个明确的合作学习过程。监督的主要功能是调整和改进条约，而不是确保遵守。这创造了一个更具建设性的环境，应该可以改善工作关系。

这三个阶段流程通过使全球谈判工作成为可能的方式来解决南北分歧。更加可预测和更有条理的条约制定制度将使这一谈判的层次更加明确。三阶段方法通过使非政府组织机构更容易更有效地参与条约制定来解决主权问题。此外，许多较小的国家应该减少防备，因为表决门槛保证了少数几个大国不能欺负它们，也不能在没有它们参与的情况下前进。三阶段流程一方面增加了谈判的动机，当步骤和表决门槛明确时，被拉拢的风险较小。另一方面，参加第一阶段谈判不需要事先承诺加入第二阶段。更多的国家将有机会了解可能的环境威胁，并解决更大的原则问题，而不必作出任何承诺或采取行动的暗示承诺。

转向三阶段流程还能起到另外两个作用。它将加强各秘书处的力量，赋予它们明确的任务，并明确其目标是建立共识。它还将使联合国秘书长更容易对有关全球环境条约的谈判保持5年的管理视角。

十一　促进环境共识：区域和国际层面

在考虑微观层面的改革努力的同时，让我们也考虑一下值得更多关注的更为宏观的环境外交红利。自本书第一版出版以来的20年间，国际环境治理体系已经足够成熟，我们可以考虑这些进程。尽管认识到环境资源的分配可能会助长冲突，但最近的研究却开始关注环境威胁作为共同抵制的对象，在促进冲突解决时的可利用性。对于政策制定者来说，这种方法也许更有用，因为它的目的是解决问题。政府决策者最需要考虑的是，即使发现冲突的诊断本质不属于环境性质，也很可能通过环境手段实现补救。理解环境合作的关键在于摒弃线性因果关系，而将冲突的缓和过程视为非线性的，这往往构成一系列复杂的反馈循环。积极的交流和建立信任的姿态是认识到共同环境威胁的结果。

有观点认为，对手之间在环境问题上的合作是低级政治，可能不会转化为解决类似军事威胁等关系国家安全的高级别政治冲突的手段。在这种观点中，环境保护充其量只是中层官僚之间外交周旋的手段，最坏的情况是成为一个政体中有影响力的成员的合作工具。这些批评者举出了印度和巴基斯坦或约旦和以色列等敌对国家之间在水资源方面合作的例子，但随后并没有转化为更广泛的和解或和平。因此，可以说，资源和环境问题在世界政治中的重要性不足以发挥工具性作用。然而，对这一案例进行更积极的阐述会发现，水资源在这种情况下是如此重要，以至于即使是对手也必须在水资源问题上表现出某种程度的合作，即便这些合作不会波及广泛的和平。

此外，利用环境问题促进和平，必须在较长的时间跨度和反复的互动中以演进的方式加以考虑，且需要考虑以下经验和前提条件：

——建立一个关于共同环境威胁的联合信息库；

——认识到合作对缓解该威胁至关重要；

——从最初的环境合作中建立认知联系和信任；

——由于环境的需要，要进行长期持续互动；

——澄清误解，缓解相关冲突；

——加强合作和由此产生的和平建设。

鉴于某些环境资源的必要性,以及人们日益认识到环境问题需要制定跨越国界(和在国界内)的综合解决方案,近年来在解决冲突中利用这些资源的可能性不断提升。将生态因素从技术层面提升到一个高度政治化的问题,将要求领导人重新考虑现有区域组织的作用,最主要的是南亚区域合作联盟(SAARC)以及国际山地综合开发中心(ICIMOD)等科学组织。例如,南亚区域合作联盟的章程阻止印度和巴基斯坦将区域技术合作与被视为双边事务的更广泛的领土争端联系起来。然而,印度和巴基斯坦之间的《印度河水域条约》等双边协定也受到其高度具体的职权范围的限制。两国在水资源管理项目上不断发生的争端考验了该条约,但它从来就没有打算成为一个生态管理协议,而是根据水流量指标对河流进行了划分。与其重新谈判一项在结构上侧重于划分自然资源而不是寻求环境效率高的解决方案的协议,不如考虑建立有关保护和改善流域质量的新合作机制,这样会更有成效。

国际环境条约,如《拉姆萨尔公约》,其任务规定中包括跨界合作,也可以提供一个机制将生态合作与更广泛地解决争端和加强区域安全联系起来。如果各国能够通过技术在整个南亚地区找到更有效的水和能源利用手段,也可以缓解水和能源短缺对分配方面的压力,从而减少为争夺这些资源发生冲突的可能。

国际发展捐助方需要对现有的项目进行配置,以激励那些能够建立信任并具有后续和平建设潜力的项目。例如,冰川科学研究或河口生态学方面的合作可以与国际争端(如印度和巴基斯坦的锡亚琴冰川和爵士溪争端)的解决前景建立建设性的联系。有一些可能进行这种重组的著名项目，其中包括气候与发展知识网络（CDKN）、南亚发展与环境经济网络（SANDEE）、南亚区域能源倡议（SARI/Energy）和南亚合作环境计划（SACEP）。然而，正如国际山区综合开发中心涵盖7条越境山脉（其中没有一条包括印度和巴基斯坦）的项目所体现的那样，捐助者目前的做法倾向于关注容易实现的目标，而不是关注能够对地区和平产生更持久影响的倡议。将环境因素与食品和医疗保健等人类基本必需品联系起来，也可以提高这些办法的政治重要性。最近对登革热和小儿麻痹症等传染病的关注，可以为具有更广泛和平建设目标的区域合作提供动力。

将环境因素作为一种合作机制加以考虑，贸易配置也可以调整得更为适当。例如，一个国家在气候或水的可得性方面比较具有优势，其商品可以作为贸易优先目标。因此，贸易应侧重于进口那些能源或水资源投入产出比更高的国家的产品，而不是试图为水资源或能源建设新的大规模国内基础设施。同时，应鼓励通过天然气管道或可再生能源基础设施技术转让进行能源贸易，因为预计南亚的资源消耗量将大幅增加，这将需要供应方和需求方制定合作战略。

由于清楚地认识到生态系统不受政治边界的限制，一些国际组织采取了"生态区域"的保护方法。由于政治边界可能会将这些连续的生态系统分割开来，所以有必要进行环境外交，从而产生了"跨境保护"这一新兴的实践领域。国际组织可以在这方面发挥重要作用，确保政治竞争和对安全问题的敏感性不会妨碍对这些地区进行环境和社会保护。边境社区特别容易受到政治冲突的影响，在这种情况下，自然资源可能因经济和社会问题而引发激烈的争议。国际热带木材组织对跨境保护的兴趣可以追溯到1990年，当时国际热带木材组织派往沙拉越州的代表团建议，应在保护区内保护更多的土地。[1] 以此为指引，国际热带木材组织制定了《保护热带生产林生物多样性准则》，并与国际自然保护联盟合作出版。国际热带木材组织还认识到这些边境地区在支持邻国之间合作方面的潜力。特别是在"生态系统方法"的指导下，制定保护区等重点区域工作方案，作为上述做法的一部分，符合在《生物多样性公约》中得到广泛认可的环境和平建设任务的要求。

有意思的是，国际环境协定已经注意到了这些问题，但有关跨境方面的任务往往被埋没在程序中，很少引起执行实体的重视。例如，2004年，《生物多样性公约》在吉隆坡第七届缔约方会议上的决定声明指出："在'生态系统方法'的指导下建立和管理保护区系统，不应简单地从国家角度考虑，如果相关生态系统超出国家边界，也应从生态系统或生物区域角度考虑。这为在国家管辖范围以外建立跨境保护区和海洋保护区提供了强有力的论据，并提升了其复杂性。"[2] 此外，该文件的目标1.3部分指出："建立和加强区域网络、跨境保护区以及相邻保护区之间的合作，具体目标是：到2010/2012年建立和加强跨境保护区、其他形式的跨国境相邻保护区之间的协作和区域网络，以加强生物多样性的保护和可持续利用，实施生态系统方法，并改善国际合作。"

民间团体直接参与国际环境协定的作用越来越大。像国际

---

[1] 国际热带木材组织作为一个组织的详细历史参见 D. Poore, *Changing Landscapes: The Development of the International Tropical Timber Organization and Its Influence on Tropical Forest Management* (London: Earthscan, 2003)。

[2] UNCBD COP 7 Decision, Kuala Lampur, 2004, pertaining to Protected Areas (Overall section II, point 8).

可持续发展研究所这样的组织,通过一个庞大的网络,由参加缔约方会议的专职作家出版《地球谈判公报》,显示出这些组织强大的认识作用。正如马克·利维(Marc Levy)、罗伯特·基欧汉(Robert Keohane)和彼得·哈斯在20多年前对国际环境机构的广泛研究中所指出的那样,非政府组织在"增加非政府组织的关注、改善合同环境和提高国家能力"方面可以发挥关键作用。① 同时,非政府组织可以帮助传播科学知识、提高公众对环境威胁的认识、提供商讨谈判的论坛、帮助实施监测、加强国家和国际问责制,并帮助转让管理和科技方面的专业技术。为了完成这些任务,非政府组织机构必须保持其独立性,尽管这并不意味着它们不能在国家代表团中发挥作用或参与国际谈判。

十二 与全世界的期望同步

在里约地球峰会之前的几个月里,关于《联合国气候变化框架公约》的谈判数次陷入僵局,这通常是一些国家想方设法让其他国家作出让步或获益更少所导致的。不过,部分问题也是由于期望值严重不匹配造成的。对一些领导人来说,地球峰会是一个千载难逢的机会,可以打破西式经济增长的主流逻辑,迫使发达国家接受对世界资源使用的限制。对他们来说,关于个别条约的谈判提供了一个能够引起更大关注的机会。其他领导人更关心的是巩固对新出现的一般原则的支持——比如可持续性和"污染者付费"原则——以使这些原则能够成为未来所

---

① Peter M. Haas, Robert O. Keohane, and Mark A. Levyeds., *Institutions for the Earth: Sources of Effective International Environmental Protection* (Cambridge, MA: MIT Press, 1995).

有环境条约谈判的起点。还有一些领导人主要关注全球变暖问题，他们希望获得减慢全球变暖速度甚至扭转全球变暖趋势的承诺。总而言之，不仅存在通常的国家利益冲突，而且在地球峰会甚至在所有全球环境谈判中，对能够和应该取得什么成果的期望也存在明显差异。

在气候变化和生物多样性谈判方面，七十七国集团（发展中国家）坚持认为，只有在发达国家同意提供新的额外的财政资源并减少温室气体排放的情况下，才能讨论发展中国家的义务。发达国家认为，只有当发展中国家同意通过和执行旨在减少其温室气体排放的国家政策，并接受"允许外界要求监督国家的报告"条款时，它们才会提供新的和额外的财政资源。在工业化国家中，赞成目标和时间表的国家与反对的国家之间也存在分歧。不同国家对于提供多少资金以及额外的援助是否应该有附加条件也有不同意见。在发展中国家内部也存在分歧。最重要的分歧集中在应在多大程度上要求发展中国家降低排放水平，以及应在多大程度上允许侵犯主权的监督安排。

150多个国家商定了一个方案，即发达国家同意提供更多的资金（发展中国家对资金分配有更多的控制权），以换取发展中国家承担一部分减排责任并对其监督报告的准确性承担更大的责任。最后，虽然美国不愿意接受具体的排放目标和时间表（但愿意向全球环境基金增加资金），发展中国家因此很容易就同意了该基础交易。欧洲国家在里约峰会之前已经通过了减少温室气体排放的时间表和目标，它们别无选择而只能继续进行。欧洲国家需要美国和日本向全球环境基金增加投入，需要某种气候方面的公约证明其对减排问题所有关注的正当性，以及分担其通过单边减少排放所付出的巨大成本。

威廉·扎特曼（2007）指出，所有国际谈判都是"各方以解决问题为目标，共同制定一个确定的准则，然后将该准则的原则转化为具体的执行细节"。达成方案的机会只受制于每一方的信念，即必须满足其在优先问题上的"最低要求"，以及不得超过其在对自己最重要的问题上所能提供给别人的"最大可接受水平"。在气候变化谈判中，寻求解决方案当然是问题所在，但发达国家和发展中国家的期望之间的根本失衡问题并没有得到解决。虽然它们在逐个条约的基础上又找到了一个方案，但这个方案可能已经失去作用了。

扎特曼认为，《保护臭氧层维也纳公约》是围绕着一个准则建立的，该准则提供了"一个宽松的框架协议，以换取研究和对研讨会及未来会议的承诺"，换句话说，支持更严格监管的人接受了比他们想要的更少的东西，以换取获得证据的机会，这些证据随后可以用来紧缩条约。扎特曼认为，《蒙特利尔议定书》体现了另一个准则，即"以可变的生产和消费削减来换取其他的例外情况"。最后，《蒙特利尔议定书》的《伦敦修正案》提出"以强制淘汰来换取财政激励"。扎特曼认为，所有成功的准则都提供了一个硬阵营和软阵营之间的折中方案，并产生了部分结果，随着新证据的收集，这些结果会向更严格的约束性义务靠拢。

从一个角度来看，扎特曼可能是对的：包括《联合国气候变化框架公约》在内的一些框架公约的最初谈判制定了基本的准则，即基础方案不得提出低于一方最低限度或高于其最高限度的条件。正如扎特曼所言，谈判从主要回合的"是否"做某件事，到随后几轮"何时、做什么、如何做"，但随着这种情况成为一种常见的模式，一些国家可能会发现结果越来越不令人满意,特别是如果它们有兴趣走向新的、更大的南北谈判。如果发展中国家没有看到新的全球谈判的进展,它们很可能会拒绝接受增量的补偿,以换取对其他条约的支持。

最终,我们需要从全球公益的角度来考虑国际环境协定。斯科特·巴雷特(Scott Barrett)于 2003 年在他的著作《环境与国家行为:环境条约制定的战略》中,通过博弈论的视角提醒我们注意这一前景。巴雷特告诫说,条约要想"自我执行",就必须既在主权方面具有个别合理性,又在管理共同资源方面具有集体合理性。虽然我们在叙述结束时提供的许多一般性经验教训可以适用于所有条约,但我们不应忘记,每项协议的基本激励机制存在关键差异。在每一个案例中,都需要仔细审查这些激励机制,以便对条约的设计进行调整。环境外交总是有科学基础的,而研究显然可以在一定程度上提高分析水平,以完善这一国际关系领域。还需要撰写更多的博士学位论文,以进一步为环境外交体系改革机制的讨论提供信息并更新内容。虽然全球治理体系仍然难以实现,但环境外交至少可以为人类如何超越部落主义以实现地球繁荣提供原型。

参考文献

Scott Barrett. 2006. *Environment and Statecraft: The Strategy of Environmental Treaty-Making*. New York: Oxford University Press.

Peter M. Haas, Robert O. Keohane, and Mark A. Levyeds. 1995. *Institutions for the Earth: Sources of Effective International Environmental Protection*. Cambridge, MA: MIT Press.

Maria Ivanova. 2011. "Global Governance in the Twenty first Century:

Rethinking the Environmental Pillar. " Available at: http://works.bepress.com/maria_ivanova/1.

Karen Kline and Kai Raustiala. *International Environmental Agreements and Remote Sensing Technologies*. Background paper prepared for the Workshop on Remote Sensing and Environmental Treaties: Building More Effective Linkages December 4 – 5, 2000.

Alfred Marcus. 1980. "Environmental Protection Agency." *The Politics of Regulation*, ed. James Wilson. New York: Basic Books. 267 – 303.

Nicolas Peter. 2004. "The Use of Remote Sensing to Support the Application of Multilateral Environmental Agreements." *Space Policy* 20 (August): 189 – 195.

Duncan Poore. 2003. *Changing Landscapes: The Development of the International Tropical Timber Organization and Its Influence on Tropical Forest Management*. London: Routledge.

Lawrence Susskind, Eileen Babbit, and Phyllis Segal. 1993. "The Federal ADRAct: Progress and Prospects." *Negotiation Journal* 9 (January): 59 – 75.

UNCBD COP 7 Decision, Kuala Lampur, 2004, pertaining to Protected Areas.

United Nations Environment Programme (UNEP). 2012. *UNEP Upgraded to Universal Membership Following Rio + 20 Summit*. Nairobi: UNEP (December 21).

John Vidal. 2012. "Many Treaties to Save the Earth but Where's the Will to Implement Them?" *The Guardian* (June 7).

William Zartman. 2007. *Peacemaking in International Conflict: Methods and Techniques*. Washington D. C. : United States Institute of Peace.

附录 A 条约

条约名称	所针对的环境威胁	建议的回应	主要争论点	条约签署年份	签署时签署方数量	当前缔约方数量	条约生效日期	秘书处	重大的条约调整内容	监督管理的内容
1 《南极条约》	军事活动以及核废料和放射性废料的倾倒对南极地区所造成的破坏。	缓和不同主权主张之间的冲突的国际管理机构。将该地区的活动限制在科学研究的范围之内,以将国际利益排除在常规地缘政治之外。通过法律保证缔约方的信息和研究共享,在条约缔约方之间建立法律规则的合作精神。	先前的主权主张被条约冻结。无法派遣南极探险队的缔约方的咨商地位。有权决定北极规章制度的缔约方的数量。缔约方管辖权的不明确是为了确保缔约方实施法律规则的能力。	华盛顿特区,1959年12月1日	12	54	1961年6月23日	南极条约秘书处(ATS)	1964年:《南极动植物保护商定措施》。1972年:《南极海豹保护公约》。1980年:《南极海洋生物资源保护公约》。1988年:《南极矿产资源活动管理公约》。1991年:《环境保护议定书》。2004年:成立南极条约秘书处。	计划探险和研究的缔约方必须提前告知其他缔约方它们的计划。突击检查由条约缔约方实施,而且检查活动由国际或国家观察员开展。如果缔约方不认同检查结果,其可以选择向南极条约秘书处或国际法院的内部仲裁解决体系提出争议。

附录 A　条约 / 219

续表

条约名称	所针对的环境威胁	建议的回应	主要争论点	条约签署年份	签署时签署方数量	当前缔约方数量	条约生效日期	秘书处	重大的条约调整内容	监督管理的内容
1a《南极动植物保护商定措施》	动植物的开发、入侵物种和微生物的引入。	使用许可制度获得动植物的自愿监管。	部分缔约方寻求对所能获得的动植物数量的更大限制。没有充分解决科学研究所造成的污染和外来入侵物种所可能造成的污染。	布鲁塞尔，1964年6月13日	12	21	1966年7月27日（部分的），1966年9月1日（完整的），2011年失效	南极条约秘书处（ATS）	1980年：被《南极海洋生物资源保护公约》所取代。1991年：被《环境保护议定书》所取代和扩展。2011年失效。	信息共享和透明度。各缔约方自愿监管。缔约方需要将其所有相关活动通知其他缔约方。
1b《南极海豹保护公约》	南极海豹种群的商业捕捞和开发。	科学界制定的监管标准。包括不针对特定的海豹物种实施配额、有限的捕捞区域和有限的捕捞季节。规定原住民继续捕捞有限数量的海豹。	部分国家仍在寻求重启对海豹的商业捕捞，非政府组织和倡导团体寻求对海豹捕捞的完全禁止。	伦敦，1972年6月1日	12	17	1978年3月11日	南极条约秘书处（ATS）	1988年：修正案降低了每张许可证所允许的可捕捞的海豹数量的上限。	缔约方需要保存和共享许可证上和实际捕捞数量的记录。至少每隔五年，缔约方需要开会审查新的科学数据，以重新确定有关海豹捕捞数量的最佳上限数值。

续表

条约名称	所针对的环境威胁	建议的回应	主要争论点	条约签署年份	签署时签署方数量	当前缔约方数量	条约生效日期	秘书处	重大的条约调整内容	监督管理的内容
1c《南极海洋生物资源养护公约》(CCAMLR)	南极周边海洋生态系统的退化。南极周边地区海洋资源的过度开发。	遵守具有法律约束力的监管措施，包括所有对商业物种的配额管理。	配额数量过于严苛或者不够严格。资源是少数几个国家的特权。管辖权的创设在责任的分配存在模糊性，导致在海洋保护区的创建过程中分歧不断。	堪培拉，1980年5月20日	15	36	1982年4月7日	南极条约秘书处（ATS）	1990年：修正案采取新的保护措施。2013年：努力争取将罗斯海增加为新的保护区——这将是历史上最大的海洋保护区。	缔约方的自我报告。独立的观察和检查系统以确保各缔约方对保护措施的遵守。
1d《南极矿产资源活动管理公约》(CRAMRA)	自然资源的开采导致南极生态系统的退化。	《南极条约》顾问国的成员国将对矿产勘探和开采的性质和范围施加控制。	对保留或完全禁止任何矿产资源活动的合法性存在分歧。	惠灵顿，1988年6月2日	19	19	尚未生效且不会再生效	《南极条约》顾问国的成员国的集体管理。	从控制矿物开采的原始主题转向完全消除采矿的主题。1991年：被《环境保护议定书》所取代。	成员国的自我报告和执行。

续表

条约名称	所针对的环境威胁	建议的回应	主要争论点	条约签署年份	签署时签署方数量	当前缔约方数量	条约生效日期	秘书处	重大的条约调整内容	监督管理的内容
1e《环境保护议定书》(《马德里议定书》)	人类的持续自然保护致南极生态系统的退化,包括自然资源的开采、外来物种的引入、废物的管理和海洋的污染。	将南极洲指定为自然保护区,暂停采矿或产勘探,时间长达50年。制定环境应急灾害预案。环境损害责任规则。开展环境影响评估、废物处置和管理、动植物保护、船舶排放导致海洋污染的预防、保护区管理等活动。	美国反对全面地和永久地禁止矿产开采导致了50年的暂停期。关于环境损害经济责任的范围。	马德里,1991年10月4日	24	33	1998年1月14日	南极条约秘书处(ATS)	附件一 环境影响评估 附件二 南极动植物保护 附件三 废物处置和废物管理 附件四 防止海洋污染 附件五 区域保护和管理 附件六 环境紧急情况所引起的责任	各《南极条约》国通过实施本国立法遵议定书,承担遵约和监督责任。法规是强制性的,具有法律束力。

续表

条约名称	所针对的环境威胁	建议的回应	主要争论点	条约签署年份	签署时签署方数量	当前缔约方数量	条约生效日期	秘书处	重大的条约调整内容	监督管理的内容
2 《生物多样性公约》(CBD)	主要由人为手段所造成的物种灭绝和极不寻常的生态系统的破坏。	缔约方必须在其领土范围内识别和监测濒危物种或生态系统。制定保护和可持续利用生物多样性的国家战略、计划或规划,将生物多样性保护和可持续利用纳入相关部门或跨部门计划。为发展中国家提供财政援助,以促进保护计划的适用。	公平公正的利益分享尚未有一个高效的实施方式或一个被普遍认可的系统。知识产权的许可程序、《生物多样性公约》的整体实力和有效性被视为破坏世界贸易组织内与贸易有关的知识产权协议(TRIPS)的一种方法。	里约热内卢,1992年6月5日	168	196	1993年12月29日	生物多样性公约秘书处 (SCBD)	2000年1月29日:《卡塔赫纳议定书》2010年10月15日:《名古屋-吉隆坡补充议定书》2010年10月29日:《名古屋议定书》2011~2020战略计划:制定了保护生物多样性的五个关键的战略目标。这五个目标是:将生物多样性问题纳入主流;促进可持续使用,为确保遗传多样性;增加生物多样性所能带来的益处,并改进实施。	每个缔约方都必须提交关于它们行为效率和公约义务所采取的措施的报告。报告必要被提交至缔约方大会。

续表

条约名称	所针对的环境威胁	建议的回应	主要争论点	条约签署年份	签署时签署方数量	当前缔约方数量	条约生效日期	秘书处	重大的条约调整内容	监督管理的内容
2a《卡塔赫纳生物安全议定书》	引人改性活生物体的现代生物技术对世界生物多样性所造成的威胁。	在它们允许将改性活生物体引入其领土之前,事先知情同意制度(AIA)能为各国提供信息。通过创建和维护生物安全资讯交换中心实现改性活生物体数据的透明度和合并。对有关改性生活生物体的事项采用预防性语言,特别是在进行风险评估之时。	(见《生物多样性公约》的主要争论点)	卡塔赫纳,2000年1月29日	103	173	2003年9月11日	生物多样性公约秘书处(SCBD)	2010年:《名古屋-吉隆坡补充议定书》。2010年:《生物多样性公约关于获取遗传资源和公平公正分享利用遗传资源所产生惠益的名古屋议定书》试图解决《卡塔赫纳议定书》所不能达成共识的问题,例如责任和补救。	改性活生物体的进口商和出口商需要相互提供关于改性活生物体的信息,并将该信息同时向生物安全资讯交换中心提供。出口商在议定书下有更多要求。缔约方需要监督其自身履行情况,并向缔约方大会提供报告。

续表

条约名称	所针对的环境威胁	建议的回应	主要争论点	条约签署年份	签署时签署方数量	当前缔约方数量	条约生效日期	秘书处	重大的条约调整内容	监督管理的内容
2b 《卡塔赫纳生物安全议定书中关于责任和补救的名古屋－吉隆坡补充议定书》	引入改性活生物体（LMO）的现代生物技术未对世界生物多样性所造成的威胁。	为国界引入跨改性活生物体所造成的损害寻求补救的法律框架。	（见《生物多样性公约》的主要争论点）	名古屋，2010年10月15日	51	49	2018年3月5日	生物多样性公约秘书处（SCBD）		补充议定书作为管理者，旨在帮助各国从控制造成损害的改性活生物体的经营者、个人或实体寻求救济。

续表

条约名称	所针对的环境威胁	建议的回应	主要争论点	条约签署年份	签署时签署方数量	当前缔约方数量	条约生效日期	秘书处	重大的条约调整内容	监督管理的内容
2c《生物多样性公约中关于遗传资源获取和公正分享利用遗传资源所产生惠益的名古屋议定书》	人为因素对世界生物多样性所造成的威胁。	通过公平公正的方式分享利用遗传资源所获得的惠益。进一步受益于共享资讯交换中心,以更好地促进遗传资源利益和资源的民主化。明确财务机制和资源调动的相关内容以促进目标和应对措施的实现。	(见《生物多样性公约》的主要争论点)	名古屋,2010年10月29日	92	137	2014年10月12日	生物多样性公约秘书处(SCBD)		议定书有关于监测遵约的程序和机制。议定书提出采用国际证书和检查点等措施监测遗传资源的利用情况。议定书的许多条款都要求缔约政府"酌情采取立法、行政或政策措施",此举无疑为政府制定履约和国内监管措施上预留了广阔空间。

续表

条约名称	所针对的环境威胁	建议的回应	主要争论点	条约签署年份	签署时签署方数量	当前缔约方数量	条约生效日期	秘书处	重大的条约调整内容	监督管理的内容
3 《气候变化公约》	人为因素所引起的全球气候变化。	发达国家应恢复历史上的相对较低的排放水平,并制定国家排放限值和清单。发展中国家应报告其温室气体排放变化,并使用最佳的和可用的科技和未来制定实施和可持续发展。	应对变化不断变化的气候关系以及缺乏适应气候变化的灵活性水平所造成的损失和损害机制。	纽约,1992年5月9日	165	197	1994年3月21日	联合国气候变化框架公约(UNFCCC)	1997年:《京都议定书》回应了这样一种认识,即公约中最初的减排条款不足以阻止或减少因人为因素所导致的气候变化。2011年:《德班平台》规定了强行动平台增《京都议定书》第二承诺期结束后的战略计划(2013~2020年)。	缔约方需要向缔约方大会提供关于其为履行公约所作的努力和所具有的能力的数据。

附录 A 条约 / 227

续表

条约名称	所针对的环境威胁	建议的回应	主要争论点	条约签署年份	签署时签署方数量	当前缔约方数量	条约生效日期	秘书处	重大的条约调整内容	监督管理的内容
3a《京都议定书》	人为因素所引起的全球气候变化。	更好地控制国家排放水平的具有法律束力的国际机制。国际排放交易、清洁发展机制（CDM）和联合履行（JI）。	《京都议定书》减少气候变化的能力与其对附件一中缔约国家所施加的财政成本相对应，但《京都议定书》并未对发展中国家提出要求，例如中国和印度，尽管它们的温室气体（GHG）排放水平在不断上升。诺时，引入强制性拒绝承认该议定书的成员。	日本，1997年12月11日	83	192	2005年2月16日	联合国气候变化框架公约(UNFCCC)	2012年：《京都议定书多哈修正案》将附件一中缔约方的承诺期从2013年1月1日延长至2020年12月31日，并修订和扩展温室气体的清单，同时还要落实承诺期的新语言以确定一系列内容。	合规委员会有两个主要分支机构：执法机构和促进机构，分支机构可以提供建议或制定合规制措施。

续表

条约名称	所针对的环境威胁	建议的回应	主要争论点	条约签署年份	签署时签署方数量	当前缔约方数量	条约生效日期	秘书处	重大的条约调整内容	监督管理的内容
4 《全面禁止核试验条约》	主要是一项安全条约，但要避免核试验的引爆所导致的放射性污染。	全面禁止所有核试验。	寻求核武器的国家抗议它们无法进行核试验。部分附件二中的国家继续延迟批准该条约，并对其他附件二中的国家提出附加条件的要求。	纽约，1996年9月24日	117	185	尚未生效	临时技术秘书处	1997年：增设临时技术秘书处。	国际监测系统（IMS）将由地震学、放射性核素、次声实验室、水声监测以及现场检查组成。如果发生违反条约的情况，条约允许制裁。特别情况下，联合国可以参与其中。

续表

条约名称	所针对的环境威胁	建议的回应	主要争论点	条约签署年份	签署时签署方数量	当前缔约方数量	条约生效日期	秘书处	重大的条约调整内容	监督管理的内容
5 《远距离越境空气污染公约》(LRTAP)	跨境空气污染的扩散对人类健康和环境造成的不利影响,例如酸化。	减少空气污染的国际合作所遵守的一般原则,具有地区性的、跨国界的法律约束力的措施,以及结合研究和政策所制定的制度框架。	很难确定每个问题的确切来源以及问题的严重程度和规模。朴素地对其他部门措施对其影响。从每个缔约当事方的角度来看,减少或去除污染源的成本可能会令人望而却步。关于持久性有机污染物(POPs)和其他长距离污染物的知识库的构建阶段,以致于公约很难有效地针对单个化合物。	日内瓦,1979年11月13日	32	51	1983年3月16日	联合国欧洲经济委员会环境司下的远距离越境空气污染公约秘书处	从1984年到1999年的八个议定书,扩展了公约所涵盖的关于工程序,监控、费率和化学品等这四个方面的内容。见5a–5h。	所有缔约方都必须报告与国内实施有关的所有事项。由欧洲空气污染物远距离监测和评估合作项目(EMEP)独立开展的技术监测活动。

续表

条约名称	所针对的环境威胁	建议的回应	主要争论点	条约签署年份	签署时签署方数量	当前缔约方数量	条约生效日期	秘书处	重大的条约调整内容	监督管理的内容
5a《1984年关于欧洲空气污染物远距离传播监测和评估合作项目(EMEP)的长期融资的议定书》	跨境空气污染物的扩散对人类健康和环境所造成的不利影响,例如酸化、专门针对二氧化硫、氮氧化物和挥发性有机化合物(VOCs)。	按照《远距离越境空气污染公约》中的约定,出于审查和评估与欧洲相关的空气污染的目的,制定了国际成本分摊监测项目。	见《远距离越境空气污染公约》的主要争论点	日内瓦,1984年9月28日	20	46	1988年1月28日	联合国欧洲经济委员会环境司下的远距离越境空气污染公约秘书处	增加站点和拓展监测实践。	在40个欧洲经济委员国中,一共创建和维护200多个监测站点。

续表

条约名称	所针对的环境威胁	建议的回应	主要争论点	条约签署年份	签署时签署方数量	当前缔约方数量	条约生效日期	秘书处	重大的条约调整内容	监督管理的内容
5b 《1985年关于将硫通量排放减少至少30%的议定书》	跨境空气污染的扩散对人类健康和环境所造成的不利影响,例如酸化。特别是主要空气污染物之一的硫的排放所造成的负面影响。	到1993年,缔约方的硫排放量比1980年减少至少30%。	见《远距离越境空气污染公约》的主要争论点	赫尔辛基,1985年7月8日	20	25	1987年9月2日	联合国欧洲经济委员会环境司下的远距离越境空气污染公约秘书处		所有缔约方都必须报告它们各自在减少硫排放方面所取得的进展。各缔约方需要利用国内实践定书中满足议的标准和最佳实践方法。

续表

条约名称	所针对的环境威胁	建议的回应	主要争论点	条约签署年份	签署时签署方数量	当前缔约方数量	条约生效日期	秘书处	重大的条约调整内容	监督管理的内容
5c《1988年关于控制氮氧化物或其跨界通量排放的议定书》	跨境空气污染的扩散对人类健康和环境所造成的不利影响，例如酸化。特别是氮氧化物的排放。	缔约国必须冻结其氮排放量。应用多污染物、多效应、临界负荷的方法，为进一步减少氮基排放量准备新的工具。	见《远距离越境空气污染公约》的主要争论点	索菲亚，1988年10月31日。	25	35	1991年2月14日	联合国欧洲经济委员会环境司下的远距离越境空气污染公约秘书处		要求各缔约国使用国内法律和检查程序来确保其排放、冻结。缔约国需要提供并保持记录氮氧化物相关排放的透明度。

附录 A 条约 / 233

续表

条约名称	所针对的环境威胁	建议的回应	主要争论点	条约签署年份	签署时签署方数量	当前缔约方数量	条约生效日期	秘书处	重大的条约调整内容	监督管理的内容
5d 《1991年关于控制挥发性有机化合物或其跨界通量排放的议定书》	跨境空气污染对人类健康和环境造成不利影响，例如酸化。特别是挥发性有机化合物(VOCs)的排放。	通过使用三个中的任一个行动计划，来减少挥发性有机化合物的排放。	见《远距离越境空气污染公约》的主要争论点	日内瓦，1991年11月18日	21	24	1997年9月29日	联合国欧洲经济委员会环境司下的远距离越境空气污染公约秘书处		缔约方负责采取国内措施和国际措施以确保其对议定书的遵守。在国家法律的约束下，提高信息的透明度、分享最佳实践和交流所需的技术。

续表

条约名称	所针对的环境威胁	建议的回应	主要争论点	条约签署年份	签署时签署方缔约方数量	当前缔约方数量	条约生效日期	秘书处	重大的条约调整内容	监督管理的内容
5e《1994年关于进一步削减硫排放的议定书》	跨境空气污染的扩散对人类健康和环境所造成的不利影响，例如酸化。	整合基于效果的使用、临界负荷概念、新技术、节能和经济的应用，以加强《远距离越境空气污染公约》的执行。执行委员会，由八个缔约方组成，分析和评估《远距离越境空气污染公约》缔约方对公约义务的遵守情况。	见《远距离越境空气污染公约》的主要争论点	奥斯陆，1994年6月14日	21	29	1998年8月5日	联合国欧洲经济委员会环境司下的远距离越境空气污染公约秘书处		执行委员会分析和评估《远距离越境空气污染公约》各缔约方的遵守义务情况。如果发现某一缔约方不遵守公约义务，可以将案件提交与国际法院或执行机构进行内部仲裁。

续表

条约名称	所针对的环境威胁	建议的回应	主要争论点	条约签署年份	签署时签署方数量	当前缔约方数量	条约生效日期	秘书处	重大的条约调整内容	监督管理的内容
《1998年关于重金属的议定书》	跨境空气污染的扩散对人类健康和环境所造成的不利影响,例如酸化。专门针对三种有毒金属:镉、铅和汞。	对固定源和临时源的排放的严格限制。燃烧、废物焚烧和工业来源的最佳实践。使用专门的技术干预措施来帮助减少排放。降低商业产品排放的措施。	实施和减少排放不会需要资本投资,但是不会产生新的产业;东欧,高加索和中亚国家通常难以满足最初始协议的要求。	奥胡斯,1998年6月24日	35	33	2003年12月29日	联合国欧洲经济委员会环境司下的远距离越境空气污染公约秘书处	议定书于2012年再次进行修订,并采用了一套更严格的控制措施,以进一步减少重金属排放。为经济转型国家创造灵活性,以便与原始框架作斗争并要求的国家加入议定书。	每个缔约方都需要在执行机构会议上报告对议定书所规定义务的遵守情况。其他缔约方可以选择审查报告并将议案件提交委员会。

续表

条约名称	所针对的环境威胁	建议的回应	主要争论点	条约签署年份	签署时签署方缔约方数量	当前缔约方数量	条约生效日期	秘书处	重大的条约调整内容	监督管理的内容
《1998年关于持久性有机污染物的议定书》	专门针对16种有较高风险标准的物质。其中11种是农药,2种是工业化学品,3种是污染物或副产品。	禁止生产和使用艾剂、氯丹、十氯酮、六溴联苯、次敌灵、灭蚁灵、滴滴涕和异狄氏剂。减少并最后禁止滴滴涕、七氯、六氯苯和多氯联苯的使用。副产品:二噁英呋喃、多环芳香烃和六氯苯;要求缔约方将其排放量减少到1990年的水平以下。城市、危险和医疗废物焚烧条例。	见《远距离越境空气污染公约》的主要争论点。	奥胡斯,1998年6月24日	34	33	2003年10月23日	联合国欧洲经济委员会环境司下的远距离越境空气污染公约秘书处	2009年12月18日:对附件V和VII的修订。增加七种新材料,如有机污染物,六氯丁二烯,人溴二苯醚,五氯苯,五溴二苯醚,全氯辛烷磺酸盐、多氯萘和短链氯石蜡。增加允许经济转型国家加入的灵活措施。修正案尚未生效。	每个缔约方有义务向执行机构提交遵守议定书情况的报告,以衡量对每个附件的遵守情况。通过该缔约方自愿或缔约方选择已选择的其他和平方式所解决的争端,其结果需要被通知执行机构。

续表

条约名称	所针对的环境威胁	建议的回应	主要争论点	条约签署年份	签署时签署方数量	当前缔约方数量	条约生效日期	秘书处	重大的条约调整内容	监督管理的内容
5h《1999年关于减少酸化、富营养化和地面臭氧的哥德堡议定书》	跨境空气污染的扩散对人类健康和环境造成的不利影响,例如酸化、富营养化。专门针对硫、挥发性有机化合物和氨。	明确2010年硫、一氧化氮、挥发性有机化合物和氨水的排放上限。各个缔约方的上限取决于排放水平不相同,对健康和环境影响的严重程度以及减排的相对成本。确定一系列关于行业的减排,最佳可用技术和最佳实践,以及一连串非常具体的排放源。	见《远距离越境空气污染公约》的主要争论点	哥德堡,1999年11月30日	27	25	2005年5月17日	联合国欧洲经济委员会环境司下的远距离越境空气污染公约秘书处	2012年5月4日:修订以通过缔约方2020年减排承诺。技术附件修订了新的排放上限,以反映关于固定排放源和移动排放源的新的科学研究。提升使经济转型国家缔约方能够加入的灵活性。	每个缔约方都需要向秘书处执行委员会报告为其执行修订书所采取的措施,缔约方的排放水平,减排计划的估计成本,当前排放计算成本的反预计排放的数据。

续表

条约名称	所针对的环境威胁	建议的回应	主要争论点	条约签署年份	签署时签署方数量	当前缔约方数量	条约生效日期	秘书处	重大的条约调整内容	监督管理的内容
6 《保护迁徙野生动物种公约》(CMS)	陆地、水生和禽类跨界/迁徙的物种和栖息地的退化和种群存量的减少。	禁止捕获属于附录I类中的物种,限制捕获属录II类的物种。通过进行数据共享和成本补偿的国际合作,保护多个国家的栖息地。	成员基础的规模和多样性;很难在对严格的规章制度的需要和让更多的国家参与其中的能力之间取得平衡。发展中国家可能缺乏有效执行它们加入的协议或谅解备忘录的能力。现有的大多数保护措施都是不具有约束力的谅解备忘录,由此可能不需要通过国内法的实施来保护物种。	波恩,1979年6月23日	15	131	1983年11月1日	联邦自然保护局下的保护迁徙野生动物种公约秘书处(BfN)	已签署7份协议和19份谅解备忘录。	缔约方订立单独的协议或谅解备忘录(MOU)来处理特定区域的案件。协议是所订立的具有法律约束力的正式条约。根据国际法,谅解备忘录是不具有约束力的协议,通常即时随着一份短期的执行动计划。实施和执行的主体仅限于个别缔约方和一定范围内的国家。观察和报告经常由非政府参与者来开展。

续表

条约名称	所针对的环境威胁	建议的回应	主要争论点	条约签署年份	签署时签署方数量	当前缔约方数量	条约生效日期	秘书处	重大的条约调整内容	监督管理的内容
7 《控制危险废物越境转移及其处置公约》	危险废物，数量和处置，特别是在发展中国家。	在数量和危险方面减少危险废物的产生量。使用和共享最佳可用技术和对危险材料运输的限制，以及对危险材料非法运输的监控和执法。为了接收国，提高危险废物运输的性质、数量和危险度的透明度。	危险废物的定义。发展中国家声称对这些帝国主义的控制是生态帝国主义的一种形式。对经合组织缔约方的重新组织分类和非经合组织对经合组织对危险材料非法运输的禁令和责任机构的威胁。根本性弱点是由于程序、财务和缺乏强有力的执行工具。易受经济发展压力，地方体制能力不足，腐败的影响。	巴塞尔，1989年3月22日	53	181	1992年5月5日	巴塞尔公约秘书处	1995年：《禁令修正案》进一步限制了危险废物的出口。1998年：《废物分类和特征》的内容包括：被管理的废物的范围。1999年：《巴塞尔宣言》中旨在十年内降低废物的数量和危害性的议程。1999年：《关于它们责任与赔偿有关责任和损害赔偿的规定的议定书》规定责任的规定具有法律性的约束力，但这议定书尚未生效。2002年：构建遵约机制。	缔约方需要每年报告其所参与的危险废物或其他转移活动或管理话动的情况。各缔约方报告它们为减少危险废物的生产和运输所做的努力，以及它们为满足国际合规性要求所需在双边、多边和区域所做的努力。

附录 A 条约 / 239

续表

条约名称	所针对的环境威胁	建议的回应	主要争论点	条约签署年份	签署时签署方数量	当前缔约方数量	条约生效日期	秘书处	重大的条约调整内容	监督管理的内容
8 《跨界水道和国际湖泊的保护和利用公约》(1992年)	对跨界地表水和地下水的污染和开采。	缔约方通过可持续和合理的使用来控制、减少和预防其使用对跨界水域所造成的跨界影响。为管理特定的区域和领土协议,以及联合组织的框架。	第7条中的"无损害规则"与第5条中的"公平利用"看似相互矛盾,但是"公平利用"似乎正在获得法律效力。民事责任和损害赔偿需要提交关于领土边界内用水的主权证明。	赫尔辛基,1992年3月17日	26	39	1996年10月6日	欧洲经济委员会执行秘书	2003年11月28日:修正案允许非欧洲经济委员会成员国的国家加入。这一修正案于2013年2月6日生效。伦敦1999年6月17日:《水与健康议定书》的内容包括:国家和地方饮用水质量目标,以及供水和废水处理系统的性能。这一议定书于2005年8月4日生效。基辅2003年5月21日:《民事责任议定书》的内容包括:对工业事故对跨界水域所造成的跨界影响进行赔偿的民事责任综合制度。这一议定书尚未生效。	各缔约方负责建立和维持关于跨界水域状况的监测机制。各缔约方负责努力履行其在公约下的义务。

续表

条约名称	所针对的环境威胁	建议的回应	主要争论点	条约签署年份	签署时签署方数量	当前缔约方数量	条约生效日期	秘书处	重大的条约调整内容	监督管理的内容
9 《关于特别是作为水禽栖息地的国际重要湿地公约》(RAMSAR)	世界湿地及其生态系统的退化和所带来的损失。	指定国家湿地并编制《国际重要湿地名录》。名录的内容包括针对每个湿地所制定的保护计划。在各缔约方的国界内,建立湿地保护区,合作管理并共享湿地和湿地物种。	缺乏发达国家向发展中国家提供资金和技术援助的承诺。发达国家无法达到其所承诺援助的资金水平。	拉姆萨尔,1971年2月2日	18	169	1975年12月21日	关于特别是作为水禽栖息地的国际重要湿地公约秘书处	1982年:《巴黎议定书》制定了公约的修改程序,并采用了分别用阿拉伯文、法文、英文、德文、俄文和西班牙文书写的六种官方版本。《巴黎议定书》于1986年12月21日生效。1987年:《里贾纳修正案》确定了《关于特别是作为水禽栖息地的国际重要湿地公约》的运作机制,并设立了秘书处、缔约方大会和常务委员会。《里贾纳修正案》于1994年5月1日生效。1988年:常务委员会制定了《管理指导程序》。	每次缔约方大会召开时,缔约方大会召开时,缔约方大会所需要向大会作报告。关于1988年引入的管理和监控标准、评估、记录和规划。在一个国家无法从内容获取这些技能的情况下,《关于特别是作为水禽栖息地的国际重要湿地公约》中的其他成员国将提供支持。

续表

条约名称	所针对的环境威胁	建议的回应	主要争论点	条约签署年份	签署时签署方数量	当前缔约方数量	条约生效日期	秘书处	重大的条约调整内容	监督管理的内容
10 《欧洲国际内河运输危险货物协定》(ADN)	在危险品运输过程中,因污染而导致的事件所造成的环境损害。	关于对危险物质和危险物品进行界定的规定,关于在内陆船舶上以集装箱和散装方式来运输的规定,以及关于建造和运营运输船舶的规定。程序检查,证明和监督的框架。安全委员会审查和更新规章制度。	缔约方在共同体边界之外进行贸易,不受协议控制。在试图分析违反协议的数量和类型时,每个缔约方的补充和修正都会导致严重的扭曲。	日内瓦,2000年5月26日	10	17	2008年2月29日	欧洲经济委员会执行秘书	2009年:附属的、已更新的规章制度。	各缔约方在其领土范围内享有对内河航道的主权权利,如果有关船舶不符合协议所规定的条件,可允许该运输方授权危险货物。鼓励各缔约方分享信息,并召开缔约方会议。

续表

	条约名称	所针对的环境威胁	建议的回应	主要争论点	条约签署年份	签署时签署方数量	当前缔约方数量	条约生效日期	秘书处	重大的条约调整内容	监督管理的内容
11	《国际防止船舶造成污染公约》(MARPOL)	船舶废物排放给海洋和沿海地区所造成的污染。	缔约方需要在其领海内及悬挂本国国旗的船舶实施和执行公约的规定。确保不挂旗的负担公平与非缔约方之间的国际合作。	遭到私营部门的航运利益集团的反对。关于危险化学品运输规定的纠纷。	伦敦，1973年11月2日	53	158	1983年10月2日	国际海事组织下的国际防止船舶造成污染公约秘书处	附件二，关于散装有毒液体物质所造成的海洋污染的规定。附件三，关于携带有害物质的运输规定。附件四，关于控制污水污染的规定。附件五，关于控制船舶垃圾所造成的污染的规定。附件六，关于控制空气污染的规定，特别是在针对硫氧化物和氮氧化物的排放方面。2011年：使用强制性技术和运营能效措施以减少船舶温室气体的排放量，更新了被禁止使用的材料的定义。	《国际防止船舶造成污染公约》的缔约方需要报告所有违规行为，强制执行措施和有关法规有效性的统计数据。船旗国负责为每艘悬挂该国国旗的船舶签发合规证明。缔约方希望通过国内法的实施来控制和遵守其领土内的和悬挂其国旗的所有船舶的标准。

续表

条约名称	所针对的环境威胁	建议的回应	主要争论点	条约签署年份	签署时签署方数量	当前缔约方数量	条约生效日期	秘书处	重大的条约调整内容	监督管理的内容
12 《国际捕鲸管制公约》	商业捕捞所导致的鲸鱼种群的枯竭和灭绝。	缔约方需要根据科学界和国际捕鲸委员会的评估来实施和执行有关捕鲸实践的法规和决定。捕鲸船和设施在数量、位置密度和可操作时间段上受到限制。对鲸鱼类型和类别的可扩展保护以及对母牛和小牛的全面保护。	关于杀戮配额的大小,部分缔约方希望更多的杀戮数量,而许多保护组织则主张完全禁止。	华盛顿,1946年12月2日	9	88	1948年11月10日	国际捕鲸委员会(IWC)	在公约的整个生命周期内进行了许多修订,使公约的重点从保护和捕鲸业可持续利益方面的商业利益进行转移。修正案中主要鲸鱼的保护上,正如1982年禁止商业捕鲸的决定所示。在2007年IWC的未来中,各缔约方一致同意继续改进保护工作,使得这一主题得到了加强。	缔约方的自律。缔约方要求就公约要求的执行情况提出报告。由国家检查员、国际观察员和既得利益非政府组织监督合规性。因公众形象、国际贸易可能面临的负面风险而被强制执行。

附录A 条约 / 245

续表

	条约名称	所针对的环境威胁	建议的回应	主要争论点	条约签署年份	签署时签署方数量	当前缔约方数量	条约生效日期	秘书处	重大的条约调整内容	监督管理的内容
13	《关于汞的水俣公约》	汞的不利影响对人类健康和环境所造成的威胁	禁止新建汞矿,逐步淘汰现有矿山,减少和控制汞在空气中的排放,以及对开采小型金矿的非正规部门所进行的国际监管。	禁止汞添加剂产品的使用将影响疫苗的生产、分销和库存。发展中国家对大部分的汞排放负有责任,但仍主张它们的发展权。对最初目标的妥协,不具约束力的减排计划和两个最大重要排放源的宽泛的过渡期,使公约的有效性遭受质疑。	熊本, 2013年10月10日	100	128	2017年8月16日	关于汞的水俣公约秘书处		各缔约方必须在条约生效后五年内提供有关其履行条约义务的努力和能力的数据。遵约委员会由15名缔约方组成,这15名缔约方由缔约方提名并由缔约方大会选举产生。委员会推动执行的能力范围不包括强制力。

续表

条约名称	所针对的环境威胁	建议的回应	主要争论点	条约签署年份	签署时签署方数量	当前缔约方数量	条约生效日期	秘书处	重大的条约调整内容	监督管理的内容
14 《鹿特丹公约》	危险化学品的越境转移和消费对人类健康和环境所造成的危害。	通过事先知情同意(PIC)程序和信息交换机制实现透明度,信息共享和限制的普遍性。出口国必须确保进口国的同意。缔约方决定禁止进口某种化学品,它还必须采取措施将该禁令适用于在国内生产的该种化学品。	处理不合规情况的措施和范围,各国继续不愿取代评估出口是否符合国际义务的权威,这导致了遵守事务并强制执行与事先知情义务相关的违规行为,在很大程度上成为一个国内法律问题。	鹿特丹,1998年9月10日	72	161	2004年2月24日	双秘书处:鹿特丹公约秘书处由联合国粮农组织和联合国环境规划署联合提供。	2011年:将甲草胺、涕灭威和硫丹添加到附件三所列的化学品清单之中。	缔约方大会仍在讨论违约问题。缔约方政府应当收集、记录和报告其化学品的进口、出口、制造、配方、质量、数量和使用情况。

续表

条约名称	所针对的环境威胁	建议的回应	主要争论点	条约签署年份	签署时签署方数量	当前缔约方数量	条约生效日期	秘书处	重大的条约调整内容	监督管理的内容
15 《关于持久性有机污染物的斯德哥尔摩公约》	持久性有机污染物（POPs）对人类健康和环境构成的主要威胁。	建立并维持政府间化学品安全论坛（IFCS），并通过联合国环境规划署理事会和世界卫生大会就国际行动提出建议。制定具有法律约束力的文书，以最大限度地减少最初12种持久性有机污染物的风险，并同时对其他备选的持久性有机污染物进行研究。	难以证明损害事实和直接因果关系而导致法律约束力、损害赔偿和责任方面的问题。预防原则导致公约与大企业之间的摩擦。发达国家为发展中国家能够成功摆脱对持久性有机污染物的依赖许下承诺，即为发展中国家提供资金、技术支持和特殊照顾。	斯德哥尔摩，2001年5月23日	152	180	2004年5月17日	关于持久性有机污染物的斯德哥尔摩公约秘书处	任一缔约方均可向秘书处申报一种物质并由秘书处进行审查。持久性有机污染物审查委员会进行进一步审查，以确定是否应建议缔约方大会将该化学品列入公约下的污染物品清单之中。	联合国五个区域中的每一个都负责收集数据，包括能力增强活动，为遵守公约所做的努力以支持持久性有机污染物的水平和数量。

续表

条约名称	所针对的环境威胁	建议的回应	主要争论点	条约签署年份	签署时签署方数量	当前缔约方数量	条约生效日期	秘书处	重大的条约调整内容	监督管理的内容
16 《禁止在大气层、外层空间和水下进行核武器试验的条约》(CTBT)	进行核试验的国家管辖范围之外的放射性污染。特别强调大气污染。	禁止在地面上进行核武器试验。	不包括地下测试。如果好处大于坏处，则允许核爆炸用于非测试目的。	莫斯科，1963年8月5日	117	183	1963年10月10日		1996年：《禁止在大气层空间和水下进行核武器试验的条约》被《全面禁止核试验条约》所取代，则《禁止在大气层、外层空间和水下进行核武器试验的条约》失效。	进行现场检查以验证合规性。

续表

条约名称	所针对的环境威胁	建议的回应	主要争论点	条约签署年份	签署时签署方数量	当前缔约方数量	条约生效日期	秘书处	重大的条约调整内容	监督管理的内容
17 《联合国海洋法公约》(UNCLOS)	世界海洋的开发退化。特别是海洋污染和不具可持续性的开发实践。	确定关于世界海洋治安的综合制度。沿海国家对从领海基线量起200海里之内的环境负有保护责任。高度洄游的海洋生物物种受到特别保护。沿海国家对从领海基线量起200海里之内的大陆架拥有主权。各国均有法律义务预防和控制海洋污染并承担损害赔偿责任。	开发深海海底所产生的主权和权利。发展中国家、内陆国家的实力相对增强。不接受国际条约对国内保护的物种受国内惯例的保护。	蒙特哥贝,1982年12月10日	69	168	1994年11月16日	海洋事务和海洋法司(DOALOS)	1982年:关于实施第11部分——"区域"这一概念工具及其定义的协议。加强了国际海底管理局的权威性。1993年:有关协议不仅能促进对国际保护义务的遵守,而且还能提高管理质效。1995年:《负责任渔业行为守则》的内容:成员国内的具有可持续性的渔业实践。1995年:《纽约协定》的内容:保护高度洄游鱼类种群和在领海内进行可持续捕捞的实践。	缔约方有义务向公约的缔约国大会和海洋法法庭报告。国际争议由国际海洋法法庭或国际法院解决,或通过仲裁解决。国际海洋法法庭对有关海底采矿的争议拥有专属管辖权。

续表

条约名称	所针对的环境威胁	建议的回应	主要争论点	条约签署年份	签署时签署方数量	当前缔约方数量	条约生效日期	秘书处	重大的条约调整内容	监督管理的内容
18 《保护臭氧层维也纳公约》	人为因素所造成的臭氧层消耗。	通过基于研究、科学、技术、商业和法律信息的五个国家方面的国际交流,制定能够逐步淘汰对臭氧层有害的化学品的战略。	对问题的严重性和范围的认知存在分歧,尤其是在主要氯氟烃生产商、美国和欧洲共同体之间。	维也纳,1985年3月22日	28	197	1988年9月22日	联合国环境规划署下划的臭氧秘书处	1987年:《蒙特利尔议定书》制定了逐步淘汰消耗臭氧层的化学品的时间表,同时寻找在性质上对臭氧友好的替代品。1992年:《哥本哈根修正案》增加了更多的控制措施并更新了淘汰时间表。1997年:《蒙特利尔修正案》对逐步淘汰化学品的国际贸易制定了更严格的控制措施。1999年:《北京修正案》增加了新的控制措施并更新了《蒙特利尔议定书》所规定的淘汰时间表。	缔约方向秘书处报告在科学研究与合作方面所采取的措施。

续表

条约名称	所针对的环境威胁	建议的回应	主要争论点	条约签署年份	签署时签署方数量	当前缔约方数量	条约生效日期	秘书处	重大的条约调整内容	监督管理的内容
18a《关于消耗臭氧层物质的蒙特利尔议定书》	人为因素所造成的臭氧层消耗。	允许议定书缔约方通过改变议定书中所含的要求较快的规定。修订以允许引入新化学品并加强对化学品贸易的控制、实施减排行动计划的具有法律约束力的框架。	由于发展中国家的日益繁荣，在空气中的含氢氟烃（HFC）的量可能会爆炸式增长。由于关于减少化学品的要求较快速响应新的科学信息的规定。发达国家所起的能够促进快速且低成本的经济发展繁荣来对中国等发展中国家的作用，发达国家仍对主要发达国家对于赔偿努力存不满。关于赔偿的分歧。	蒙特利尔，1987年9月16日	46	197	1989年1月1日	联合国环境规划署下的臭氧秘书处	1990年：《伦敦修正案》1992年：《哥本哈根修正案》1997年：《蒙特利尔修正案》1999年：《北京修正案》于1990年在伦敦、于1992年在哥本哈根、于1995年在维也纳、于1997年在蒙特利尔、于1999年在北京和于2007年在蒙特利尔，缔约方就如何对《关于消耗臭氧层物质的蒙特利尔议定书》进行修改形成了协议。	每一缔约方都必须就其淘汰时间表和遵守协议的努力准备所做的努力提供报告。不遵守议定书的后果是在各缔约方加入议定书时由各缔约方单独确定的。

续表

条约名称	所针对的环境威胁	建议的回应	主要争论点	条约签署年份	签署时签署方数量	当前缔约方数量	条约生效日期	秘书处	重大的条约调整内容	监督管理的内容
19 《联合国国际水道非航行使用法公约》(UNWC)(简称《联合国水道公约》)	因污染、气候变化影响和过度使用而对淡水的供应和质量所造成的威胁。	通过提供适用于未受保护的机构或遗漏要素的法律框架以加强跨界水合作。	按人口和关键需求对水资源所进行的分配可能会破坏传统协议并挑战区域一缔约方在其领土内合法用水的行为可能会对其他国家产生不利影响，因此在"无损害规则"之下，该缔约方应当对补救负有法律责任。公约仅适用于法定缔约方。	纽约，1997年5月21日	16	35	2014年8月17日	尚未成立		明确用于发布任何拟议使用的沿岸水道的信息的时间表和程序。每个国家都有权进行协商和谈判。需要信息共享的流域发展规划。违反长期义务的法律效力体现为经济补偿。

附录 B 自然保护、环境保护和可持续发展权利宣言

I. 总原则，权利和责任

基本人权

1. 全人类对能满足其健康和福利的环境拥有基本的权利。

世代人的平等权利

2. 各国为了当代和后代的利益应保护和利用环境及自然资源。

保护和持续利用

3. 各国应维护生物圈发挥功能所必需的生态系统和生态过程，保护生物的多样性，在利用自然资源和生态系统时，应遵循最佳持续产量的原则。

注释：该提纲是以国际环境法专家组向布伦特兰委员会提交的报告中更详细的法律内容为基础写成的。该提纲仅为其原则和条款的主要精神。该提纲被布伦特兰委员会中的 Thijs de la Court 所提出（纽约：New Horizons Press，1991），并以草案的形式被包含在布伦特兰报告之中，所以该提纲并非世界环境与发展委员会的一份官方提案。

环境标准和监测

4. 各国应建立充分的环境保护标准，监测环境质量和资源

利用的变化并发表有关的数据。

环境预评价

5. 各国对于已提出的并可能对环境有重大影响的活动或自然资源的利用,应进行或要求环境预评价。

预先通知,参与和正常程序

6. 各国对已列入计划的,并对于环境有重大影响的活动应及时通知全体有关的人。给予他们平等地参与行政和司法过程的权利和通过正常的程序。

持续发展和援助

7. 各国应保证把环境保护作为规划和开发活动执行过程不可分割的一部分,并对其他国家,特别是向发展中国家提供援助,支持环境保护和持续发展。

合作总义务

8. 各国应在履行上述权利和义务的过程中,和其他国家真诚合作。

II. 跨国界自然资源和环境影响的原则,权利和义务

合理和平等的利用

9. 各国应以合理和平等的方式利用跨国界自然资源。

预防和消除环境影响

10. 各国应预防或消除可能引起或引起严重危害的任何跨国界的环境影响。(以下11条和12条中所列情况除外)

严格责任

11. 当进行或批准某些危险而有益的活动时,各国应采取合理的预防性措施限制其危险性,并保证一旦发生重大的跨国界危害时提供赔偿,即使采取行动时并不知道其危害性。

关于预防危害费用大大超过危害造成的损失时的预先协议

12. 当计划进行或批准某些跨国界危害重大但比预防费用少的活动时,各国应和受影响的国家在公平合理的条件下进行谈判,根据协定条件开展活动(如果达不成协议,可见22条)。

相同标准

13. 各国在环境管理和处理跨国界自然资源及环境影响中应使用至少与国内相同的标准(对本国公民不做的事情,也不对其他国公民做)。

跨国界环境问题合作的总义务

14. 各国应与其他国家真诚合作,最佳地利用跨国界资源,并有效地预防或消除跨国界环境危害。

资料交换

15. 各国应及时地向其他有关国家提供关于跨国界自然资源或环境影响的资料。

预评价和通知

16. 各国应预先和及时地向其他国家发出通知,提供有关资料,并应对列入计划的。可能对跨国界环境造成重大影响的活动,应进行或要求环境预评价。

预先协商

17. 各国对利用自然资源和环境方面现有的或潜在的对环境的影响,应尽早地、真诚地同有关国家进行协商。

环境评价与保护的合作安排

18. 各国应与有关国家就跨国界自然资源和环境影响的监测,科学研究,标准的建立等方面进行合作。

紧急事件

19. 各国对可能造成跨国界环境影响的紧急形势应制订出

应急计划，当紧急事件发生时，应向有关国家迅速报警，提供有关资料并同它们合作。

平等地参与和对待

20. 各国对那些受到或可能受到自然资源和环境的使用中跨国界干扰影响的所有人提供相同的参与行政和司法过程的权利，采取正常的程序，并给予同等的待遇。

III. 国家的责任

21. 各国应停止违背环境方面国际义务的活动，并对由此造成的危害提供赔偿。

IV. 和平解决争端

22. 各国应使用和平的方法解决环境争端，如果解决争端的共同协议或其他解决争端的方案在18个月内没有达成，应把争端提交调解，如果还不能解决，此后，在任一有关国家的要求下，进行仲裁或由司法部门解决。

附录 C 联合国可持续发展大会 "里约+20"峰会的最终成果文件

《我们期望的未来》(第三部分) 中
所规定的环境外交的绿色经济框架
完整文件的获取地址:HTTP://WWW.UN.
ORG/EN/SUSTAINABLEFUTURE/

我们申明,每个国家都可以根据本国国情和优先事项,以不同的办法、愿景、模式和工具,从三个层面实现作为我们总目标的可持续发展。在这方面,我们认为,可持续发展和消除贫穷背景下的绿色经济是可以实现可持续发展的重要工具之一,可提供各种决策选择,但不应该成为一套僵化的规则。我们强调,这种背景下的绿色经济应该有助于消除贫穷,有助于持续经济增长,增进社会包容,改善人类福祉,为所有人创造就业和体面工作机会,同时维持地球生态系统的健康运转。

我们申明,可持续发展和消除贫穷背景下的绿色经济政策应该遵循各项《里约原则》《21世纪议程》和《约翰内斯堡执行计划》并以其为指导,促进实现国际商定的相关发展目标,包括千年发展目标。

我们申明,可持续发展和消除贫穷背景下的绿色经济政策应该:

(a) 符合国际法;

(b) 考虑到各国在可持续发展三个层面的国情、目标、责任、优先事项和政策空间，尊重各国对本国自然资源的国家主权；

(c) 享有有利环境，得到运作良好的各级机构的支持，由政府发挥主导作用，有包括民间社会在内的所有利益攸关方的参与；

(d) 推动包容性的持续经济增长，促进创新，为所有人创造机会、提供福利、增强权能，尊重所有人权；

(e) 考虑到发展中国家的需要，特别是处境特殊的国家的需要；

(f) 加强国际合作，包括向发展中国家提供财政资源，帮助能力建设，转让技术；

(g) 切实避免官方发展援助和供资附加不必要的条件；

(h) 不成为任意或无理歧视或变相限制国际贸易的手段，避免在进口国管辖权之外以单方面行动应对环境挑战，确保处理跨界或全球性环境问题的环境措施尽可能以国际共识为基础；

(i) 采取一切适当措施，帮助缩小发展中国家与发达国家的技术差距，减少发展中国家的技术依赖性；

(j) 增进土著人民及其社区、其他地方社区和传统社区以及少数族裔的福祉，承认和支持他们的身份、文化和利益，避免危害他们的文化遗产、习俗和传统知识，保护和尊重有助于消除贫穷的非市场做法；

(k) 增进妇女、儿童、青年、残疾人、小农和自给农、渔民以及中小型企业就业者的福祉，改善穷人和弱势群体的生计，增强其权能，特别是在发展中国家这样做；

(l) 充分调动妇女和男子的潜力，确保妇女和男子的平等贡献；

（m）促进发展中国家开展有助于消除贫穷的生产性活动；

（n）处理有关不平等的问题，促进社会包容，包括推行社会保护最低标准；

（o）推广可持续消费和生产方式；

（p）继续努力，采取包容性的公平发展方针，消除贫穷和不平等现象。

我们认为，谋求转向可持续发展的国家为此实行的绿色经济政策是一项共同事业，我们也认识到，每个国家都可以根据本国可持续发展计划、战略和优先事项选择适当的办法。

我们确认，可持续发展和消除贫穷背景下的绿色经济将使我们更有能力以可持续方式管理自然资源，同时减轻不利的环境影响，提高资源效益，减少浪费。

我们认识到，针对已出现的不可持续的生产和消费方式采取紧急行动，仍然从根本上关系到解决环境可持续性问题，也关系到促进对生物多样性和生态系统的养护和可持续利用以及自然资源的再生，还关系到推动持续、包容、公平的全球增长。

我们鼓励每个国家考虑实行可持续发展和消除贫穷背景下的绿色经济政策，努力推动持续、包容、公平的经济增长和创造就业机会的举措，特别是为妇女、青年和穷人提供机会。在这方面，我们注意到，必须确保劳动者通过教育和能力建设等途径掌握必要的技能，并得到必要的社会保护和健康保护。为此，我们鼓励包括工商业界在内的所有利益攸关方酌情作出贡献。我们请各国政府利用联合国相关机构在其任务范围内提供的援助，增强有关就业趋势、发展情况和制约因素的知识和统计能力，将有关数据纳入国家统计。

我们认识到，必须对各种社会、环境和经济因素进行评价，并鼓励各方在国家情况和条件允许范围内将这些因素纳入决策。我们确认，必须利用现有的最佳科学数据和分析，考虑到可持续发展和消除贫穷背景下的绿色经济政策的机会和挑战以及代价和惠益。我们确认，综合采取各种措施，包括在国家一级采取符合国际协定规定的义务的监管措施、自愿性措施和其他措施，可以促进在可持续发展和消除贫穷背景下发展绿色经济。我们重申，社会政策对于促进可持续发展至关重要。

我们确认，所有利益攸关方的参与及其各级伙伴关系、联网和经验分享活动，可以帮助各国互相学习如何确定适当的可持续发展政策，包括绿色经济政策。我们注意到一些国家，包括发展中国家，在通过包容性办法实行可持续发展和消除贫穷背景下的绿色经济政策方面已有积极经验。我们对可持续发展各领域开展的自愿经验交流和能力建设表示欢迎。

我们认识到，通信技术，包括联通技术和创新应用，对有利于可持续发展的知识交流、技术合作和能力建设具有推动作用。这些技术和应用可以建设能力并使可持续发展各领域以公开透明的方式分享经验和知识。

我们认识到，为了推行可持续发展政策，包括可持续发展和消除贫穷背景下的绿色经济政策，我们必须使筹资、技术、能力建设和国家需求相互衔接。有鉴于此，我们请联合国系统与相关捐助方和国际组织合作，在以下方面进行协调并应请求提供信息：

（a）为有关国家匹配最适合提供所求援助的伙伴；

（b）各级实行可持续发展和消除贫穷背景下的绿色经济政策的整套办法和（或）最佳做法；

(c) 可持续发展和消除贫穷背景下的绿色经济政策模式或良好实例；

(d) 可持续发展和消除贫穷背景下的绿色经济政策的评价方法；

(e) 在这方面有助益的现有的或正在出现的平台。

我们强调，政府在通过包容、透明程序制定政策和战略方面必须发挥主导作用。我们也注意到一些国家，包括发展中国家，已经启动了拟定支持可持续发展的国家绿色经济战略和政策的进程。

我们请各利益攸关方，包括联合国各区域委员会、联合国各组织和机构、其他相关政府间组织和区域组织、国际金融机构以及参与可持续发展的主要群体，根据各自任务，应请求援助发展中国家通过可持续发展和消除贫穷背景下的绿色经济政策等途径实现可持续发展，特别是在最不发达国家这样做。

我们还请工商界根据国家法律酌情为可持续发展做出贡献，制定结合绿色经济政策等内容的可持续性战略。

我们确认合作社和微型企业在促进社会包容和减贫方面的作用，特别是在发展中国家发挥这样的作用。

我们鼓励现有的和新的伙伴关系，包括公私伙伴关系，酌情考虑到地方和土著社区的利益，调动以私营部门为补充的公共融资。在这方面，政府应该支持各种可持续发展举措，包括促进私营部门为支持可持续发展和消除贫穷背景下的绿色经济政策做出贡献。

我们认识到技术的关键作用和促进创新的重要性，在发展中国家尤其如此。我们请各国政府酌情建立有利框架，加强无害环境的技术、研究与发展以及创新，以支持可持续发展和消除贫穷背景下的绿色经济。

我们强调向发展中国家转让技术的重要性,并回顾在《约翰内斯堡执行计划》中商定的关于技术转让、筹资、信息获取以及知识产权的规定,尤其是其中呼吁酌情促进、便利和资助无害环境的技术和相应技能的获取、发展、转让和推广,特别是按照相互商定的有利条件,包括减让和优惠条件,向发展中国家转让和推广此类技术。我们也注意到自《约翰内斯堡执行计划》通过以来有关这些问题的讨论和协议的进一步发展。

我们认识到,对于选择实行可持续发展和消除贫穷背景下的绿色经济政策的发展中国家所作的努力,应该通过技术援助给予支持。

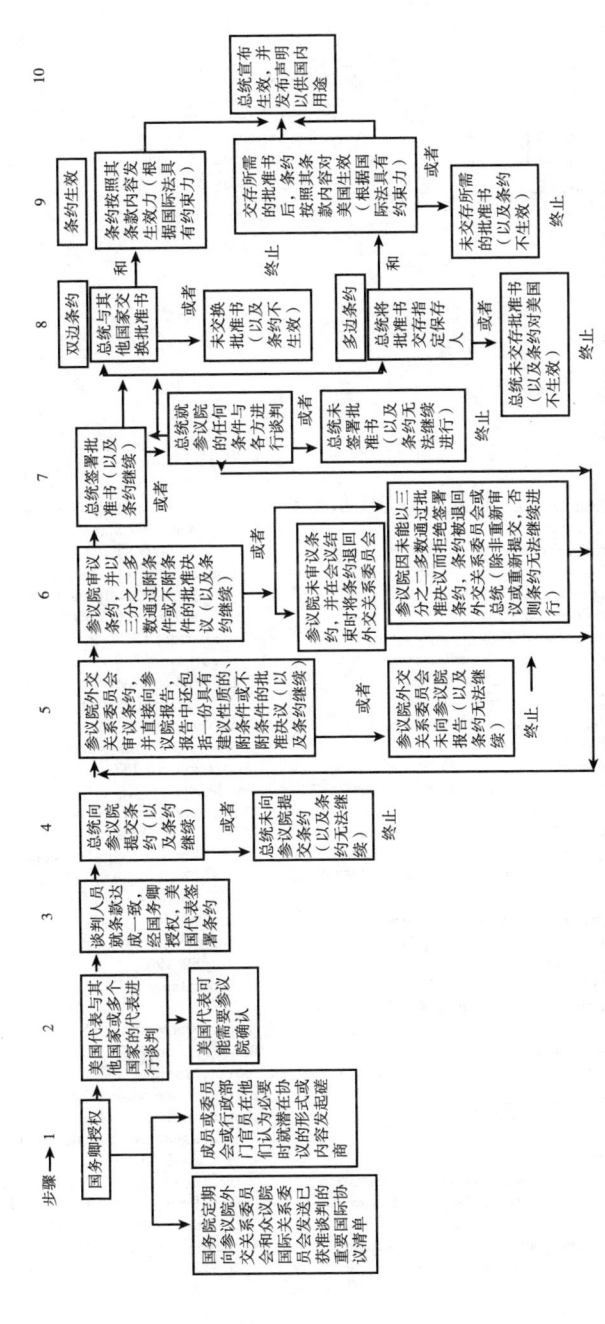

附录 D 美国批准程序中关于条约的制定步骤

附录 D 美国批准程序中关于条约的制定步骤（基于来自美国参议院外交关系委员会的材料）

索 引

（注：页码为原书页码。）

Abdul Latif Jamil Poverty Action Lab (JPAL), 20–21
academy of environmental diplomacy, 158
Acemoglu, Daron, 21
acid rain, 68, 70
ad hoc convention-protocol approach, 33
Administrative Committee on Coordination, 160
adversary science, 42, 77–78
African elephants, 32, 68, 77, 119
African nations
　Basel Convention, 33, 52
　development assistance and debt owed, 20
Agency for International Development, 97
Agenda 21, 4, 37–39, 41, 152
　implementation and financing, 37, 39, 41, 47, 62
Agreed Measures on the Conservation of Antarctic Fauna and Flora of the Continent, 173
Alien Torts Claims Act (U.S.), 158
alliances, decentralized, 145–47
"ambient" conditions, 123
amendments, 29
Amnesty International, 131, 132, 134
Antarctica
　mineral exploration in, 68, 71–72
　ozone hole over, 14, 75
Antarctic Treaty, 172–75
　Agreed Measures on the Conservation of Antarctic Fauna and Flora of the Continent, 173
　Convention for the Conservation of Antarctic Seals, 173

Convention on the Conservation of Antarctic Marine Living Resources (CCAMLR), 174
Convention on the Regulation of Antarctic Mineral Resource Activities (CRAMRA), 174
mediation, 72
negotiation, 130
Protocol on Environmental Protection (Madrid Protocol), 175
treaty specifics, 172–75
applied-policy analysts, 81, 82
arbitration, 52, 117
articles, 29
The Art and Science of Negotiation (Raiffa), 99
"Assessing the Effectiveness of International Environmental Agreements (IEAs)" (Seelarbokus), 121–22
Atomic Energy Agency (IAEA), 74
Australia, 116
　Japan's whaling practice, ICJ arbitration, 52, 120
Axelrod, Robert, 127

Bamaco Convention, 32
Banerjee, Abhijit, 21
Barbut, Monique, 153
Barcelona Convention, 31
bargaining. *See also* blackmail
　future generations, bargaining process and NGIs, 58
　incentives, 16, 23–24, 163
　issue linkage and, 95, 99, 105, 112
　science and, 67–68, 70–71, 74, 82
　shadow bargaining, 149
　stingy bargaining, 105

索 引 / 265

Barrett, Scott, 169–70
Basel Convention on the Control of Transboundary Movements of Hazardous Wastes and Their Disposal, 72–73, 153, 190
  African nations, 33, 52
  lowest common denominator agreement, 32, 33
  NGOs, 50, 72
  trade sanctions as enforcement tools, 110
  treaty specifics, 190
  U.S. and, 48
  violations, 123
Beeby, Christopher, 72
benefit sharing, 42, 72
Beni Biosphere Reserve, 97
Bergen model, 49–50
Beyond Brundtland (de la Court), 18
Beyond Self-Interest (Mansbridge), 127
bias, 10
  optimists *vs.* pessimists, 16–24
  pragmatists *vs.* idealists, 10–16
  reformers *vs.* conservatives, 24–30
bilateral environmental agreements, statistics, 12
"Bill of Rights for Future Generations," 124–25
Biodiversity Convention, 2, 4, 17, 26, 30, 39–40, 42, 48, 137
Biodiversity Convention (CBD), 2, 4, 17, 26, 30, 39–40, 42, 48, 88, 137
  Cartagena Protocol on Biosafety, 177, 178
  Nagoya-Kuala Lumpur Supplementary Protocol on Liability and Redress to the Cartagena Protocol on Biosafety, 177
  Nagoya Protocol on Access to Genetic Resources and the Fair and Equitable Sharing of Benefits Arising from their Utilization to the Convention, 178
  treaty specifics, 176–78
biotechnology firms, 17
Birnie, Patricia, 29–30
blackmail, 96, 104–6, 112, 156
Bolivia, debt-for-nature swap by, 97, 98
bonds
  conservation exit bonds, 97
  green bonds, 97
  posting of, 135–36, 137
Botswana, World Bank-financed development in, 19
Brazil, 2, 88, 102
  BRICS bloc, 17, 151
  Palonoroeste Project, 19
  World Bank-financed development in, 19
Breitmeier, Helmut, 139
bribery, distinguished from compensation, 107
BRICS bloc (Brazil, Russia, India, China, South Africa), 17, 151
Britain, 124
  Earth Summit, 129
  Law of the Sea, failure to ratify, 101
Brown, Janet, 67–68, 70n3, 84, 102
Brown, Scott, 105
Brundtland Commission, 24, 37, 59, 132
Brundtland Report, 18, 20, 24, 42, 59
Bulgaria, and pollution control, 33
Bush, George W., 15–16, 39–40, 48
business interests, 54, 80
business monopoly, 87

Canada
  Convention to Combat Desertification (UNCCD), withdrawal from, 15, 47
  Earth Summit, 129
  global warming, scientific views of, 154
  NAFTA and, 155
carbon dioxide (CO_2), 40, 84–85, 102
carbon tax, 58, 102, 155
Cartagena Protocol on Biosafety, 177
categorization of countries, 153
cattle ranching projects, Botswana, 19
Center for Our Common Future, 54
Centre for Integrated Mountain Development (ICIMOD), 165, 166
Chayes, Abram and Antonia, 126–27, 128, 131
China, 39, 88, 116, 120, 124
  BRICS bloc, 17, 151
  issue linkage by, 95, 102
  Montreal Protocol, 128, 129
  reduction of ozone-depleting substances, 128
  Three Gorges Dam, 19, 20
chlorofluorocarbons (CFCs), 14, 71, 153
circular economy, 61–62
Citizen's Forum, 152
civil society, role of, 167
Climate and Development Knowledge Network (CDKN), 165
Climate Change Convention, 4, 26, 30, 31, 39, 40–41, 101–2, 107, 130, 137, 162, 163, 168, 169
  Kyoto Protocol, 49, 121, 179, 180
  treaty specifics, 179–80
Clinton, Bill, 48, 109
coalition building, 145, 162
"Code of Ecological Security," 125

collective rights, 111
Collier, Paul, 20
Commission for Environmental
    Cooperation, 109
*Commission of the European Communities
    v. Kingdom of Denmark*, 109n13
commiting and inventing, distinction
    between, 34
"Common but Differentiated Responsibility"
    (CBDR), 17, 20
communicators, scientific, 81, 82
compensation, distinguished from bribery,
    107
compliance. *See* monitoring and enforcement
Compliance Advisor, 19, 20
Comprehensive Nuclear Test-Ban Treaty
    treaty specifics, 181
conditionality, 17, 41, 104, 107. *See also*
    principle of additionality in
    allocation of aid
conference of parties (COP), 167
    COP7, 167
    COP15, 49
    COP16, 47
Conference on Environment and
    Development (UNCED), xi, 3, 25
Congress, U.S., 2, 4, 109, 120
consensus building process, 5
    lack of, 65-66
    regional and international dimensions,
        164-67
    sequenced negotiation system, 7
conservation exit bonds, 97
Conservation International, 97
Conservation of Migratory Species of Wild
    Animals (CMS)
    treaty specifics, 189
conservatives, reformers *vs.*, 10, 24-30
constructive unilateral action, 156-57
contingent agreements, 89-90, 154
contingent proposals, 150, 154
contingent protocols, 163
Convention for the Conservation of
    Antarctic Seals, 173
Convention on Bilogical Diversity (CBD). *See*
    Biodiversity Convention (CBD)
Convention on Climate Changes. *See* Climate
    Change Convention
Convention on International Trade in
    Endangered Species of Wild Flora
    and Fauna (CITES), 29, 31, 32, 50,
    53, 77, 78, 88, 110, 118-19, 122
Convention on the Conservation of Antarctic
    Marine Living Resources (CCAMLR),
    174
Convention on the Control of Transboundary
    Movements of Hazardous
    Wastes and Their Disposal (Basel
    Convention). *See* Basel Convention
    on the Control of Transboundary
    Movements of Hazardous Wastes
    and Their Disposal
Convention on the Law of the Non-
    Navigational Uses of International
    Watercourses (UNWC), 203
Convention on the Law of the Sea
    (UNCLOS), 14-16
    treaty specifics, 200
Convention on the Protection and Use of
    Transboundary Watercourse and
    International Lakes
    treaty specifics, 191
Convention on the Regulation of Antarctic
    Mineral Resource Activities
    (CRAMRA), 174
Convention on Wetlands of International
    Importance Especially as Waterfowl
    Habitat (RAMSAR Convention), 26,
    47, 165
    treaty specifics, 192
convention-protocol approach, 7, 10, 30-36,
    161, 162
Convention to Combat Desertification
    (UNCCD), 15, 47
Cooperative Program for Monitoring and
    Evaluation of the Long-Range
    Transmission of Air Pollution in
    Europe (EMEP), 183
Correa, Rafael, 61
Costa Rica, debt-for-nature swap by, 97, 98
Cousteau, Jacques-Yves, 124-25, 126
creation of international treaties, 24-30.
    See also participation in global
    environmental treaty making
    amendments, 29
    articles, 29
    customary international law, 26, 29-30,
        51, 84, 158
    elements of typical convention (table),
        27-28
    headings or sections of treaty, 28
    initiation of treaty-making, 25
    multilateral agreements
        initiation of treaty-making, 25
        modification of multilateral
        agreements, 26, 28
    procedural rules, 25
    proposed protocols or amendments, 29
    ratification, minimum number of
        required, 26

索 引 / 267

creation of international treaties (Cont'd.)
　secretariat responsibilities, 28-29
　sections of treaty, 28
　signatures, 26
　"single-text" approach, 25, 150-51
　subregional conferences, 25
　typical treaty, 27-28, 160
　　elements of typical convention (table), 27-28
　　Vienna Convention on Law of Treaties, 24, 25, 26
cross-media approach to problem solving, 36
cultural hegemony, 17
customary international law, 26, 29-30, 51, 84, 158

Daly, Herman, 59-60, 62, 85n14
dam and irrigation projects in Narmada Valley (India), 19, 20
Dana Greely Foundation for Peace and Justice, 8
debt-for-nature swaps, 96-99
decentralized alliances, 145-47
"Declaration of Planetary Rights and Obligations to Future Generations," 124
Declaration of the Right to Nature Conservation, Environmental Protection, and Sustainable Development, 24, 57, 132
　text of, 205-7
Declaration on the Rights of Indigenous Peoples (UNDRIP), 110
degree programs in environmental diplomacy, 158
de la Court, Thijs, 18
Denmark, 74, 109
deterrence theory, 127
developing nations
　hazardous waste disposal in, 72-73
　and issue linkage, 98, 100-103, 107, 108, 111
development
　growth distinguished from, 59-60
　sustainable (See sustainable development)
Development Programme (UNDP), 9, 39, 41, 61, 133, 146, 147
difficulties of global agreement, generally, 1-6
dispute resolution, 29-30, 63, 64, 129-30, 160
DIVERSITAS, 88
DOHA Round, 108
Duflo, Esther, 21
Dupont Chemical Corporation, 33

"Earth Charter," 37, 38, 40, 42
Earth Negotiations Bulletin, 157, 167
Earth Summit, xiii, 2, 3, 5, 14, 15, 17, 25, 36, 37-42, 47-48, 49, 53, 106, 129-30, 137, 150, 157, 161, 162, 168
Easteley, William, 20
ecocolonialism, 98
ecological economics, x, 60, 85, 89
Economic and Social Council (ECOSOC), 132, 133
Economic Commission for Europe (ECE), 49
economic sanctions, 120. See also sanctions
The Economics of Ecosystems and Biodiversity Study (Pavan), 60
"eco-regional" approach to conservation, 166
ecosystem approach, 120, 167
ecosystem services concept, x, 60, 88
Ecuador, debt-for-nature swap by, 97
Educational, Scientific, and Cultural Organization (UNESCO), 89, 124, 133
educators, constructive role for, 157-58
elements of typical convention (table), 27-28
elephants. See African elephants
Ellen MacArthur Foundation, 61
endangered species, xiii, 14-15, 29, 88, 120
　African elephants, downlisting from endangered to threatened, 32, 68, 77, 119
energy efficiency, 84
enforcement. See monitoring and enforcement
enlightened self-interest, 124, 126, 128
environmental consensus, regional and international dimensions, 164-67
environmental diplomacy, connotations within political science and international relations, 6
Environmental Liaison Center International, 54
environmental peace-building, 6, 94, 165-67
Environmental Protection Agency (EPA), 2, 73, 109, 124
environmental security, 6, 158
Environmental Violations Committee, 132
Environment and State Craft: The Strategy of Environmental treaty-Making (Barrett), 169-70
Environment Programme (UNEP), xi, 9, 25, 29, 36, 37, 39, 41, 73, 79, 86, 88, 89, 116, 123, 130, 133, 143-45, 146, 147, 161
　reform efforts, 143-44
　universal membership, 143
epistemic communities, 78-81

European Agreement Concerning the International Carriage of Dangerous Goods by Inland Waterways (ADN)
   treaty specifics, 193
European Commission, 146
European Community (EC), 39, 40, 110
European Court, 109
European Economic Community (EEC), 33, 109
The Evolution of Cooperation (Axelrod), 127
extractive industries (international waters), 15
Extractive Industries Review (EIR), 19, 20
extractive resources, 61

fact-finding, 64, 67–69, 74, 82, 148. *See also* science
   independent, 122
   joint, 63, 67, 76, 148
   multilateral, 81
fatal five projects, 19
Fisher, Roger, 34, 105, 126, 129
floating proposals, 63, 149
Foreign Relations Committee (U.S.), 15
   treaty ratification process (diagram), 214
formal sanctions, 127. *See also* sanctions
Forum on Forests, 15
Foundation for International Environmental Law and Development (FIELD), 93
Framework Convention on Climate Change (UNFCCC), 47, 86, 179, 180
framework conventions, 4, 30, 31, 35, 41, 68, 73, 89, 90, 152, 160, 161, 169
France, 21, 87, 124
   Earth Summit, 129
   GEF and, 128
"free marketeers," 3
Free Prior and Informed Consent (FPIC), 111
"free riders," 23, 36, 42, 121
future generations, protection of interests of, 56–59
   bargaining process and NGIs, 58
   Declaration of the Right to Nature Conservation, Environmental Protection, and Sustainable Development
      text of, 205–7
   intergenerational equity, 56–57, 124
   sustainable development rule, 59
The Future We Want. *See* Green Economy Framework for Environmental Diplomacy: The Future We Want (Section III)

G20, 151
Galbraith, Jean, 93
game theory, 170
Gates, Bill, 20
General Agreement on Tariffs and Trade (GATT), 108
General Assembly of the UN (GA), xiii, 3, 30, 37, 38, 106, 143, 156, 158, 159, 160, 161
Germany
   Earth Summit, 129
Getting Together (Fisher and Brown), 105
Getting to Yes (Fisher, Ury, and Patton), 34
global cooperation, obstacles, 16–24
   incentives to bargain, 16, 23–24, 163
   North-South conflict, 16–21
   sovereignty, 16, 21–23, 24, 26, 30, 42
Global Environmental Facility (GEF), 39, 41, 101, 106–7, 128–29, 133, 136, 147, 153, 155, 168, 169
   restructuring (2011), 155
global environmental governance, 6, 12, 112n17, 137–40, 164
   performance impeding factors, 143–44
   treaty system reforms, recommendations, 145–58
   UNEP reform efforts, 143–44
Global Environmental Monitoring system (GEMs), 123
Global Environmental Outlook report, 144
Global Environmental Politics Journal, 158
Global Environmental Politics (Porter and Brown), 67–68, 70n3, 84, 102
Global Financial Crisis (2010), 47
Global Forum, 42, 53
global warming, 4, 40, 69, 76, 80, 147, 154, 163, 168
   blocking of treaty-making efforts by U.S., 70–71
   no regrets approach, 83–86, 89, 90
   uncertainty, 72
Goldman Environment Prize, 158
Google, 157
Gore, Al, 86
Gorg, Christoph, 87–88
Gothenburg Protocol to Abate Acidification, Eutrophication and Ground-level Ozone (1999), 188
Governing the Common (Ostrom), 128
graduate-level degree programs in environmental diplomacy, 158
grass-roots environmental groups, 2, 3, 11, 19, 53, 54, 102
Green Amnesty International (GAI), 132–34, 138, 140

索 引 / 269

green bonds, 97
Green Climate Fund, 47
Green Economy Framework for
　Environmental Diplomacy: The
　Future We Want (Section III), 85
　text of, 209–12
Green Economy paradigm, 60
greenhouse gases (GHGs), 4, 40, 70, 102,
　107, 121, 128, 154, 168–69, 180, 194
　no regrets approach, 83–86, 89, 90
Greenpeace International, 74
green police, 137–39
The Green Economy (Jacobs), 84–85
gross national product, 3, 41, 106
Group of Seventy-seven (developing
　countries), 21, 38–39, 40, 41, 101,
　106, 112, 129, 168
growth, development distinguished from,
　59–60
*Guidelines for the Conservation of Biological
　Diversity in Tropical Production Forests*
　(ITTO), 166
Guidelines on Indigenous People, 110–11
Gulf War, 127

Haas, Ernst, 104
Haas, Peter, 33, 78–79, 80, 167
Hague Declaration, 124, 126
Hamid, Zakri Abdul, ix–x
Harvard Law School
　MIT-Harvard Public Disputes Program,
　　ix, 100n8
　Program on Negotiation, 8, 65
hazardous chemicals, transboundary
　movement of. *See* Rotterdam
　Convention
hazardous wastes, 123. *See also* Basel
　Convention on the Control of
　Transboundary Movements of
　Hazardous Wastes and Their
　Disposal
　developing nations and disposal
　　of, 72–73
　disposal site, 72–73
headings or sections of treaty, 28
Heavy Metals Protocol (1998), 186
Helsinki Conference, 76
Helsinki Reform Process, 143n2
heritage of mankind, 14, 23, 54, 79, 125
"high politics," 110, 164, 165
Holland, 21
Human Rights Commission, 131–32
human rights violations, 131–32, 134
hydrochlorofluorocarbon (HCFC), 76. *See
　also* chlorofluorocarbons (CFCs)

idealists
　and Earth Summit, 14, 41
　pragmatists *vs.*, 10–16
"if-then" statement format, 90, 104
"Implementing International Environmental
　Treaties in Developing
　Countries: China's Compliance with
　the Montreal Protocol" (Zhao), 128
Improving Compliance With International Law
　(Fisher), 126, 129
incentives to bargain, 16, 23–24, 163
India, 19, 26, 129, 164–66
　BRICS bloc, 17, 151
　issue linkage and, 95
　Montreal Protocol, failure to sign, 36
　Narmada Valley dam and irrigation
　　projects, 19, 20
indigenous peoples
　as important international players, 110–11
　Latin American countries, debt-for-nature
　　swaps, 98–99
individual environmental treaties, 102, 132,
　139, 168
Indonesia, 102
　transmigration program, 19
　World Bank-financed development in, 19
Indus Waters Treaty, 165
In Fairness to Future Generations (Weiss), 56,
　124, 126
initiation of treaty-making, 25
"Institutional Framework for Sustainable
　Development" (Ivanova), 143
insurance policies, 135–37
intellectual property rights, protection of, 4,
　108, 176, 212
intelligence sharing, 148
Inter-American Court of Human Rights, 158
intergenerational equity, 56–57, 124
Intergovernmental Negotiating Committees,
　39
Intergovernmental Panel on Climate Change
　(IPCC), ix, xii, 80, 86–89, 144n4,
　147, 154
Intergovernmental Science-Policy Platform
　on Biodiversity and Ecosystem
　Services (IPBES), ix–x, xii, 86–89
International Atomic Energy Agency (IAEA),
　74
International Centre for Integrated
　Mountain Development (ICIMOD),
　165, 166
International Convention for the Prevention
　of Pollution from Ships (MARPOL),
　47
　treaty specifics, 194

International Convention for the Regulation
   of Whaling, 22, 52, 119
   treaty specifics, 195
International Council of Scientific Unions
   (ICSU), 74
International Court of Justice (ICJ), 29, 30,
   52, 93, 117, 120, 124, 130
international environmental governance, 6,
   12, 112n17, 137-40, 143, 164
international environmental regimes,
   effectiveness, 138-39
International Facilitating Committee, 54
International Finance Corporation (IFC)
   Free Prior and Informed Consent (FPIC),
      111
   Guidelines on Indigenous People, 110-11
   Sustainability Framework, 110-11
International Institute for Sustainable
   Development, 167
International Monetary Fund, 98
International Seabed Authority, 15, 100
International Trade in Endangered Species of
   Wild Flora and Fauna (CITES), 29, 31,
   32, 50, 53, 77, 78, 88, 110, 118-19, 122
International Tropical Timber Organization
   (ITTO), 166
International Union for the Conservation
   of Nature (IUCN) (now known as
   World Conservation Union), 19n6,
   25, 31, 46
   *Guidelines for the Conservation of Biological
   Diversity in Tropical Production
   Forests*, 166
International Whaling Commission (IWC),
   22, 34-35, 101, 119-21
   inventing and commiting, distinction
      between, 34
Iraq, attack on Kuwait, 127
Israel, 164
issue definition, 67-69
issue linkage, 93-112
   adding issues and parties, 99, 100-101, 112
   arithmetic of, 99-103
   bargaining, 95, 99, 105, 112
   as blackmail, 96, 104-6, 112, 156
   complexity of, 106-12
   in debt-for-nature swaps, 96-99
   encouragement of, 154-56
   guidelines for, 112
   mediators, 95, 104, 105
   North-South conflict, 95, 98, 101, 102-3,
      106-7, 112
   outsiders, 110
   quandary of, 94-99
   reluctant parties, 95, 105

subtracting issues, 99, 101-3
theory of, 103-4
trade practices, 108-10, 155
treaty system reforms, recommendations,
   154-56
Ivanova, Maria, 143

Jacobs, Michael, 84-85
Jamil Poverty Action Lab (JPAL), 20-21
Japan, 116, 169
   Earth Summit, 129
   radioactive waste dumping by, 75
   whaling practices suit by Australia, ICJ
      arbitration, 52, 120
Johannesburg Summit, 21, 157, 162
"Joint Agenda for Action," 49
Jordan, 164

Kavli-AAAS science journalism award, 157
Keohane, Robert, 167
Kim, R.E., 94
Kissinger, Henry, 103
Kjellen, Bo, 37
Klimaforum, 49
Kline, Karen, 147-48
"knowledge monopoly," 87
Koh, Tommy, 39
Korea, 120
Kuwait, attacked by Iraq, 127
Kyoto Protocol, 49, 121, 179, 180

LANDSAT, 81
"Law of the Atmosphere," 101
Law of the Sea Conference, 100
Law of the Sea (UNCLOS), 14-16, 23, 48
   treaty specifics, 200
legal structure, inadequacy of, 24-30
Leopold, Aldo, vi
Levy, Marc, 167
linkage arrangements. *See* issue linkage
London Dumping Convention (LDC), 29,
   74, 123
Long Range Transboundary Air Pollution
   Convention (LRTAP), 182-88
   Cooperative Program for Monitoring
      and Evaluation of the Long-Range
      Transmission of Air Pollution in
      Europe (EMEP), 183
   Protocols
      Concerning the Control of Emissions
         of Nitrogen Oxides or their
         Transboundary Fluxes (1988), 184
      Concerning the Control of Emissions of
         Volatile Organic Compounds or their
         Transboundary Fluxes (1991), 184

Long Range Transboundary Air Pollution
    Convention (LRTAP) (Cont'd.)
  Protocols (Cont'd.)
    Further Reduction of Sulphur
      Emissions (1994), 185
    Gothenburg Protocol to Abate
      Acidification, Eutrophication and
      Ground-level Ozone (1999), 188
    Heavy Metals (1998), 186
    Persistent Organic Pollutants (1998),
      187
    Reduction of Sulphur Emissions or
      their Transboundary Fluxes by at
      least 30% (1985), 153, 183
  treaty specifics, 182–88
lowest common denominator agreement
    approach, 12, 32
  avoidance, 90, 153
  examples, 32, 42

Maastricht Treaty, 109
Maathai, Wangaari, xiv
Madrid Protocol (Protocol on Environmental
    Protection), 175
Mansbridge, Jane, 127
MARPOL ship pollution treaty. See
    International Convention for the
    Prevention of Pollution from Ships
    (MARPOL)
mass media, constructive role for, 157–58
Mauritania, 50
media
  cross-media approach to problem
    solving, 36
  mass media, constructive role for, 157–58
mediators, 34, 63, 65, 145, 150
  issue linkage, 95, 104, 105
Mediterranean Action Plan, 31, 79, 146
MERCOSUR, 151
mercury usage, phase out plan. See
    Minamata Convention on Mercury
meteorological changes, 14, 71
Mexico, 102
  NAFTA and, 109, 155
migratory flyaways, 15
Migratory Species of Wild Animals
    Conservation (CMS)
  treaty specifics, 189
Miles, Edward L., 138
military sanctions, 127. See also sanctions
Millennium Ecosystem Assessment (MA),
    1, 87
Minamata Convention on Mercury, 4, 14
  treaty specifics, 196
mineral exploration, 68, 71–72

Mission to Sarawak (ITTO), 166
MIT (Massachusetts Institute of
    Technology)
  Abdul Latif Jamil Poverty Action Lab
    (JPAL), 20–21
  *Global Environmental Politics
    Journal*, 158
  MIT-Harvard Public Disputes Program,
    ix, 100n8
Moldan, Bedrich, 38
monitoring and enforcement, 115–40
  formal stipulations of international
    enforcement, statistics, 116n1
  international environmental regimes,
    effectiveness, 138–39
  long-term effectiveness, 139–40
  nearly self-enforcing agreements, 134–37
  new noncompliance rules, adoption
    issues, 117–18
  observer scheme, 119
  policing and, 122, 130, 135, 136, 137–40
  technical and legal difficulties in, 115–23
  and theory of compliance, 123–31
  violations and noncompliance, 131–34
"monkey wrenchers," 82
monolithic parties, 94–95
Montreal Protocol on Substances that
    Deplete the Ozone Layer, 14, 30,
    33, 36, 71, 95, 101, 102, 107, 110,
    115–17, 121, 122, 128–29, 144n4,
    150, 153
  Article 6, adjustment allowance as new
    scientific data becomes available,
    75–76
  joint fact finding, 76
  Multilateral Fund, 128
moratoriums
  financing of large dam projects, 20
  oil extraction, 61
  radioactive waste disposal, 74
  whaling, 100–101
Moyo, Dambisa, 20
multilateral agreements
  initiation of treaty-making, 25
  modification of multilateral agreements,
    26, 28
multilateral environmental agreements
    (MEAs), 88, 138
  statistics, 21
Multilateral Fund, 128

Nagoya-Kuala Lumpur Supplementary
    Protocol on Liability and Redress
    to the Cartagena Protocol on
    Biosafety, 177

Nagoya Protocol on Access to Genetic Resources and the Fair and Equitable Sharing of Benefits Arising from their Utilization to the Convention on Biological Diversity, 178
Najam, Adil, 86
Narmada Valley, dam and irrigation projects (India), 19, 20
national negotiating committees, 1, 2–3, 25
National Ozone Expedition, 76
national sovereignty. *See* sovereignty
National Wetlands Coalition, 54
natural monopoly, 87
natural world heritage sites, 15
Nauru, 74
nearly self-enforcing agreements, 134–37. *See also* Self-enforcing agreements
negotiating committees, 1, 2–3, 25
Negotiating the Law of the Sea (Sebenius), 99–100
Netherlands, 116, 124
New International Economic Order (NIEO), 106
New Zealand
  mineral resources in Antarctica, 72
Nile Basin Initiative, 146
Nitrogen Oxide Emissions or their Transboundary Fluxes, Protocol Concerning the Control of (1988), 184
Nobel Peace Prize, xiv, 86
nongovernmental interest groups (NGIs), 3
  bargaining process, future generations, 58
  consensus building, 148–49
  expanded role for, 151–53
  future generations, protection of interests of, 58
  global environmental governance, expanded role for, 151–53
  parallel conferences, 53
  participation and partnership design plan, 54–55
  participation in global environmental treaty making, 53–56
  restricted observer status, 53
  secretariat, power of, 63
  UN recognition, 53–54
nongovernmental organizations (NGOs)
  Basel Convention, 50, 72
  Green Amnesty International (GAI), 132–34, 138, 140
  monitoring and enforcement by, 119–20, 121, 125–27, 132, 134
  observer status, 49–50, 110
  participation in global environmental treaty making, 49–50, 52–56

prenegotiation assistance from, 147–49
shadow summits, 49
three-stage global treaty making process, 162–63
working groups, participation, 50
nonrenewable resources, 58, 61–62 .
no regrets approach, 83–86, 89, 90
North American Agreement on Environmental Cooperation (NAAEC), 109
North American Free Trade Agreement (NAFTA), 109, 155
North-South conflict
  compliance and, 122
  debt-for-nature swaps, 98
  expectation and, 168–70
  global cooperation, obstacles, 16–21
  and issue linkage, 95, 98, 101, 102–3, 106–7, 112
  three-stage global treaty making process, 163–64
Norway, 21, 24
  whaling by, 120

observer scheme, monitoring and enforcement, 119
observer status
  NGIs, restricted observer status, 53
  NGOs, 49–50, 110
ocean dumping, 14, 15, 68, 75, 123
  of radioactive wastes, 74–75
official development aid (ODA), 46, 102, 106
oil spills, 14, 15
one shot/single-issue negotiation, 34, 94, 104
open-access geographic data, 157
optimists, pessimists *vs.*, 10, 16–24
opting out of agreements, 12, 22, 93
Optional Protocol to the International Covenant on Civil and Political Rights, 131
Organization of Economic Cooperation and Development (OECD), 151
Ostrom, Elinor, 128
outsiders, 148, 149, 168
  issue linkage, 110
  whaling, 120
ozone depletion, 30, 35–36, 68, 75–76, 128

package proposals, 63, 64, 96, 104, 151, 159, 162
Pakistan, 39, 164, 165–66
Palonoroeste Project (Brazil), 19
panels and platforms, scientific, 86–89
parallel conferences, NGIs, 53
The Paris Club, 97

索 引 / 273

participation in global environmental treaty making, 46–49. *See also* creation of international treaties
"internal" and "external" participation, distinguished, 52–53
key roles and functions, 52–54
minimum number of countries, requirements, 51–52
NGIs, 53–56
NGOs, 49–50, 52–56
observer status
  NGIs, restricted observer status, 53
  NGOs, 49–50, 110
reasons for and benefits of, 46–49
sovereignty, 45, 51, 65
unofficials, 9, 49–50, 55, 66
voting, 49
Patton, Bruce, 34
peace-building, 6 94, 165–67
peacekeeping forces, UN, 137
peace parks, 94
peer-review process, scientific evidence and, 83, 151
Persistent Organic Pollutants Protocol (1998), 187
pessimists, optimists *vs.*, 10, 16–24
philanthropic and professional organizations, partnerships, 157–58
Poland, debt-for-nature swap by, 97
policing, 122, 130, 135, 136, 137–40
"polluter-pays" principle, 101, 146, 160, 168
pollution control, no regrets approach to, 83–86, 89, 90
population growth, impact, xi
Porter, Gareth, 67–68, 70n3, 84, 102
Post-Rio+20 mandate, 145
pragmatists
  and Earth Summit, 13–14, 15–16, 20
  idealists *vs.*, 10–16, 41, 86
precautionary principle, 84–86, 89, 90, 160
PrepComs, 38–39, 50, 54, 150
principle of additionality in allocation of aid, 17, 41, 160. *See also* conditionality
Principles on World Forests, 39
private-sector interests, 2, 89
procedural rules, 25
procedural shortcomings of global environmental negotiation, 5
proposed protocols or amendments, 29
protected areas, 144, 166, 167
Protocol Concerning the Control of Emissions of Nitrogen Oxides or their Transboundary Fluxes (1988), 184

Protocol Concerning the Control of Emissions of Volatile Organic Compounds or their Transboundary Fluxes (1991), 184
Protocol on Environmental Protection (Madrid Protocol), 175
Protocol on Further Reduction of Sulphur Emissions (1994), 185
Protocol on Gothenburg Protocol to Abate Acidification, Eutrophication and Ground-level Ozone (1999), 188
Protocol on Heavy Metals (1998), 186
Protocol on Persistent Organic Pollutants (1998), 187
Protocol on Reduction of Sulphur Emissions or their Transboundary Fluxes by at least 30% (1985), 153, 183

radioactive wastes, 74–75
Raiffa, Howard, 99
rain forests, 15, 137
RAMSAR Convention. *See* Convention on Wetlands of International Importance Especially as Waterfowl Habitat (RAMSAR Convention)
ratification
  minimum number required, 26
  U.S. process (diagram), 214
Raustiala, Kal, 147–48
Reduction of Emissions from Deforestation and Forest Degradation Program (UN-REDD Program), 111
reformers, conservatives *vs.*, 10, 24–30
reforms
  three-stage global treaty making process, 158–63
  treaty system reforms, recommendations, 145–58
regime strengthening, 68
Regulation of Antarctic Mineral Resource Activities (CRAMRA), 174
Reilly, William, 48n2
reluctant parties, 95, 105
remain open for signature, 25, 26, 29
resource flows, 61
restricted observer status, NGIs, 53
Revised Management Scheme (RMS), 120
"riding the circuit," 150
Rio+20, x, xi, xii, xiii, 42, 60, 129, 157, 162
  Green Economy Framework for Environmental Diplomacy: The Future We Want (Section III), 85
  text of, 209–12
  Post-Rio+20 mandate, 145

Rio Declaration, 4, 17, 84
Rio Global Forum, 42, 53
Rio Summit, x, xi, 19, 86
risk assessments, 73
Robinson, James, 21
Romania, 33
Romania, and pollution control, 33
Rotterdam Convention
  treaty specifics, 197
Ruckelshaus, William, 73–74
rule of law, 58
Russia
  BRICS bloc, 17, 151

sabotage, 23, 35
Sachs, Jeffrey, 20
Salzburg Initiative, 8
Salzburg Seminar, 8, 144n4
sanctions, 21–22, 26, 53, 117, 126, 127, 131
  economic, 120
  formal, 127
  military, 127
  trade, 110
Sands, Phillipe, 24
Sarney, José, 98
satellite technologies and global monitoring, 23, 122, 134
Saving the Mediterranean (Haas), 33, 78–79
Scharf, Lee, 111
schedule of required performance, 136
Schelling, Thomas, 127
science, 67–92. *See also* fact-finding
  adversary science, 42, 77–78
  advisers, ongoing roles, 81–83
  balance between politics and, 154
  bargaining, 67–68, 70–71, 74, 82
  blocking of treaty-making efforts by U.S., 70–71
  consensus building, 146
  contingent agreements, 89–90, 154
  epistemic communities, 78–81
  issue definition, 67–69
  no regrets approach, 83–86, 89, 90
  peer-review process, 83, 151
  precautionary principle, 84–86, 89, 90, 160
  and prenegotiation assistance, 147–49
  regime strengthening, 68
  scientific panels and platforms, 86–89
  uncertainty in, 4, 6, 35, 69, 71–73, 83, 89, 90
Science-Policy Interface, 88
scientific communicators, 81, 82
seabed mining, 100–101
Sebenius, James, 99–100

secretariat
  creation of international treaties, responsibilities, 28–29
  functions, 63–65
  NGIs and, 63
  power of, 62–65
secretariat responsibilities, 28–29
sections of treaty, 28
Security Council, UN, 127, 138
Seelarbokus, Chenaz, 121–22
self-enforcing agreements, 7, 36, 119, 170
  monitoring and enforcement, 134–37
  nearly self-enforcing agreements, 134–37
Senegal, 116
shadow bargaining, 149
Shaib, Bukar, 37
Shanghai Cooperation Organization, 151
signature procedures, 11–12
signatures, 26
sign on, 31, 137
single-issue/one shot negotiation, 34, 94, 104
"single-text" approach, 25, 150–51
Society of Environmental Journalists (U.S.), 157
soft environmental law, 9, 110
South Africa
  BRICS bloc, 17, 151
South Asian Association for Regional Cooperation (SAARC), 165
South Asian Co-operative Environment Programme (SACEP), 166
South Asian Network for Development and Environmental Economics (SANDEE), 165
South Asia Regional Initiative for Energy (SARI/Emergy), 165
South Pacific nations
  Japan, radioactive waste dumping plans, 75
sovereignty, 6, 7, 70, 163, 168, 170
  epistemic community, 78–81
  monitoring and enforcement and, 115–40
  as obstacle to global cooperation, 16, 21–23, 24, 30, 36, 42
  representation and voting, 45, 51, 65
  three-stage global treaty making process, 163
Soviet Union, 124, 125
Spain, 74, 75, 116
special qualities of environmental problems, 35
staged treaty making process. *See* three-stage global treaty making process

索 引 / 275

State Department, U.S., 2
statistics, 12
agreements with connections to environmental agreements, 94
bilateral environmental agreements, 12
formal stipulations of international enforcement, environmental agreements, 116n1
multilateral environmental agreements (MEAs), 12
UN, participating governments, 45
University of Oregon's International Environmental Agreements Database Project, treaty statistics, 12
Steady State Economics (Daly), 59-60, 62, 85n14
Stein, Arthur, 22
stingy bargaining, 105
Stockholm Conference on Persistent Organic Pollutants
treaty specifics, 198
Stockholm Conference on the Human Environment, 17, 37, 68, 125
stratospheric ozone depletion, 75. *See also* ozone depletion
Strong, Maurice, 37, 41, 50
subregional conferences, 25
Sukhdev, Pavan, 60
Sulphur Emissions, Protocol on Further Reduction of (1994), 185
Sulphur Emissions or their Transboundary Fluxes by at least 30%, Protocol on Reduction of (1985), 153, 183
Superfund, 57, 123
"supposals," 34
Sustainability Framework, 110-11
sustainable development
circular economy, 59-62
development projects, 62
and future generations, 56-59
growth and development, distinguished, 59-60
nonrenewable resources, 58, 61-62
synchronization of worldwide expectations, 163

technical assistance, individual countries, 147-49
technology sharing/technology transfer, 17, 20, 106
theory builders, 81, 82
theory testers, 81, 82
Third World environmental action groups, 19
30% sulphur dioxide reduction club, 153, 183

Thomas, Caroline, 76, 101
Three Gorges Dam (China), 19, 20
three-layered package, 159n12. *See also* package proposals
three-stage global treaty making process, 158-63
Timoshenko, Alexander, 125, 126
Tolba, Mostafa K., vi
toxic wastes. *See* hazardous wastes
trade practices, 108-10
consensus, 166
issue linkage, treaty system reforms, recommendations, 155
Trade-Related Aspects of Intellectual Property Rights (TRIPS), 108, 176
trade sanctions, 110. *See also* sanctions
tragedy of the commons, 128
"transboundary conservation," 166
transboundary movement of hazardous chemicals. *See* Rotterdam Convention
transboundary protected areas (TBPAs), 167
Transboundary Watercourse and International Lakes, Convention on Protetcion and Use of
treaty specifics, 191
transmigration program (Indonesia), 19
transparency, 131, 132, 158
Treaty Banning Nuclear Weapons Tests in the Atmosphere, in Outer Space, and Underwater
treaty specifics, 199
treaty drafting, new approaches to, 149-51
treaty making process. *See* three-stage global treaty making process
Treaty Options Towards a Behavioral Understanding of Treaty Designs (Galbraith), 93
treaty ratificatiion. *See* ratification
treaty system reforms, recommendations, 145-58
categorization of countries, 153
constructive unilateral action, 156-57
decentralized alliances, 145-47
educators, constructive role for, 157-58
issue linkage, encouragement of, 154-56
mass media, constructive role for, 157-58
NGIs, expanded role for, 151-53
prenegotiation assistance individual countries, 147-49
science and politics, balance between, 154
technical assistance, 147-49
treaty drafting, new approaches to, 149-51
treaty-tightening, 70, 83, 89-90, 121, 134, 154, 159, 161-62

trend spotters, 81-82
Tropical Timber Organization (ITTO), 166
Tunisia, 50
2020 Plan, 129
typical treaty, 27-28, 160
  elements of typical convention (table), 27-28

unilateral action, 120, 156-57
United Kingdom, 74, 116
United Nations (UN)
  Administrative Committee on Coordination, 160
  Charter, 127
    Article Two, 45, 51
  Conference on Environment and Development (UNCED), xi, 3, 25
  Convention on the Law of the Sea (UNCLOS), 14-16
    treaty specifics, 200
  Convention to Combat Desertification (UNCCD), 15, 47
  Declaration on the Rights of Indigenous Peoples (UNDRIP), 110
  degree programs in environmental diplomacy, 158
  Development Programme (UNDP), 9, 39, 41, 61, 133, 146, 147
  Economic and Social Council (ECOSOC), 132, 133
  Economic Commission for Europe (ECE), 49
  Educational, Scientific, and Cultural Organization (UNESCO), 89, 124, 133
  Environmental Violations Committee, 132
  Environment Programme (UNEP), xi, 9, 25, 29, 36, 37, 39, 41, 73, 79, 86, 88, 89, 116, 123, 130, 133, 143-45, 146, 147, 161
    reform efforts, 143-44
    universal membership, 143
  Forum on Forests, 15
  Framework Convention on Climate Change (UNFCCC), 47, 86, 179, 180
  General Assembly (GA), xiii, 3, 30, 37, 38, 106, 143, 156, 158, 159, 160, 161
  graduate-level degree programs in environmental diplomacy, 158
  Human Rights Commission, 131-32
  participating governments, statistics, 45
  peacekeeping forces, 137
  Reduction of Emissions from Deforestation and Forest Degradation Program (UN-REDD Program), 111
  Security Council, 127, 138
  Watercourses Convention (UNWC), 203
  World Commission on Environment and Development, 18
United States
  Biodiversity Convention, failure to ratify, 4, 39-40, 48
  blocking of treaty-making efforts by, 70-71
  Convention on the Law of the Sea (UNCLOS), 15-16, 48
  Earth Summit, 129
  endangered species list of, 120
  failure to ratify treaties by, 48, 70-71
  Law of the Sea Treaty, 48
  NAFTA and, 109, 155
  treaty ratification process (diagram), 214
  Vienna Convention on Law of Treaties, 26
  at war with Iraq, 127
Universal Declaration of Human Rights, 24
Universal declaration on environmental protections and sustainable development. *See* Declaration of the Right to Nature Conservation, Environmental Protection, and Sustainable Development
University of Oregon's International Environmental Agreements Database Project, treaty statistics, 12
unofficials, 52-56. *See also* nongovernmental interest groups (NGIs); nongovernmental organizations (NGOs)
  consensus building, 148-49
  "internal" and "external" participation, distinguished, 52-53
  key roles and functions, 52-54
  NGOs, 52-56
    observer status, 110
  observer status
    NGIs, restricted observer status, 53
    NGOs, 49-50, 110
  participation in global environmental treaty making, 9, 49-50, 55, 66
Ury, William, 34
U.S. Environmental Protection Agency (EPA), 2, 73, 109, 124
U.S. Negotiating Committee, 2

Venezuela, 116
Vienna Convention on the Law of Treaties, 24-26, 28, 51, 116

索　引 / 277

Vienna Convention on the Protection of the Ozone Layer, 25, 26, 30, 47, 75, 169
　Montreal Protocol on Substances that Deplete the Ozone Layer, 14, 30, 33, 36, 71, 75–76, 95, 101, 102, 107, 110, 115–17, 121, 122, 128–29, 144n4, 150, 153
　London Amendments, 169, 202
　protocol specifics, 202
　treaty specifics, 201–2
Volatile Organic Compound Emissions or their Transboundary Fluxes, Protocol Concerning the Control of (1991), 184

waste. *See* hazardous wastes; radioactive wastes
Watercourses Convention (UNWC), 203
Wealth Accounting and the Valuation of Ecosystems Services (WAVES), 85
Weiss, Edith Brown, 56, 124, 126
wetlands, 14–15. *See also* Convention on Wetlands of International Importance Especially as Waterfowl Habitat (RAMSAR Convention)
　National Wetlands Coalition, 54
whaling, 100–101, 119–21
　Australia's whaling practice suit against Japan, ICJ arbitration, 52, 120
　international observer scheme, 119
　IWC's system of self-enforcement, noncompliance, 119–21
　nonwhaling nations, 100–101
　Norway, whaling by, 120
　outsiders, 120
　zero quota, 100–101, 120
Whaling Commission (IWC), 22, 34–35, 101, 119–21

Why Nations Cooperate (Stein), 22
Working Group, 38, 116–17
World Bank, 9, 18–20, 39, 41, 85, 101, 110, 133
　Compliance Advisor, 19, 20
　Extractive Industries Review (EIR), 19, 20
　fatal five projects, 19
　Free Prior and Informed Consent (FPIC), 111
　Guidelines on Indigenous People, 110–11
　International Finance Corporation (IFC), 110–11
　Sustainability Framework, 110–11
　World Commission on Dams (WCD), 19, 20
World Commission on Dams (WCD), 19, 20
World Commission on Environment and Development, 18
World Conservation Union (formerly known as International Union for the Conservation of Nature (IUCN)), 19n6, 25, 31, 46, 166
World Court, 53, 57, 125–26, 127, 130
World Meteorological Organization (WMO), 86
World Summit on Sustainable Development (WSSD), xiii
World Trade Organization (WTO), 61, 108–10, 155
World Wildlife Fund (WWF), 144n4

Young, Oran, 131, 138–39

Zartman, I. William, xiv, 76, 80, 153, 169
zero-sum games, 34, 146
Zhao, Jimin, 128

图书在版编目（CIP）数据

环境外交：为达成更有效的全球协议而谈判：第2版／（美）劳伦斯·E.萨斯坎德（Lawrence E. Susskind），（美）萨利姆·H.阿里（Saleem H. Ali）著；郑家良等译. -- 北京：社会科学文献出版社，2022.8

（惟睦·公共外交谈判译丛）

书名原文：Environmental Diplomacy: Negotiating More Effective Global Agreements（Second Edition）

ISBN 978-7-5228-0373-9

Ⅰ.①环… Ⅱ.①劳… ②萨… ③郑… Ⅲ.①环境外交 Ⅳ.①D801

中国版本图书馆CIP数据核字（2022）第122792号

惟睦·公共外交谈判译丛

环境外交（第2版）为达成更有效的全球协议而谈判

著　者／［美］劳伦斯·E.萨斯坎德（Lawrence E. Susskind）
　　　　　［美］萨利姆·H.阿里（Saleem H. Ali）
译　者／郑家良　孔梁成　等
校　者／韦　博

出　版　人／王利民
责任编辑／岳梦夏

出　版／社会科学文献出版社·政法传媒分社（010）59367156
　　　　　地址：北京市北三环中路甲29号院华龙大厦　邮编：100029
　　　　　网址：www.ssap.com.cn
发　行／社会科学文献出版社（010）59367028
印　装／北京联兴盛业印刷股份有限公司

规　格／开　本：889mm×1194mm　1/32
　　　　　印　张：9.375　字　数：215千字
版　次／2022年8月第1版　2022年8月第1次印刷
书　号／ISBN 978-7-5228-0373-9
著作权合同登记号／图字01-2022-3277号
定　价／128.00元

读者服务电话：4008918866

版权所有 翻印必究